Photo by Rem Koolhaas

ちくま学芸文庫

S, M, L, XL+

現代都市をめぐるエッセイ

レム・コールハース
太田佳代子・渡辺佐智江 訳

筑摩書房

目次

問題提起 POLEMICS

ストーリー　STORIES

都市　CITIES

S,M,L,XL+

現代都市をめぐるエッセイ

POLEMICS

問題提起

ジェネリック・シティ

1 はじめに

1-1 現代都市は現代の空港と同じで、どれも似たり寄ったりだろうか？ この集積を理論的に解明することは可能だろうか？ 可能だとして、それはどんな形を目指しているのだろう？ 集積はアイデンティティを剝ぐという犠牲を払って可能となる。ふつうそれは損失とみなされる。だが、これほどの規模で起こっている現象である以上、そこには何か意味があるはずだ。アイデンティティのデメリットとは何か？ 逆に何もないことのメリットとは？ 一見偶然に見える――そして、ふつう残念に思われる――均質化の同時多発が、実は差異を離れて類似化へと向かうよう意図された行程ないし意識的な運動だったとしたら？「打倒、個性！」――そんな全地球規模の解放運動をわれわれは目にしているのだとしたら？ アイデンティティが削がれた後に残るのは？ ジェネリック[1]なもの？ 1-2 アイデンティティが実体のあるもの、歴史、背景、リアルなものから生まれるのだとすれば、そこに――われわれの作った――現代のものが加わり得るということは、なぜかわれわれには考えられない。しかし世界人口が急成長している事実からすれば、いずれ過去は小さすぎて、生きている人間すべてがそれを共有し、そこに生活することはできなくなるかもしれない。われわれだけで食い尽くしてしまうだろうから。歴史というものが建築に価値を預けるものだとすれば、人間の数がいずれ否応なく飽和状態に達し、過去のものを使い果たすときが訪れるだろう。そうやって過去を共有しあう形でのアイデンティティ生成モデルは、破綻が見えている。なぜなら——人口が継続的に成長するという安定モデルにおいて——分け前がどんどん減っていくだけでなく、歴史自体が腹立たしくも価値を半減させつづけ——消費されればその分、価値も薄れる——ついにはその分け前の少なさ自体が顰蹙《ひんしゅく》を買うに至るからだ。この先細りの状況めがけて、どんどん膨れ上がる観光客の大群が追い打ちをかける。「個性《キャラクター》」を果てしなく追い求める雪崩《なだれ》が、大人気のアイデンティティといえども粉々にすり潰し、無意味なものにしていく。

1-3 アイデンティティとは、エサは増えないのにネズミの数だけ増えていくネズミ捕りのようなものだ。しかもよく見ると、なかはもう何世紀も空っぽだったふしがある。アイデンティティは強烈であればあるほど拘束力も強く、拡張、解釈、更新、矛盾を寄せ付けない。アイデンティティはしっかりと固定された、決然としすぎた灯台のようになる。その位置や照らし出す光の模様を変えるには、航海の安全を犠牲にするしかない。（パリはパリらしさを強めるしかない——パリが超《ハイパー》パリになりつつあるという、シックなお笑い草。例外はある。たとえばロンドン。この街の唯一のアイデンティティは明快なアイデンティティがないことだ。ロンドンらしさは消えていくばかり、街は開放的、流動的になるばかりだ。）1-4 アイデンティティはものを中心に集める。一つの真髄、一つの点にこだわる。その悲劇は単純な幾何学として起こる。影響の及ぶ範囲が広がれば、中心部によって性格づけられたエリアも広がる一方、核心部の力と権威は情けないほど弱まる。中心と周縁の距離はどんどん広がり、やがて限界に達さざるを得ない。その関連で言うと、周縁とは潜在的価値を湛《たた》える一帯である――建築的にもついに注目すべき時がきたのかもしれない一種の前史状態――という発見が最近になってようやくあったが、それだって結局は中心がまず重要で、すべては中心にかかっているという考えを別の形で繰り返しているに過ぎない。中心がなければ周縁はない。前者の利益のためには、後者が空っぽでも仕方がない。概念としての孤児である周縁は、母親がまだ生きていて子供の出番を奪い、出生の怪しさを言い立てるものだから、ますます分が悪い。消耗しきった中心が最後に漂わせる雰囲気でさえ、周縁がメジャーだとは思わせないようにする始末だ。理屈から言えば、中心は小さすぎて、与えられた使命を果たせないどころか、本当はもう中心なんかじゃなく、でっかく膨らんだ蜃気楼が内部破裂に向かっているところなのだ。それでも中心の幻想が、周辺地域の正統性を否定する。（マンハッタンは街に入るのにインフラ基盤[2]を必要とする人々を「橋とトンネル族《ブリッジ・アンド・タネル》[3]」といって馬鹿にし、お金まで取る。）いまの中心幻想が続くかぎり、われわれはみな橋とトンネル族だ。自ら作り上げた文明の二流市民というわけだが、間の悪いことに、一斉に中心から逃げてきたばかりだから市民権もない。

1-5 われわれはものを中心構造で計画するが（筆者は若い一時期をアムステルダムという究極の中心構造都市で過ごした）、中心にこそ価値と意味の真髄があるべきだ、中心が重要性を保障する洗礼盤であるべきだという考えに固執するのは二つの意味で破壊的である。依存度が高まりつづければいつかは持ち堪《こた》えられなくなるのだし、しかも中心の座が維持されつづけ、絶えず近代化されつづけなくてはならないことになる。「いちばん重要な場所」であるからには、矛盾した話だが、最も古くて最も新しく、最も不動かつ最も躍動的でなくてはならない。最も激しい順応作用が絶え間なく起こるということになるが、その変容は人に認知されてはならず、肉眼で見えるものであってはならないため、ことは曖昧かつ複雑になる。（チューリッヒの街はいわば逆考古学に回帰するという、最もラディカルで金のかかる方法を見つけた。ショッピングセンター、駐車場、銀行、保管庫、研究所――新しい近代性のレイヤーを中心部の地下に次々と足しているのである。中心はもはや外側や空に向かってではなく、地球そのものの中心に向かって内側に広がりつつあるわけだ。）多少は有効な幹線道路、バイパス、地下トンネルを連結する、副次的なものをえんえんと作り続ける。住居をオフィスに、倉庫をロフトに、空き家になった教会をお決まりのごとくナイトクラブに改装する。高級化するショッピング街で店が潰れてはリ・オープンするサイクルを繰り返す。実用的なスペースをことごとく「パブリック」スペース化する、歩道にする、公園をつくる、植栽する、橋を架ける、なかを見せる、凡庸な歴史建造物をもれなく修復していく。こうして由緒正しきものはみな容赦なく空洞化されていく。

1-6 ジェネリック・シティは中心の束縛、アイデンティティの拘束から解放された都市である。ジェネリック・シティは依存性がつくり出す負の連鎖と訣別し、ただひたすら今のニーズ、今の能力を映し出すのみである。それは歴史のない都市《まち》だ。大きいからみんなが住める。お手軽だ。メンテナンスも要らない。手狭になれば広がるだけ。古くなったら自らを壊して刷新する。どこもエキサイティングで退屈だ。それは「薄っぺら」で、ハリウッドの撮影スタジオみたいに毎週月曜日の朝、新しいアイデンティティを制作することができる。

2 統計 **2-1** ジェネリック・シティはここ数十年で急成長した。単にサイズだけでなく、数も増えている。七〇年代初期には公表人口が平均二五〇〇万人（に加え、非公式人口が五〇〇万人前後）だったのが、今では一、五〇〇万の目盛りを上下している。

2-2 ジェネリック・シティはアメリカで始まったのだろうか？　オリジナリティのなさが半端じゃないから、輸入するしかない？　ともあれ、ジェネリック・シティは今やアジアにもヨーロッパにもオーストラリアにもアフリカにもある。田舎から、農業からきっぱり足を洗って都市《シティ》に移り住むといっても、従来のような都市移住とは異なる。ジェネリック・シティへの移住とは、その恐るべき浸透性が田舎にまで達した都市への移住を意味する。

2-3 アジアのように、ジェネリック・シティになりたい大陸もあれば、それを恥ずかしいと思う大陸もある。ジェネリック・シティには熱帯地域を好む傾向があり——赤道のまわりに集中している——大半はアジアにある。だが、これは矛盾していないだろうか。謎めいた人々がありふれ過ぎた世界に住む……。この、西欧文明がつくって廃棄したものが、その世界的波及によって起こる新しい意味作用によって、再び完璧にエキゾチックなものとなる日がやって来るだろう……。**2-4** たとえばバルセロナのように古い歴史をもつ独自な都市でも、自らのアイデンティティを単純化しすぎてジェネリックになることもある。ロゴマークみたいに透明化する。その逆は決して起こらない——少なくとも今のところは。

3 一般事項 3-1 ジェネリック・シティとは、都市生活の大半がサイバースペースに移った後に残った場所を言う。そこでは膨張させられた弱いセンセーションがさまざまな感情の中間地帯でまれに起こり、その控え目でミステリアスな感じは、ベッドランプに照らし出されただだっ広いスペースのようだ。通常、座して眺められるジェネリック・シティは、古典的な都市に比べて落ち着いている。ジェネリック・シティでは個々の「体験」が一カ所に集められるのではなく——同時に起こるのではなく——互いに距離をとって配置され、ほとんど気づかないほど淡い視覚体験からトランス状態をつくり出す。日没直前のオフィスビルの蛍光灯が生み出す色彩の変化。夜の電光掲示板が放つ、微妙に異なる白色どうしの妙。日本料理のように、そうしたセンセーションは心象風景として再構成され、強化される——のか否か。単に気付かれないで終るかもしれない。(それも選択肢のうちだ。)この、見渡すかぎり緊急性も主張もない状況は、効きのいいドラッグのように正常状態を幻覚として引き起こす。**3-2** 都市の主たる特徴とされている「ビジネス」とは正反対に、ジェネリック・シティを支配するセンセーションは不気味な静けさである。静寂であればあるほど純粋な状態に近づく。伝統的都市を愛するのが常識となる前の時代そこに蔓延《はびこ》るとされていた「諸悪」に、ジェネリック・シティは立ち向かう。ジェネリック・シティの静けさはパブリック領域の無人化によってもたらされる——防火訓練で避難した後みたいに。その都市領域ではそこに必要な動き、基本的には自動車交通のみが可能となる。高速道路は大通りや広場の高級版よろしく、スペースをどんどん占領していく。そのデザインは自動車走行の効率化を目指しているのだろうが、これが驚くほど官能的だ。実用的に見せかけながらスムーズ・スペース(4)の領域に入っていくのだ。この運転者用パブリック領域の新しい点は、計測できないことだ。走行距離が同じ(例えば一六キロメートル)でも、まったく異なる体験が無数に起こる。それは五分かもしれないし四〇分かもしれない。他に誰もいないかもしれないし、全市民が見ているかもしれない。完全無欠のスピードという純粋快楽をもたらすかもしれないし——その時点では、さすがのジェネリック・シティのセンセーションも激しいものになっているかもしれないし、少なくともその密度は上がっているだろう——停止の瞬間、完全な閉所恐怖症的感覚をもたらすかもしれないが、まさにそれが、ジェネリック・シティの薄っぺらさが最もよく分かる瞬間だ。**3-3** ジェネリック・シティはフラクタルであり、単純構造のモジュールの無限の繰り返しである。最小のものから再建することも可能だし、デスクトップ・コンピュータやディスケット(5)でも可能だ。**3-4** 別世界といえば、ゴルフコースだけ。**3-5** ジェネリック・シティの電話番号はお手軽だ。それは伝統的都市のような、前頭葉を粉砕する反抗的一〇桁番号ではなく、もっとスムーズなバージョンで、真ん中の番号がみな同じになっている、等々。**3-6** おもな楽しみは疎外感だ。

4 空港 **4-1** かつて究極のニュートラル性を体現していた空港は、ジェネリック・シティでは最も際立った、個性的なものの一つであり、差異を打ち出す最強のツールとなっている。そこでは平均的な人間が一つの街で体験しそうなことのすべてが可能でなくてはならない。過激な香水の実演販売と同様、壁の写真や植物や民族衣装が地元のアイデンティティの最初の一撃(時には最後にもう一撃)を喰らわす。遠い国の、心地よい、エキゾチックな、正反対の、地方の、東洋の、田舎風の、新しい、「未発見の」——感情に訴えかけるのはこうした事柄だ。こうしてコンセプチュアルな使命を背負った空港は、免税ショッピング、壮観なる空間、フライトの発着頻度やコネクションの信頼性といった、航空そのものとは関係ないアトラクションの猛烈な操作を通して、象徴的な記号としてグローバル集団の無意識に刷り込まれていく。その図像学・機能性から言えば、空港は超ローカルと超グローバルの濃縮ミックスだ。その都市においてさえ手に入らない商品が買える点で超グローバル、そこ以外ではお目にかかれないものが買える点で超ローカルである。**4-2** 空港という構造体《ゲシュタルト》は自律性を増す傾向にある。地元のジェネリック・シティと実際何の関係もない場合さえある。どんどん大きくなり、旅行と無関係の施設を増やしている空港は、やがてジェネリック・シティに取って代わるだろう。トランジット状態の空間が世界的に広がりつつある。すべての空港を合わせるとその人口は何百万にもなる。労働人口だって世界最大だ。施設の充実度から言えば、空港はジェネリック・シティの一角みたいなものだし、（他の空港以外）どこにも逃げ場がないという密閉システムも魅力となって、その都市の（中心としての？）存在理由にすらなる。**4-3** ジェネリック・シティの誕生年（歳）はその空港の形状をよく見ればだいたい分かる。平面が六角形（まれに五角形、七角形）なら六〇年代。平面、断面が直角でできているなら七〇年代。コラージュシティ⑥なら八〇年代。断面が一本の曲線になっていて、平面構成が一本の線としてえんえんと外に伸びていくならたぶん九〇年代だ。（樫の木みたいに構造体が枝分かれしていれば、ドイツ。）**4-4** 空港には二つのサイズがある。大きすぎるか、小さすぎるかだ。とはいえ、サイズは空港の機能性になんら影響しない。つまり、あらゆるインフラ設備のなかで最も魅力的なものは、空港の根本的な柔軟性だと言えるだろう。（年間旅客数などの）数値が厳密に計算されているから無数の人間が出入りしても問題なし。空港は究極の不確定性に向かって伸びていく。

5 人口

5-1 ジェネリック・シティは正真正

銘の多民族構成で、八パーセントが黒人、一二パーセントが白人、二七パーセントがヒスパニック系、三七パーセントが中国・アジア系、六パーセントが不明、一〇パーセントがその他、となっている。多民族のみならず多文化構成でもある。だからビルのあいだから寺院が覗いていても、大通りに龍がいても、仏像が都心のオフィス街にあっても、一向に不思議はない。

5-2 ジェネリック・シティはいつも移動中の人種、いつでも前に進む用意ができている人々によって創建されるのが常である。彼らのつくる基盤がしっかりしていないのはそのためだ。澄んだ液体のなかで二種類の化学物質を合わせた瞬間に無数の薄片が舞い上がり、やがて底に積もって小山をつくる。それと同様、二方向から来た移民たちが――たとえば北へ向かうキューバ移民と南へ向かう定年退職したユダヤ人という、他所《よそ》の土地をめざす集団同士が――衝突ないし合流して、薮から棒に一つの居住地ができる。ジェネリック・シティの誕生である。

6 都市開発《アーバニズム》

6-1 ジェネリック・シティの偉大なる独自性は、うまくいかないものは――消費期限が切れたら――さっさと捨て、理想主義という名のアスファルト舗装は現実主義という名のハンマーで打ち砕き、逆にうまく育つものは歓迎するところにある。その意味で、ジェネリック・シティは原点と未来の両方を、いや、実際この二つだけを受け入れる。ジェネリック・シティとは、かつて都市だったものの残滓である。ジェネリック・シティとは、旧都市だった場所に準備中のポスト都市である。

6-2 ジェネリック・シティを全体的に繋いでいるのは、要求の多すぎるパブリック領域ではなく、その残余地だ。（パブリック領域はローマの集会場《フォーラム》対ギリシャの集会場《アゴラ》の関係に始まり、ショッピングモール対メインストリートの関係に至るまでの、驚くほど長期間にわたって劣化し続けている。）近代主義者が最初に立てたモデルでは、残余地は単なる緑地であり、そこがつねに整然と管理されていることが善良さの道徳的証《あかし》だったし、利用するなどということは想像したくもなかった。ジェネリック・シティでは文明の皮があまりに薄く、そもそも中身が熱帯性なので、植栽は「エデンの園風」の残余地に変えられ、「政治とランドスケープの混成状態《ハイブリッド》」というアイデンティティの表象媒体となる。違法なもの、制御できないものの逃げ場であると同時に、どこまでも巧みに操られつづけるそれは、丹念に刈り込まれた場所と原始的な場所の同時勝利を意味してもいる。そのインモラルな豪華さがジェネリック・シティの貧弱なところをカバーする。最高に無機的な有機物が、ジェネリック・シティでは最強の神話となる。**6-3** ストリートは死んだ。それが分かったのはちょうど、起死回生が必死に試みられていたときだった。どこもパブリックアートだらけだ――まるで〈死×死＝生〉だと言わんばかりに。（保存がもくろまれている）歩行者天国は、崇めようと思っているものを足で壊すことになる人々の流れを捌《さば》くにすぎない。**6-4** ジェネリック・シティは水平方向から垂直方向へと移動中だ。まるで摩天楼が最終的・決定的な建築のタイプになるかのように見える。他のすべてを呑み込んだ摩天楼。それはどこにでも存在可能だ。田んぼの中でも、街《まち》中《なか》でも。場所はもう関係ない。高層ビルが集まって立つこともうない、というより、互いに関係しないよう距離を置いている。孤立のなかの高密度、それが理想形だ。6-5 住環境は問題ない。完全に解決されているか、完全に運に任されているかのどちらかだ。前者は合法、後者は「違法」。前者の場合は高層ビルか、通常は四角いビル《スラブ》（奥行は長くて一五メートル）、後者の場合は（前者を完全に補完するかのように）掘建て小屋の集まりである。一方の解決方法《ソリューション》は空を、他方は地面を消費する。いちばんお金のない人々がいちばん高価な商品、つまり地面の上に住み、お金を払う人々がタダのもの、つまり空中《エアー》に住む、というのも奇妙な話だ。どちらの場合も、住環境というものの柔軟性に驚かされる。というのも、何年かごとに人口は倍増し、おまけにいろいろな宗教の縛りがゆるくなるにつれて一戸当たりの平均居住者数は――離婚その他の家族分裂によって――半減しており、これが都市人口の倍増と同じペースなのである。いろいろなものの数が増えるにつれ、ジェネリック・シティの密度は果てしなく減っていく。6-6 すべてのジェネリック・シティはタブラ・ラサから出発する。もともと何もなかったところにも、いま、それはある。もともと別のものがあったのなら、それと入れ替わって出現した。でなければ、歴史的都市ということになる。6-7 ジェネリックな都市景観は通常、開発が始まって間もない頃、「権力」がまだ弱まっていなかった頃にできた極端に整然としたセクションと、それ以外の場所の、どんどん自由に構成されていくセクションが融合したものだ。6-

8 ジェネリック・シティは選択肢《オプション》という概念の最高傑作である。すべてのボックスに✓印が付けられた、全オプションの集大成。通常、ジェネリック・シティは「計画」されているが、それはどこかの行政組織が開発を管理するといった従来の意味ではなく、まるでさまざまなものの反響音や、胞子や細胞や種が自然界同様、ランダムに地面に落ちて定着し——土壌の自然生命力を肥《こやし》にして——一つのアンサンブルを形成するということだ。無作為の遺伝子プールが、ときにもの凄い結果を生む。 6-9 ジェネリック・シティの文体は解読不可能だったり、崩れていたりするが、文体自体がないわけではない。われわれが新しい文盲状態、新しい盲目状態をつくり出しただけなのかもしれない。一見濁って見えるこのワグナー的・原形的ごった煮《スープ》のなかにも、忍耐強く探せばテーマや小辞や連関は見つけ出せる。例えば、そこを五〇年前に訪れた一人の天才が黒板に書き残したメモ。マンハッタンのガラス・サイロ(7)の中でボロボロになりかけている謄写版の国連レポート。その土地の気候について慧眼を備えていた植民支配者側の思想家による発見。デザイン教育がだんだんグローバルな浄化能力を発揮しはじめるという、予期せぬリバウンド。6-10 ジェネリック・シティの美学を表す言葉としては「フリースタイル」がベストである。どう説明したらいいだろう？　思い浮かべてほしい——何もない空間を。森の中にぽっかり空いた地面を。平らに均《なら》した都市を。三つの要素がある。道路と建物と自然と。それらがさしたる理由もなく自由な関係を保ちながら、目を見張るほど多種多様な構成をなしている。三つのうちどれかが支配的になることもあり、例えば、「道路」が消えた、と思ったら紆余曲折しながら不可解に遠回りをしていたりする。建物が一つもない、見渡すかぎり自然ばかりだと思ったとたん、これまた唐突に、完全に建物に包囲されていたりする。怖いのは、三つともない場所だ。そういう場所《サイト》には（そういえば、場所《サイト》の反対語は何だろう？　それは都市という概念に穿《うが》たれた穴みたいなものだ）パブリックアートが突如、ネス湖の恐竜みたいに姿を現すが、それはどの部分も均等に具象的かつ抽象的で、通常、自己浄化するようになっている。**6-11** 都市のなかには未だに建築家の過ちを真剣に議論しているところもある。例えば歩道橋ネットワークをつくり、そこから枝分かれさせて街区から街区へと移動できるようにし、混雑を解消すればいいという、建築家たちのプロポーザルについて。だが、ジェネリック・シティは建築家たちが創作したものの利点をひたすら享受するのみだ。デッキ、ブリッジ、トンネル、高速自動車道——街じゅうに繁殖する接続ツール——を、まるで原罪のお祓いでもするかのようにシダや花が覆い、五〇年代のSF映画よりも激しい植栽の氾濫状態をつくり出す。**6-12** 道路は自動車専用だ。人々（歩行者）は（遊園地の乗り物みたいに）乗り物に乗り、地面より上の位置の「遊歩道《プロムナード》」を移動し、風、熱、勾配、寒さ、屋内、屋外、におい、煙といった各種の悪条件に投げ入れられるが、その展開の順序はまるで歴史的都市における人生の、グロテスクな風刺そのものだ。**6-13** ジェネリック・シティに水平性はあるが、なくなる方向に向かっている。水平性はまだ消されていない歴史の一部であるか、歴史遺産の真新しい象徴として中心部周辺に散在するチューダー王朝風の孤立した一画であるかのどちらかだ。**6-14** 皮肉なことに、ジェネリック・シティはそれ自体が新しいのに、いくつかのニュータウンに取り囲まれている。ニュータウンというのは年輪のようなものだ。なぜかニュータウンは老化が早く、早老症に罹《かか》った五歳の子供のようにシワができたり関節炎になったりする。**6-15** ジェネリック・シティは都市計画がいずれ死を迎えることを示している。なぜか？　計画されていないからではない。実のところ、官界とデベロッパー界が手を組んだ巨大な世界から、想像を絶する量のエネルギーと資金がジェネリック・シティの完成のためにジャバジャバ投入されている。そんなお金があれば野原がダイアモンドで肥やせるだろうし、沼地が金のレンガで舗装できるだろう……。だがいちばん危険でいちばん嬉しい発見は、計画が実際どうあれ、結果にはまったく関係ないということだ。建物の位置がいい（地下鉄駅に隣接する高層ビル）とか悪い（どの道路からも何マイルも離れたところにある卸売センター）とかいうのはある。建物は予測のつかない理由で賑わったり無くなったりする。ネットワークが広がりすぎる、古くなる、サビつく、使いものにならなくなる。人口が二倍、三倍、四倍になり、突如消滅する。都市の表面が爆裂する、経済が発展する、落ち込む、弾ける、崩壊する。まるで古代人の母たちが今も巨大な胎児を養いつづけているかのように、植民地の圧政者がもとの計画図を国に持ち帰ってしまったインフラ基盤の上に、都市全体がつくられている。下水道がどこにどうやっていつから通っているのか、電話線が具体的にどこにあるのか、中心部がどうしてその位置にあるのか、モニュメンタルな軸線がどこで終るのか、だれにも分からない。唯一はっきりしているのは、隠れた余白が無尽蔵にあること、膨大なゆとりが蓄えられていること、調整↓基準↓行動という有機的な行程が永遠に続けられるということ、動物の最も感覚の研ぎ澄まされた生物学的知性により、期待値は変化するということだ。この複数選択肢《オプション》の最高傑作においては、原因と結果を組み立て直すことはできない。それはうまくいく——それだけだ。

6-16 ジェネリック・シティの熱帯志向はすなわち、都市=要塞、都市=砦という根強い連関がシャットアウトされていることを意味する。ジェネリック・シティはマングローブ樹林のように開放的で、包容力があるのだ。

7 政治 **7-1** ジェネリック・シティはいくぶん独裁的な——自治体または国家の——政治体制と関係している（あるいは距離を置いている）。だれだったにせよ一般的には指導者の仲間たちがここに「繁華街《ダウンタウン》」や僻地をつくろう、何もないところに新しい街を開こう、といった決定をし、そこからブームが起こって都市《まち》が広く知られるようになる。**7-2** よくあるのは、政治体制が発展しすぎて目立たなくなり、まるでジェネリック・シティがその寛容性ゆえに独裁を寄せ付けないかのように見えるケースだ。

8 社会学 **8-1** ジェネリック・シティの勝利が社会学の勝利にそのまま結びつかなかったのはとても不思議だ（社会学という「分野」がジ

ェネリック・シティのお陰で想像を絶するほど広がったというのに)。ジェネリック・シティはリアルタイムで起こる社会学だ。ジェネリック・シティは一つ一つが一個のシャーレである——あるいはどこまでも我慢強い黒板であり、その上ではどんな仮説もほぼ確実に「証明」され、消され、書いた人も見た人も二度とそのことを思い出さない。**8-2** 一つの解釈では括れないほど多種多様のコミュニティが生まれているのは明らかだ——社会学ザッピング。ジェネリック・シティは、かつてモノ同士を結びつけていた構造をことごとく緩めている。**8-3** ジェネリック・シティは徹底して我慢強いのに、未来予測には徹底して反抗する。だから、形成過程にある社会学を把握するのに、社会学は最も不向きなシステムだろうということになる。論評が確立されても、ジェネリック・シティはことごとくその裏をかく。どんな仮説に対してもそれを肯定する証拠と、否定する証拠の両方を——量的には後者が圧倒的——どっさり用意できるのだ。Ａでは高層ビル群が自殺の原因となり、Ｂではそれが永遠の幸福をもたらす。Ｃは自由解放への第一歩とみなされ(目に見えない何らかの「拘束」はあるのだろうが)、Ｄは単なる時代遅れ。想像を絶する量が建設されたのがＫで、爆破中なのがＬ。Ｅはなぜか創造性があり、Ｆはそれが皆無。Ｇは多民族の切れ目のないモザイクになっているのに、Ｈでは内戦こそ起きていないものの、分離主義の支配が続いている。Ｙのモデルは家族構造に馴染まないから続かないが、Ｚは逆にそれゆえに繁栄している——ジェネリック・シティでの営みについて、学者たちはこの「繁栄」という言葉は絶対に使わないが。宗教はVでは廃れ、Wでは生き伸び、Xでは姿形を変えている。8-4 不思議なのは、こうした矛盾が山ほどあるのに、それをジェネリック・シティの豊かさだと考える人がだれ一人いなかったことだ。その説だけは予め除外されているのだ。9 界隈 9-1「リップサービス」という界隈が必ずあって、そこでは最小限の過去が保存されている。たいていは古い電車か市電か二階建てバスが不吉なベルを鳴らしながら走り抜けていく――さまよえるオランダ人幽霊船のマイルド・バージョンか。その地区の電話ボックスはロンドンから移送された赤いヤツか、小さな中国風の屋根が載ったヤツのどちらかだ。「リップサービス」――「後知恵」「ウォーターフロント」「手遅れ」「四二番街」、あるいは単に「ビレッジ」、はたまた「アンダーグラウンド」と呼ばれることもある――は、手の込んだ神がかり的仕事のなせる技である。最近生まれたものにしかできないやり方で過去を讃える。それは機械なのだ。9-2 ジェネリック・シティには過去があった、かつては。目立つ存在になろうとする過程で、何カ所かの大きなエリアがなぜか消滅し、最初それを悲しむ人はいなかったのに――どうやら過去は驚くほど不衛生で、危険でさえあったらしい――安堵は何の前触れもなく後悔に変わった。予言者たち――伸びた白髪、グレーのソックスにサンダル履き――のなかには、過去は必要だぞ、資源なんだぞと、いつも忠告していた者もいた。ゆっくりと、解体機がブレーキを軋ませながら止まる。浄化されたユークリッド幾何学面にたまたま建っていた掘建て小屋が保存され、実際にはなかった過去の栄光がそこに呼び戻される……。**9-3** 実際にはなかったのに、歴史がジェネリック・シティ最大の関心事であり、最大の産業でさえある。解放された土地の、保存されたあの掘建て小屋群のまわりにホテルがこれでもかと建てられ、消えた過去に正比例する数の観光客を待ち構える。過去が消滅していても観光客の数には響かない。あるいは、単なる駆け込みラッシュかもしれない。観光はもう目的地自体と関係がない……。**9-4** ジェネリック・シティが喚起するのは特定の記憶ではなく、一般的記憶、記憶の記憶だ。すべての記憶が揃っているわけではないが、少なくとも抽象的な、かたちばかりの記憶、永遠に繰り返されるデジャヴュ、ジェネリックな記憶だ。**9-5** 物理的な存在感は控えめなのに――「リップサービス」は三階止まり。ジェイン・ジェイコブズへのオマージュ/リベンジ(8)か?――それはすべての過去を一つの建物に凝縮している。ここでの歴史は茶番劇ではなく、サービスとして蘇る。だから(珍妙な帽子、へそ出し、ベールなど)独特の格好をした物売りたちが(奴隷支配、圧政、病魔、貧困、植民支配といった)かつて国家が戦争までして倒そうとした状態を自らすすんで再現する。複製によって世界に蔓延するウィルス同様、植民地時代のものだけは、本物らしさの汲めども尽きぬ泉であるらしい。**9-6** 四二番街。過去が保存されているかに見える場所は、じつは過去が最も変わり、(望遠鏡を逆から覗いたときのように)過去から最も遠く、ことによれば過去が完全に除去されてしまった場所だ。**9-7** むかし過剰だったものの記憶だけが、面白味のない場所を活性化する力をもつ。まるで死火山の熱で暖を取ろうとするみたいな話だが、観光客のあいだで（ジェネリック・シティではそれは全員を指す）いちばん人気があるのは、セックスや悪事に最も因縁深い場所だ。何も知らない人たちが、かつてポン引き、売春婦、賭博師、女装者《トランスベスタイト》、そして数は少ないがアーティストたちが屯《たむろ》していた場所に押し寄せる。情報ハイウェイが家庭のリビングルームにトラックでどっさりポルノを配達しようとしているまさにそのとき、まるで背徳と罪の熾《お》き火を復活させ、その上を歩くかのようにして人は特別な思いや生きている実感を得るようなのだ。新たなアウラを生まない時代には、確立されたアウラの価値がロケット上昇する。そうした灰の上を歩くことで彼らは罪の意識に最も近づけるのだろうか？　薄まってペリエの強度に達した実存主義？　**9-8**　どこのジェネリック・シティにもウォーターフロントがあって、それは必ずしも水際とはかぎらないが――砂漠だったりもする――少なくとも異なる環境と隣り合わせの場所であり、まるですぐに脱出できるポジションがいちばん確実に楽しめると言わんばかりだ。そこでは屋台がたくさん出ているところに観光客がぞろぞろやって来る。大勢の「テキ屋」がその都市の「ユニークさ」を売りつけようとする。全ジェネリック・シティのユニークな部分が集まって、世界的に知られた土産物になった。それはエッフェル塔とサクレクール寺院と自由の女神を科学的に交配したもので、雪、もしくは赤道に近ければ金粉の入った水で満たされた小さな球体の底に、高層ビル（通常二〇〇〜三〇〇メートルの高さ）が沈んでいる。あるいはザラザラのレザーカバーにくるまれた日記帳。ヒッピー風サンダル（本物のヒッピーはさっさと引き揚げてしまったが）。観光客はそういったものが大好きで――だって、安売りされているのをだれも見たことがない――ウォーターフロント沿いに並ぶエキゾチックな飲食店に入って腰を下ろす。今日のおすすめ料理がズラリと並んでいる。スパイシー＝異国にいるんだという実感を最初に、恐らくいちばんはっきりと与えてくれるもの。パテ＝牛肉あるいは似而非《えせ》牛肉。生《なま》＝三千年期には大人気であろう、先祖返りの慣習。**9-9** エビが究極の前菜だ。食物連鎖の簡略化のお陰で――調理方法の変化もあいまって――それはイングリッシュマフィンの味がする。ゼロの味が。**10 プログラム** **10-1** オフィスはまだある、というか、どんどん増え続けている。オフィスはもう必要ないと人は言う。五年か一〇年もすればみな、自宅で仕事をするようになるだろうと。だったらもっと大きな家が必要になる。ミーティングができるくらいの家が。こんどはオフィスを家にしなくちゃならない。**10-2** 唯一の営みはショッピングだ。だが、ショッピングは一時的な、取りあえずのものと考えてはどうだろう？　もっといいことが起こるまでの。われわれがいけないのだ――もっとマシなことを考えつかなかったわれわれが。それと同じ空間が図書館、浴場、大学といった別のプログラムで溢れかえっていたら凄い。その華麗さにわれわれは圧倒されるに違いない。**10-3** ホテルがジェネリック・シティの一般的《ジェネリック》施設に、最も一般的な建築ブロックになりつつある。かつてそれはオフィスだった。オフィスなら、少なくとも人の出入りがあり、他にも重要な施設が別のどこかにあることを意味していた。ホテルはいまや設備が拡大し、充実したコンテナとなったために、ほかのたいていの建物と中身がダブってしまう。ショッピングモールとさえダブるホテルは、二一世紀型の都市的存在、というべきものに最も近い。**10-4** ホテルはいまや禁錮ないし自主軟禁を意味する。行きたい場所としてホテルと張り合える場所はもうない。人はそこにやって来て泊まる。全体的にみれば、一千万の人口が各自部屋の中に閉じこもった都市、ということになる。言ってみれば逆回しの動画、あるいは密度の内部破裂である。**11 建築** **11-1** 目を閉じてベージュ色の爆発を想像してみよう。(欲情していない)ヴァギナの襞、メタリック・マットの茄子、カーキ色のタバコ、埃っぽいカボチャ——これらの色が爆心で弾け飛ぶ。どの車もウェディング・ホワイトに向かって走っていく……。**11-2** ジェネリック・シティにもやはり面白い建物と退屈な建物がある。その起源はどちらもミース・ファン・デル・ローエだ。前者はフリードリッヒ通りに立つ常識破りの高層ビル[9](一九二一年)、後者は彼がそれから間もなくしてつくり出したボックス[10]に端を発している。この順番は重要だ。明らかに、ミースは初期の実験をやった後で、面白いものは金輪際止めた、退屈で行こうと決めたのだ。せいぜいのところ、後期の建築は初期作品のスピリット——昇華? 抑圧?——は汲みつつ、不在をなんとなく気付かせるようにしているのだが、「面白い」プロジェクトを実際の建築のために提案することは二度となかった。ジェネリック・シティは、その彼が間違っていたことを証明している。ジェネリック・シティのもっと向こう見ずな建築家たちが、ミースが放棄したことに挑んだために、いまやボックスを目にすることは滅多にない。皮肉にも、面白いミースへの華々しいオマージュが、ミース「的なもの」が間違っていたことを示しているのだ。 11-3 ジェネリック・シティの建築は、理論的に言って美しい。工事のスピードが猛烈なら設計のスピードはもっと猛烈、という建築が実現するまでに——本当は「実現」という言葉もちょっと違うのだが——平均二七案が没にされる。それらは一万もの、だれも聞いたことのない設計事務所が作成したもので、どれも新鮮なインスピレーションが漲《みなぎ》っている。これらの無名事務所は、有名事務所よりは謙虚だろうと想定されるが、建築の何かが間違っている、それを正せるのは自分たちの努力だけだという共通認識によって連帯している。数の力が彼らに輝かしい、キラキラした自尊心を与える。躊躇なく設計するのは彼らである。彼らは一〇〇一点もの資料を使い、野性的な精巧さでもって、どんな天才よりも多くの富を集める。彼らにかかる教育費は一人当たり平均三〇、〇〇〇ドル（旅費・家賃を除く）。その二三パーセントはアメリカのアイビーリーグ大学で洗浄され、そこで——明らかにかなり短期間に——別の「オフィシャルな」職業の高給取りエリートたちに届くことになる。結局、合計三千億ドル（三〇〇、〇〇〇、〇〇〇、〇〇〇ドル）相当の建築教育投資［三〇、〇〇〇ドル

〈平均コスト〉×一〇〇人〈一事務所あたりの平均スタッフ数〉×一〇〇、〇〇〇〈世界全体の事務所数〉」がジェネリック・シティに常時流れ、ジェネリック・シティを生み出していることになる。**11-4** 複雑な形状の建築はカーテンウォール産業、つまり性能がどんどん上がりつつある接着剤や充填材に依存しており、そのお陰でどの建物も囚人服と酸素テントを合わせたみたいになっている。(11)「当社はファサードを限界まで伸ばしています」――シリコン使用によってファサードというファサードがフラットになった。ガラスは石と、石はスチールと、スチールはコンクリートとくっつき、宇宙時代の不純性が生まれた。こうした結合においては、デザインではなく、こうしようという意志によって何でも一緒にできる透明な精液風の合成材が自由自在に使われていて、それが厳格な知性を漂わせる。材料の見事な組合せより、接着剤が勝つのだ。ジェネリック・シティでは何でもそうだが、建築も飼い馴らされたジャジャ馬であり、伝染性の屈従の結果である。その伝染は理念の実践によってではなく、理念にならないことがきちんと実践されることによって起こる。**11-5** ジェネリック・シティは大半がアジアにあるため、建築はたいてい空調されている。都市の特徴はいまやどこまで開発されたかではなく、どこまでボーダーラインギリギリに未開発であるかで決まる――という最近のパラダイムシフトが強烈なパラドクスとなるのは、まさにこの点だ。世界水準の環境をつくりだす乱暴な手段が、かつては屋外で起こっていた気象――突然の嵐、ミニ竜巻、カフェテリアの寒気、熱波、はたまた霧——を、屋内で模倣再現する。エレクトロニクスを追求するあまり脳神経が不在になった、機械設備が起こす、ひとつの地域主義。無能力なのか想像力なのか？ **11-6** 皮肉なのは、そういうときのジェネリック・シティが最も破壊的で最もイデオロギー的だということだ。普通さの度合をレベルアップさせたジェネリック・シティは、都市レベルで展開するクルト・シュヴィッタースの「メルツバウ」[12]のようだ。ジェネリック・シティはメルツ・シティである。**11-7** ファサードの傾斜角が唯一、建築的才能を正確に示すバロメーターだ。後ろに傾いていたら三ポイントの得点、前に傾いていたら一二ポイントの得点、逆にセットバックしていたら二ポイントの減点（ノスタルジック過ぎ）。**11-8** ジェネリック・シティでは建物は一見、堅牢に見えるが、それは錯覚だ。体積の五一パーセントはアトリウムなのだから。アトリウムは実体のないものを実体化させる悪魔の装置だ。古代ローマに由来する名前が、建築としての格を永遠に保証している。歴史的起源があるから無尽蔵のテーマということになる。アトリウムは穴居人《けっきょじん》たちに都会的な快適さをこれでもかというほど提供する。**11-9** アトリウムは隙間空間《ヴォイド》である。ヴォイドはジェネリック・シティの基本をなす建築単位だ。空洞であることがその物質性を保証し、ボリュームを増やすことが外見上の言い訳となる、というパラドクス。屋内空間は、それが完璧であればあるほど、反復されればされるほど、その本質的な反復性が気付かれない。**11-10** セレクトされたスタイルはポストモダン。これからもずっとそうだ。ポストモダニズムは建築の実践とパニックの実践を一体化することに成功した唯一の運動である。ポストモダニズムは教養あふれる建築史の解釈によってたつ主義主張ではない。ジェネリック・シティが発展するペースに合わせ、速攻で結果を出せるようにした建築設計業における変異であり、手法なのである。最初に考え出した人々の期待に反し、それは意識ではなく新しい無意識をつくり出す。それは近代化のちょっとした助っ人である。だれにだってそれはできる——中国のパゴダとトスカーナ山岳都市のどちらか、または両方をベースにした超高層ビル、とか。**11-11** ポストモダニズムに逆らうものはみな反民主主義的である。それは建築のまわりにステルスの覆いをつくり出し、慈善団体からのクリスマスプレゼントみたいに、拒否できなくしてしまう。**11-12** ジェネリック・シティが鏡だらけであること——たくさん置いて無の状態を讃えているのか、それとも蒸発しかかったエッセンスを必死にとらえようとしているのか——と、鏡というものが何世紀にもわたって未開人には最も気に入られる効果的な「贈り物」だとされてきたことに、何か関係があるのだろうか? **11-13** マクシム・ゴーリキーはコニーアイランドに関する文章のなかで「バラエティに富む退屈さ」について語っている。もちろんこの表現は矛盾語法《オクシモロン》として使ったものだ。バラエティは退屈ではあり得ない。退屈にバラエティはあり得ない。しかしジェネリック・シティには無数のバラエティがあって、バラエティのほうが普通《ノーマル》になりそうな勢いだ。期待とは反対に、凡庸化された反復こそ非凡なものとなったのであり、ゆえに斬新で心躍るものにもなり得る。ただし、それは二一世紀の話だ。**12 地理** **12-1** ジェネリック・シティはふつう比較的温暖な気候の土地にある。北半球が二千年期につくった混乱状態を離れ、南半球へと——赤道に向かって——移動中だ。それは移動中の概念である。最終目的地は熱帯だ。より良い気候、より美しい人々へと向かっている。他所《よそ》がきらいな人々が、そこに住む。**12-2** ジェネリック・シティでは人は他所《よそ》よりもっと美しいだけでなく、もっと落ち着いていて、仕事にあまりやきもきせず、さほど冷淡でなく、もっと人当たりがいいと言われている。つまり、建築と人の振舞いには関係がある、まだ解明されていない何らかの方法で都市がより良い人間をつくり出すことができる、ということが証明されたわけだ。**12-3** 季節がない、予報はいつも晴れ——ジェネリック・シティの最もパワフルな特徴の一つは天気が安定していることなのだが、どの気象情報も直近の変化やその先の天気の崩れというかたちで伝えられる。カラチに雲が。運勢のテーマは倫理的、宗教的なものから、気象という不可避の領域へとシフトした。ジェネリック・シティの上空に漂う心配事は悪天候くらいのもの、というわけだ。**13 アイデンティティ** **13-1** 計算ずくかどうか、ジェネリック・シティは同じビジュアルを繰り返し使う。水に面した地域なら、水をモチーフにしたシンボルが全域に配給される。港であれば船やクレーンが陸《おか》のかなり奥にまで現れる（ただし、コンテナは見せても意味がない。ジェネリックなものによってありふれた《ジェネリック》ものを特定化することはできない）。アジアにあるなら、どこであれ「繊細な」（官能的な、謎めいた）女性たちがしなったポーズで現れ、（宗教ないしセックスでの）服従を暗に伝える。山があるところなら、あらゆるパンフレット、メニュー、チケット、看板に丘が登場する。まるで徹底した同語反復《トートロジー》でないと説得力がないと言わんばかりだ。アイデンティティとはお題目みたいなもの。

14 歴史 **14-1** 歴史の不在を嘆くのは退屈な条件反射だ。歴史はあるのが望ましい、という暗黙のコンセンサスが顔を覗かせている。だが、だれがそう言ったのか？ 都市とは人間が最も効率よく居住し、人間の営みが最も効率よく行われる平面なのであり、たいていの場合、歴史の存在はその効率性を落とすにすぎない……。**14-2** 歴史の存在は、歴史の不在の理論的価値を純粋に追求する上で、妨げとなる。**14-3** 人類の歴史を通じて——↑アメリカ風にパラグラフを始めてみた——都市は統合の過程を経て成長してきた。変更はすぐその場で行われる。ものごとは改良されていく。文化は栄え、衰え、復活し、消滅し、略奪され、侵略され、辱《はずかし》めを受け、犯され、勝利し、生まれ変わり、黄金時代を迎え、突然沈黙する——このすべてが同じ場所で起こる。考古学が掘る職業であるのはそのためだ。それは文明の層（つまり都市）を一枚一枚詳《つまび》らかにしていく仕事である。ジェネリック・シティはまるで細かく手を入れられることのないスケッチみたいに、改良されないまま放置される。層《レイヤー》を重ねる、強化する、完成させるといった概念とは無縁である。層などないのだ。次の層は他所《よそ》にできる。お隣りか、まったく別の土地に。それは一国ほどの大きさかもしれない。二〇世紀の考古学《アーキオローグ》（＝さらに解釈の多い考古学）に必要なのはスコップではなく無期限の航空券だ。**14-4** ジェネリック・シティは改良点を輸出ないし排出する際、自らの記憶喪失状態（それが永遠との唯一のリンクか？）を永久化させる。だからジェネリック・シティの考古学とは、その進行性のもの忘れについて実証し、その消滅を記録することを意味する。そこでは天才考古学者も手持ち無沙汰だ。裸の王様ならぬ、発掘しない考古学者、ことによっては発掘現場のない考古学者となる。

15 インフラ基盤 **15-1** かつては内部で互いに強化し合い、一貫性を作り上げていたインフラ基盤は、互いの競合性、ローカル性を強めつつある。全体としてうまく機能しているふりはもう止め、一つ一つの機能性をスピンオフさせるようになった。新しいインフラ基盤がつくり上げるのはネットワークや組織系統ではなく、孤立状態《エンクレーブ》と袋小路である。大きな物語にはならず、互いを避け合う寄生物の集合になりつつある。（バンコック市はAとBをつなぐエアボーン・メトロシステム導入[13]にあたり、三社の競合案を同時に認可した――弱肉強食でどれが生き残るか。）**15-2** インフラ基盤はもはや比較的火急のニーズへの比較的遅れた対応、ではなく、ひとつの戦略的武器なのであり、ひとつの予言である。つまり、X港が拡張されるのは待ちきれない消費者たちのいる僻地にサービスするためではなく、Y港が二一世紀に生き残るチャンスを潰す／減らすためなのだ。同じ島にある、できてまだ日の浅い南の大都会Zが新しい地下鉄路線を「与えられる」のは、北の大都会

Wがお粗末で、混んでいて、古臭いと思わせるためである。Vでの生活がスムーズなものに改良されるのは、Uでの生活をだんだん耐えられなくさせるためである。**16 文化** **16-1** 繰り返すもののみ、価値がある。**16-2** 各時刻帯《タイムゾーン》の最低三カ所で「キャッツ」が上演されている。世界は「ニャー」と鳴く土星の環《わ》のなかにある。**16-3** 都市はかつてセックスハントにもってこいの場所だった。ジェネリック・シティは出会い系サイトみたいに需要と供給を手際よくマッチングさせている。苦痛ではなくオーガズムを。進化しているのだ。猥褻きわまりないサービスがクリーンきわまりない書体で表記されている。ヘルベチカ[14]はポルノ的になった。**17 終わり** **17-1** 聖書を題材にしたハリウッド映画を思い浮かべてほしい。聖なる国《ホーリーランド》のとある都市。市場のシーン——左から右から、カラフルなボロ布や毛皮やシルクドレスを纏《まと》ったエキストラたちが歩きながら映画のコマに入ってくる。彼らは声を張り上げ、盛んにジェスチャーし、目をきょろきょろさせ、ケンカを始め、笑い、ヒゲを掻き毟《むし》り、糊のしたたるヘアピースをつけて、画像の中心に集まってくる。棒や拳を振り回し、屋台をひっくり返し、動物をふんづけ……。人々は叫ぶ。モノを売っているのだろうか？ 未来を宣言しているのか？ 神を呼んでいるのか？ 財布がひったくられ、盗人たちが群衆に追いかけられる（いや、助けられる？）。神父たちは静寂を祈願する。子供たちは人々の足や洋服の茂みのなかに紛れ込む。動物が吠える。銅像が倒れる。女たちが金切り声を上げる——脅されたのか？ エクスタシーか？ 大騒動する群衆の大海原となる。波が静まる。さて、音声をスイッチオフして――沈黙、ありがたい安堵の瞬間――フィルムを逆回ししてみよう。音はなくても、見るからに興奮している男たち女たちが後ずさりしていく。観ていると今度は人間だけでなく、人間同士の隙間にも目がいくようになる。中央がカラになる。長方形のコマから最後の人影が消える。たぶん文句を言っているのだろうが、幸い声は聞こえない。空っぽになると静けさが強調される――画面はカラの屋台、足で踏まれたゴミを映し出す。安堵……。終わったのだ。これが都市の物語だ。都市はもうない。もう映画館を出ていいんだよ……。（一九九四年）

訳注

(1) コールハースの「ジェネリック」には、ジェネリック薬品と同様、特許や知的所有権のかかわらない領域ないし次元に移動した、という意味もある。

(2) インフラストラクチャーの略で、社会生活を可能にするための基盤設備、つまり道路、橋、水道・ガス・電気網、交通網、通信設備、公共施設などを指す。ここでは入域のための橋やトンネルのこと。

(3) マンハッタンの外からは橋かトンネルでマンハッタン島に渡らねばならず、いずれの場合も料金を取られる。「橋とトンネル族」はマンハッタンに住めない非・富裕層を意味していたが、最近はかつてのソーホーのように島外に新しいパワーが生まれ、文化度が低い人々という意味に変わりつつある。

(4) ジル・ドゥルーズ+フェリックス・ガタリ『千のプラトー』で提示された概念。「平滑空間」。マルクスの唯物史観を超えて現代の政治空間を捉え直そうとした筆者たちは、国家(支配体制)に対する「遊牧民」という新しい概念を設定し、世界を閉鎖的で固定的な「条理空間」(前者)と、流動的で開放的な「平滑空間」(後者)との対立、流入、交換といった関係から理解しようとした。

(5) フロッピーディスクのことで、一九九〇年代までパーソナル・コンピュータの記録媒体として普及していた。「ディスケット」はIBMが商標登録していた名称。

(6) コーリン・ロウとフレッド・コッターが一九七八年に著した本のタイトル。都市を一貫して作ろうとする近代主義の「トータル・デザイン」「トータル・プランニング」の失敗から学び、小さなユートピア都市単位のコラージュとして考え直すことを提唱している。古今東西の都市から英知を集め、それが強烈なビジュアル・インパクトにもなっているこの本は、現在も建築・都市計画を与えつづけている。

(7) ガラスで囲まれた格納庫、とは国連ビルを指しているのだろう。

(8) 今日の都市論に圧倒的な影響を与えている『アメリカ大都市の生と死』の著者ジェイン・ジェイコブズは、三階建て程度の低層のタウンハウスが連なるニューヨークのウェスト・ヴィレッジを理想的な界隈の育ちうる環境であると主張し、自らも生涯そこに住んだ。

(9) 一九二一年末に、ベルリン市高層建築協会開催のフリードリッヒ駅前高層オフィスビル設計コンペにミース・ファン・デル・ローエが応募したガラスの摩天楼案。二〇階建てで三方に事務棟が伸び、ファサードは透明なガラスのカーテンウォールになっている。実現しなかったが、その独創性は建築の新たな時代を開く画期的なもので、その後の高層建築を予言するものとなった。

(10) 一九二二年設計の、コンクリートのオフィスビル案を指す。ガラスの摩天楼案とは対照的に、長方形のフロアが重なり、鉄筋コンクリート柱が等間隔に立つ、水平を強調した合理的な平面プランになっている。その後、オフィスビルのモデルとして世界的に採用された。

(11) 接着剤によってすべての表面が継ぎ目なく連続することになり、着脱や部分的な調整ができなくなるという意味で「囚人服」、とはいえ、中に調整された空気を循環させる装置があるという意味で「酸素テント」。

(12) ダダイズムの芸術家シュヴィッタースは自分の芸術、思想、生活をすべて「メルツ」と呼び、自宅を改造した芸術作品「メルツバウ」を制作した。「メルツ」は彼の造語、「バウ」は建築を指す。一四年間変化し続けたこの作品は、時とともに変化し続ける新しい空間芸術として後世に影響を与えた。

(13) バンコック市の高架鉄道システムを指すか。この計画が持ち上がったときは、カナダの技術を導入する予定であったが、後に計画が変更され、ドイツの技術を導入して建設された。一九九九年開業。

(14) 一九五七年、スイスのデザイナーが発表した書体。どの書体にも伝統的なニュアンスがあるが、ヘルベチカはシンプルでニュートラル、つまりニュアンスもクセもない、はっきりした書体であるために応用性が広く、一気に普及した。

都市計画に何があったのか？

今世紀〔二〇世紀〕は量をめぐる問題で次々と敗北が生じている。当初の約束に反し、都市計画《アーバニズム》[1]は破滅的な人口増加に見合う規模の構想も建設も実現できていない。頼もしく見える場面も多々あったのだが。ラゴスは二〇年間で二〇〇万人↓七〇〇万人↓一、二〇〇万人↓一、五〇〇万人に、イスタンブールは六〇〇万人↓一、二〇〇万人に成長した。中国はさらに驚異的な増加を見込んでいる。

都市化が何十年ものあいだあらゆる場所で加速を続け、都市的状態《アーバン・コンディション》の決定的、全世界的「勝利」を打ち立てようとしているまさにそのとき、都市計画という職業自体が消えてなくなったというパラドクスを、どう説明したらいいのだろう？

抽象化と反復によって量を質に変えるという、錬金術みたいな近代主義の約束は果たされず、デッチ上げに変わった。手品は失敗したのだ。その考え方も美学も戦略も、もう終わった。新たな始まりをつくろうとしたあらゆる試みは、「新たな始まり」の意味自体を束になって傷つけたわけである。この大失態にみなが気付き、恥ずかしく思うことにより、近代性《モダニティ》と近代化《モダニゼーション》に対するわれわれの理解に大きな穴があいた。

この経験が不可解に思え、(建築家にとっては)屈辱的に映る理由は、都市自体がそれでも存続し、活気づいてさえいる風だからだ。あらゆる組織が創造的に、実務的に、政治的に都市に働きかけ、力を及ぼそうとしてもことごとく失敗したのに、である。

都市の専門家は、コンピュータと対戦して負けるチェスプレーヤーみたいなものだ。ひねくれた自動操縦士が、都市を攻略しようとするあらゆる試みを出し抜き、都市の本来的理想を打ち砕き、現在の失敗と将来の限界を見極めようとする必死の試みを嘲笑い、容赦なくひたすら前へ前へと進もうとする。どんな惨事が事前に予告されても、なぜか都市性という無限の覆いのなかに吸収されてしまう。

都市化の隆盛は眩《まばゆ》いほど明白だし、数字の上でも避けられないものなのだが、現実逃避的な行動と立場が後衛としてぞろぞろ繋がっているために、かつては都市づくりに最も関与していた二つの職業に気づく最後の瞬間が先送りされてしまう。その二つの職業とは、建築と都市計画だ。あらゆる場所が都市化することにより、都市的状態自体、見分けがつかないほどに変化した。これが都市だ、というような都市はもう存在しない。都市の概念がかつてないほど形を変え、引き伸ばされたために——イメージ、ルール、つくり方について——本来はこうだったと主張しても、それはノスタルジアを通り越して見当違いなものになるしかない。

都市計画者が古典的都市の美点を遅まきながら再発見したのが、まさにその実現が完全に不可能なことが明白になったそのときであり、それが彼らの復帰不能点、決定的な乖離・失格の瞬間だったかもしれない。彼らはいまや空想上の痛み〔幻肢痛〕の専門家、切断された手足の難解な治療法について議論するだけの医者になったのだ。

かつての権力的地位からやや卑下された身分に転落するのは、難しい業である。現代都市への不満は、それに代わって信頼し得る何かの発展につながるのではなく、逆に、不満を明確に表わす技術を発達させる方向に向かっている。自らの幻想、イデオロギー、気取り、参加し支配するという勘違いのなかに留まりつづけるために、新しい謙虚さ、部分的介入、戦略的再調整、妥協的ポジションに踏み込むことによって影響を及ぼす、方向転換する、部分的に成功する、再編成する、一から始めさえする、といったことができず、したがって支配力を回復することもありえない、という職業。六八年五月世代——「人口バブルによる集団的ナルシシズム」に捕われた史上最大の世代——がついに政治力をもつようになったいまでは、都市計画の終焉——都市をつくることがもうできなくなったという現状——はまさに彼らの責任だと思いたくなってくる。都市を再発見し、つくり直したのが皮肉にも彼らだったからだ。「舗石の下は砂浜」[2]——もともと六八年五月世代が都市の再出発という考えを打ち出したのだった。以後、われわれは二つのオペレーションに同時に携わってきた。一つは、既存の都市への圧倒的畏怖のありようを記録し、保存されつつ再構成され得る都市の思想とプロジェクトとプロトタイプを進化させること。もう一つは、都市計画という職業を笑い倒し、解体することだ――飛行場、ニュータウン、衛星都市、高速道路、高層ビル、インフラ基盤、その他近代化が産み落としたすべてのものを計画した（しかもその計画で大きな間違いを犯した）人々を軽蔑しながら。われわれが都市計画への破壊行為の後も嘲りを続けた結果、大学の全学部が閉鎖、会社は倒産、官庁は撤収ないし民営化されるに至った。

どの立場を取るかという、都市をつくる上でおそらく最も基本的な行為については臆病になるという大きな兆候を、われわれの教養が隠してしまう。われわれは独断的かつ優柔不断だ。われわれの合成された英知を揶揄するのは簡単だ。われわれは、デリダによれば全体になれず、ボードリヤールによればリアルになれず、ヴィリリオによれば実在できない。「仮想世界への亡命」――ホラー映画のシナリオじゃないか。いまのわれわれが都市の危機に対して持つ関係は、きわめて両義的だ。本当は自らの救いがたいユートピア主義と蔑視がつくり出した状況なのに、いまだに他者のせいにしている。われわれは権力を軽蔑しつつ、それにしがみつくという、権力との偽善的な関係によってこの分野をすべて解体し、オペレーションの現場から自らを切り離し、人類がその領域上に文明をコード化すること――都市計画の命題――ができないのは市民のせいだと非難したのである。

いま、われわれに残っているのは都市計画抜きの世界、建築だけの世界だ。建築だけがひたすら増えていく。小奇麗さが、建築の魅力だ。建築は「それ以外のもの」を定義し、除外し、限定し、自らを切り離すが、消費しもする。最終的には都市計画だけがつくり出し得る、都市計画独自の想像力だけが創造し更新し得る潜在的可能性を、建築が開拓し、消費する。都市計画――建築の寄生物的安全性のために逃げ込む場所――の死は、飢え死にしかけた根っこに次々と接ぎ木していくことによる大惨事の危険性をつくり出す。われわれはもっと寛大だった頃、カオスの美学に屈したこともあった――われわれ自身の、カオスの美学に。だが厳密に言うと、カオスは何も起こらないときに生じるものであり、エンジニアリングしたり信奉したりするものではない。それは浸透するものであって、つくり出せるものではない。建築家がカオスという主題に対して唯一持ち得る正当な関係とは、カオスに全力で抵抗する大勢の人々のなかに自分なりの場所を見つけ、失敗することだ。

もし「新しい都市計画」があるとすれば、それは秩序と万能性という双子の幻想に依拠するのではなく、不確実性を舞台に上げることである。そこで大事になるのは、ほぼ恒久的な物体をどう配置するかではなく、潜在的可能性をもつ領域にどう水を引くかだ。それが目指すのは安定した形ではなく、一定の形に固まるのを拒むようなプロセスが宿り得る、肥沃な田畑を耕すことだ。重要なのはきっちりした規定や規制をすることではなく、思考を広げ、限界を否定することだ。ものごとを分類してラベル付けすることではなく、名状しがたい混成物を発見することだ。心血を注ぐ対象は都市ではなく、無限の強化と多様化、近道、再分配を可能にするインフラ基盤を操作すること、つまり心理的空間をつくり直すことだ。都市的な場所が偏在する現在、都市計画の本質はもう決して新しさにはなく、何がより多いか、どこが違うかだけが問題となる。どこまで発達しているかではなく、どこまで未開発かが重要なのだ。

都市性は制御することができない、だから都市の想像を左右するベクトルになろうとしている。意味を書き換えられた「都市計画」は（ほぼ）一つの職業であるだけでなく、一つの思想、一つのイデオロギーとなるだろう。それは、現実を受け入れるというイデオロギーだ。砂の城をつくっていたわれわれは今、それを流し去った海のなかで泳いでいる。都市計画が生き残るためには、新しい新しさの想像が必要だ。先祖返り的任務から解放され、やむを得ないものを操る術として新たに位置づけられた都市計画は、建築を攻撃し、その塹壕《ざんごう》を侵略し、要塞から追い出し、確実性を根こそぎ除去し、限界を爆破し、物質・実質へのこだわりを嘲笑《あざわら》い、伝統を破壊し、実践者たちを燻《いぶ》し出すだろう。都市性の失敗がはっきりしてきたというのはまたとない好機であり、ニーチェ的軽さを持ち込む口実なのだ。われわれは今までとは違う都市の概念を一〇〇一通り想像してみなくてはならない。途方もないリスクを負わねばならない。あえて徹底的に無批判にならなくてはならない。ぐっと息を呑み込んで、右も左も許して回らなくてはならない。失敗が確実となったら、それはわれわれの笑気ガス／酸素にならねばならず、近代化はわれわれを最高にハイにするドラッグにならねばならない。われわれに責任がない以上、無責任にならねばならない。ものごとが効率化し、流動化していく風景のなかで、都市計画はもはやわれわれの決定する最も厳粛なものではなく、またそうある必要もない。都市計画は軽くなっていい。「愉しい知識」(3)——ライトな都市計画(4)——になっていい。危機なんかどこにもない、と宣言してみてはどうだろう？ われわれと都市の関係を、つくり手としてではなく単にその主体、その支持者として考え直してみては？

かつてないほど、われわれにはもう、都市しかない。（一九九四年）

訳注

（1） 近代以降の都市計画をアーバニズムと呼ぶ。とくに、ル・コルビュジエの言葉、「建築する、それは秩序づけることなのである。何を？ すなわち諸々の機能ならびに物体を秩序づけること」に代表される近代建築思想の文脈を指す。
（2） 一九六八年のパリ五月革命で、学生や活動家たちは道路の舗石を剝がしては警官隊に投げつけた。このフレーズは革命時、落書きだらけになったパリの街で見つけられたもので、舗石の下には開放的なビーチが広がっているというこのフレーズは、抑圧に抗し自由を希求する五月革命の気分を代表する言葉として人々の共感を呼んだ。
（3） Gay Science はフリードリッヒ・ニーチェ『悦ばしき知識』（一八八二年）の英訳名。もともとはオック語で La gaya scienza すなわち「愉しい知識」「陽気な学問」といった意味。

（4）ライトビールの「ライト」で、低カロリー化、簡易化などを指す現代的な軽さ。

ビッグネス、または大きいことの問題

建築はあるスケールを超えると大きい《ビッグ》という資質を獲得する。大きいこと《ビッグネス》の話を持ち出す理由はエベレストに登る人の答えがいちばんいい。「そこにあるから」だ。ビッグネスは究極の建築である。

建築家の意志など関係なく、建物のサイズ自体が思想的な計画になるというのは、もの凄いことじゃないかと思う。

世の中のあらゆるカテゴリーのなかで、ビッグネスだけはマニフェストに値しなさそうに見える。知的な問題だとは思われておらず、まるで恐竜みたいに不格好で鈍重で融通が利かず厄介だから、絶滅してしまいそうにも見える。だが実際のところ、建築とその関連分野の全知全能を動員して「複合性の体系」をつくり出せるのは、このビッグネスだけなのだ。

一〇〇年前、革新的な発想とそれを支える技術が次々と生まれ、建築のビッグバンが起こった。エレベーター、電気設備、空調、スチール、そして最後に新しいインフラ基盤(1)が人間のランダムな動線を可能にし、空間どうしの距離を縮め、室内を人工化し、量塊《マッス》を減らし、寸法を伸ばし、建設のピッチを上げた結果、変異が群発してそれが新種の建築を誕生させた。こうしたさまざまな発明の相乗効果により、構造物はかつてない高さと奥行――大きさ《ビッグネス》――をもつようになった。しかもそこには、社会が再編成される可能性も生まれた。以前よりはるかに豊かなプログラミングが可能となったのだ。

定理

ビッグネスは最初、純粋に量的な世界の、思考ゼロのエネルギーで進行し、思想家というものがほとんど皆無の状態が一世紀近く続いた。無計画の革命だったわけだ。『錯乱のニューヨーク』は五つの定理に基づいた「ビッグネス理論」としても読める。

1　ある臨界量を超えると、建物は「ビッグな建物」になる。そうした量塊《マッス》はもはやひとつの建築的身振りでコントロールできるものではない、いや、複数組み合わせても無理である。このお手上げ状態により各パーツは一斉に自立するが、断片化するわけではない。どのパーツも全体に属したままだからだ。

2　空間どうしを建築的にではなく機械的に繋ぐエレベーターと、そこに関連する一連の発明により、建築の古典的レパートリーは無効となる。空間構成、スケール、プロポーション、ディテールといった問題はもはや重要でない。ビッグネスにおいて、建築の「わざ《アート》」は用なしだ。

3 ビッグネスでは中心と外皮があまりにも離れ過ぎていて、ファサードは中で何が起こっているのかを伝えることができない。だからヒューマニスト的に「素直さ」を求めても無駄だ。建築の内部と外部は別々のプロジェクトとなる。一方はプログラムと形態の不確定なニーズを扱う。もう一方は情報を操作する。物体として安定していることを都市全体に伝えるのだ。

建築が何かを見せて伝えるのに対し、ビッグネスは人を煙に巻く。ビッグネスにより、都市は確実性の総和ではなく、ミステリーの集積となる。もはやWhat you see is what you get.(2)にはならない、つまり、いま見えているものと実体は一致しないのだ。

4 単に大きいというだけで、建物は善悪を超えた、道徳と無関係の領域に入る。建物のインパクトはもう質と関係がない。

5 こうしてスケール、建築構成、伝統、透明性、倫理性から一挙に離脱するということは、究極の、根本的な訣別を意味する。ビッグネスはもう都市を織り成す構成要素ではない、という訣別だ。

そこに存在はする。せいぜいのところ、共存する。

だが本当は、まわりの状況《コンテクスト》なんか糞食らえ、と言っている。

近代化

一九七八年(3)、ビッグネスは(特定の、あるいは複数の)「新世界」の、「新世界」のための現象であるかに見えた。しかし八〇年代後半になると、多少カモフラージュされたかたちで、「旧世界」を呑み込む新たな近代化の波が押し寄せるのではと思わせる徴候が続出し、「もう終わっている」大陸でさえ、新たな始まりを語るエピソードが次々と生まれた。

このビッグネス・ショックにより、ヨーロッパを背景とするわれわれも『錯乱のニューヨーク』で語られていることを自分たちの仕事で示す必要があった。

ビッグネスは論争を二重に引き起こした。統合と集中をめざした先人たちの試みに立ちはだかっただけではない。「全体性」と「現実《リアル》性」が果たして意味のあるカテゴリーとして成立し得るのかを問い、建築がいずれ解体し消滅してもしかたがないと考える現代の理論家たちにも、待ったをかけたのだ。

ヨーロッパ人たちはビッグネスを実際に実践してみるのではなく、理論化することでその脅威をやりすごした。彼らはすでにメガストラクチャーという「贈り物」をしてくれていた。それはすべてをカバーし、すべてを可能にする支持技術だが、究極的には単体建築のステータスを問うことになる。つまりきわめて安全なビッグネスなのであり、本気でつくろうという気は彼らにはなかった。ヨナ・フリードマンの「空中都市」（一九五八年）がその典型だ。ビッグネスは雲のような金属の拡がりとしてパリの空に浮かび、「あらゆるもの」が無限に、しかし曖昧なまま更新されていくことを約束しつつも、決して着地はせず、何かと対立することもなく、自らに相応しい場所を要求することもない。装飾としての批評だった。

一九七二年、ボブール[4]——観念的ロフト——は「どんなことも」可能な空間を提起していた。その結果生まれた柔軟性は、個性や精巧さを犠牲にして理論的平均値を全体に課すものとして姿を現した。アイデンティティを捨ててエンティティ（実体）を取ったわけだ。アメリカの摩天楼がさらりと実現した純粋なニュートラル性を、ひねくれたことに、単なるパフォーマンスのために最初から除外していたのだ。

六八年五月世代、つまり私の世代もそのように認識されていた。こよなく知的で、博識で、いくつかの破壊的事件から受けたショックをまっとうに引きずり、他の分野からあけすけに借用する。それは密度と統合のモデルたる先の例や似た例が失敗したため——具体的なことを徹底して意に介していないため——なのだが、この世代は大きく二つの防衛策を打ち出した。解体と消滅だ。

第一の策においては、世界は整合性のないユニークなフラクタルに分解され、その一つ一つが全体の解体に拍車をかける糸口となる。それぞれ特殊なものを一つのシステムに変える発作的分裂というわけだ。プログラムをこうして最小機能ごとに分けていくと、「形態は機能に従う[5]」という古い教義がその背後にじわじわとよみがえり、始末の悪いことに無意識の復讐を始める。洗練された知性とフォルムが打ち上げる花火の裏側で、この教義がプロジェクトの中身を説明図のあっけない結末へと容赦なく導くのだが、視覚的には豊穣なカオスを示唆するために失望感は倍となる。この切断と似非《えせ》カオスの風景においては、一つ一つの行為が所定の位置に置かれている。

ビッグネスにおいては可能なプログラムの混成/近接化/軋轢《あつれき》化/重複化/重層化は、実際、自立したパーツ間の関係を組織する方法として今世紀の初めに発明されたモンタージュ技法のまるごとに相当するのだが、それをいまの一部の前衛たちが、見かけは自由奔放でも実際はほとんど笑ってしまうほど学者ぶっていてお硬い構図のなかで、帳消しにしているところだ。

第二の策である消滅は、シミュレーション、ヴァーチャル性、不在と広く関わることによって、ビッグネスの問題を——巨大なものの問題を——超越しようとする。

六〇年代以降のアメリカの社会学者、イデオローグ、哲学者、フランスの知識人、サイバー神秘主義者等々の議論を集めると、建築は人口動態、エレクトロニクス、メディア、スピード、経済、余暇、神の死、本、電話、ファクス、豊かさ、民主主義、大きな物語の終焉……によって、史上初の「空気に溶ける固体」となるはずだった。

建築を実際に消滅させようとするこの前衛は、リアルな、もしくはシミュレートされたヴァーチャル性を試しているのであり、ヴァーチャル・リアリティの世界で有していた（ファシズムでさえとがめられもせずに遂行できるような？）絶対的支配力を、謙虚さの名の下に取り返そうとしている。

最大限

建築家にとって「全体性」と「現実性《リアル》」が冒険の対象でなくなったちょうどそのとき、二千年紀の終わりが近づいて組織再編、統合、拡張への一斉ラッシュが起こり、メガスケールを求める大合唱が始まったというパラドクス。他とは取り組み方の違うこの職業全体はついに、ドラマチックな社会的・経済的事件を利用し、問題が生じてもそれによって信用を取り戻す、といったことができなくなった。

ビッグネスに理論がないことが——建築にできる最大のこととは何か？——建築にとって最大の弱点になっている。ビッグネス理論がない以上、建築家はフランケンシュタインの生みの親と同じ立場にいることになる。実験が中途半端に終わったために実験作が暴走し、それで信用を落とす科学者の立場だ。

ビッグネス理論がないために、われわれはビッグネスをどう扱っていいのか、どこに置けばいいのか、いつ使ったらいいのか、どう計画したらいいのか、さっぱり分からない。

ビッグな間違いをすることだけが、ビッグネスと関わりを持つ唯一の方法なのだ。

しかしこの世紀末において、ビッグネスは名前は冴えなくても、一つの理論的分野である。混乱と分裂と分離と放棄が渦巻く風景のなかでビッグネスが放つ魅力とは、「全体性」を立て直し、「現実性《リアル》」を蘇らせ、集団を再結成し、最大の可能性を回復する、その潜在能力にある。

ビッグネスによってのみ、建築は近代主義《モダニズム》とフォルマリズムの擦り切れた芸術/イデオロギー運動から離れ、近代化を推進する手段としての有効性を回復することができるのだ。

ビッグネスはわれわれが建築と呼ぶものが困難な状態にあることを知ってはいるが、建築をさらに増やして逆流させるような、過度な対応はしない。ビッグネスは新しい経済を提起する。その経済においては「あらゆるものが建築である」(6) とはならず、むしろ係争中の残りのエリアは反対勢力に委ねることにより、自らは後退と集中によって戦略的ポジションを回復することが可能となる。

始まり

ビッグネスは破壊するが、それが新しい始まりとなる。自ら解体したものを組み立て直すことができるのだ。

ビッグネスのパラドクスとは、計算して計画しているにもかかわらず——いや、まさにその硬直性ゆえに——予想不可能なことをエンジニアリングできる唯一無二の建築である、ということだ。ビッグネスは共存を強いるのではなく、自由の体制に、極端な差異の集まりに依存する。

ビッグネスだけが、一つの容器のなかでいろんな出来事が気まぐれに拡散していく状態を維持することができる。より大きな実体のなかで、個々の特徴を消すどころか激化させるような共生関係をつくりながら、自立性と相互依存性を同時に可能にする戦略を発展させていく。

純粋性ではなく混濁、質ではなく量を通して、ビッグネスだけが、機能的なものどうしのあいだに生まれた真に新しい関係を支え、アイデンティティを限定するのでなく拡大していくのを助けることができる。ビッグネスの人工性と複合性によって、機能は自分の身を守る鎧から解き放たれ、一種の流動化を起こす。プログラムとなる諸要素が反応しあい、新たな出来事をつくり出す——ビッグネスはプログラムの錬金術のモデルに立ち戻る。

ビッグネスの構造のなかに取り込まれた多数の営みは、一見、相互作用を強要するかに見えるが、ビッグネス自体はそれらをバラバラのままに保つ。制御棒が多少水に浸された状態で核反応を抑制も促進もするように、ビッグネスもさまざまなプログラムの共存の度合いを制御する。

ビッグネスは永遠の強度を構築するための青写真ではあるが、さまざまな静けさや味気なささえも同時につくり出す。意図して量塊《マッス》全体を活気づけるのはとうてい不可能だ。その巨大さが、決定し確定しなくてはという建築の脅迫的欲求をなくさせてしまう。ゾーンは切り離され、建築から自由となる。

チーム

建築が最も建築らしくなり、同時に最も建築らしくなくなるのがビッグネスだ。最も建築らしくなる理由は物体として巨大だからであり、最も建築らしくなくなる理由は自立性を失うからだ――他者の手先となり、他力本願になるからだ。

ビッグネスは個人を問題にしないので、建築家がスターダムに送り込まれることはもうない。

ビッグネスが建築的大望の成層圏に入るとしたら――誇大妄想の純粋なる戦慄――それは支配を諦め、性格を一変させるという代償を払った上でしかあり得ない。それは建築家と同じくらい業績が危機的状況にある他ジャンルと繋ぎ合った命綱のネットワークを想起させる。命綱で繋がった登山家たち同様、ビッグネスの作り手もチーム(過去四〇年、建築論で使われたことのない言葉)なのだ。

ビッグネスは作家性ではなく、テクノロジーへの依存、エンジニア・建設会社・メーカーへの、政治への、他者への依存を意味する。ビッグネスは建築に一種のポスト英雄的ステータスを約束する——中立性との再調整を。

砦

ビッグネスが建築を変容させるものだとすれば、その集積は新種の都市を生み出す。その都市の外観は、すごいことが起こる集合的劇場ではもうない。集合するものはもうないのだ。道路は余った場所、ものを整理する装置、連続する都市平面の切片になっていて、そこで旧世代の遺物は気まずい孤立のなかで新世代の装置と直面する。ビッグネスはその平面のどこにでも存在し得る。ビッグネスは古典的都市と関係を結ぶことができない——せいぜい共存することしかできない——だけではない。そこにつくられる施設の量および複雑さにおいて、それ自体が都市である。

ビッグネスはもはや都市を必要とせず、むしろ都市と競合しあう。都市を表象する。都市をつくり出す。いや、なお良いことに、それ自体が都市である。もし都市開発《アーバニズム》が可能性をつくり出すものであり、建築がその可能性を利用するものだとすれば、ビッグネスは建築の卑しさではなく、都市開発の寛大さを取る。

ビッグネス＝都市開発vs.建築

ビッグネスは、まさにまわりの状況《コンテクスト》から自立しているために、いまやグローバルな状況となった白紙状態《タブラ・ラサ》においてもサバイバルできるし、白紙状態を利用すらできる唯一の建築である。それは、最後の一滴まで意味が絞り尽くされたものから触発されはしない。むしろ、インフラ設備が最大限保障された場所に、都合よく移動する。結局、自らを存在理由としているのだ。

サイズに似合わず、それは控え目だ。

すべての建築が、すべてのプログラムが、すべての出来事がビッグネスに呑み込まれるわけではない。「ニーズ」があまりにはっきりしない、あまりに弱い、あまりに尊重できない、あまりに反抗的、あまりに秘密主義、あまりに破壊的、あまりにつまらないために、ビッグネスに属するに至らないケースは数多い。ビッグネスは建築の最後の砦だ——一つの縮約であり、超越的な建築である。ビッグネスの容器は、ポスト建築的風景のランドマークとなるだろう。その風景は、絵の具をこすり落としたリヒターの絵のように、建築をこすり落とした世界だ。柔軟性がなく、変化せず、固定的で、永遠にそこにあり、超人的努力によって生み出される。ビッグネスはそのフィールドを「建築以後」に譲り渡す。

（一九九四年）

訳注

（1）インフラストラクチャー。「ジェネリック・シティ」訳注（2）参照。

（2）コンピュータ画面の通りにプリンターなどに出力できるという概念。あるいはそれを実現する機能。

(3)コールハースが『錯乱のニューヨーク(*Delirious New York*)』を出版した年。

(4)パリ中心部にある総合文化施設ポンピドゥー・センターを指す。一九七〇年、大統領のポンピドゥーはボブール地区に一つの大きな建物を建て、近代美術館と公共図書館を収めることを決定した。コンペの結果レンゾ・ピアノとリチャード・ロジャースのプランが選出され、設計にはピーター・ライスも関わった。柱などの構造や建物のコア部分である配管、階段、エスカレーターなどが外部にむき出しになっていて、その分内部に広々とした空間が広がっている。その前衛的な外観は、完成以前から賛否両論を呼んだ。

(5)「形態は機能に従う(Form follows function)」はアメリカの建築家ルイス・サリヴァンの言葉で、近代建築の金科玉条となった。

(6)「あらゆるものが建築である」は一九六八年、オーストリアの建築家ハンス・ホラインが『バウ』誌に発表した宣言。ル・コルビュジエやミース・ファン・デル・ローエに代表されるそれまでの建築を閉鎖的として、その打破と建築概念の拡張を主張、建物そのものではなく、主体を取り囲み影響を与える環境こそが建築であるとした。

まさかの林檎

林檎が落ちても、まさか建築家には当たらない……

重力というものはまとまりとして作用するから、柱の理論的な形は円錐形となる。つまり、集中する力を支えるため、頂点は細く、底辺は広くなる。

ビルは高ければ高いほど、構造的に上から伝わってくるものが下での決定を左右する。どの高層ビルもいちばん肝心な場所——地面——に近づくにつれ、自由度が規則的に減っていく。

ビルは奥行が深ければ深いほど、[*1]機械設備に頼らなくてはならない。空気が内部に送り込まれ、消費され（=毒物に変換され）、排出される。内部のコアは自然光が届かないので、蛍光灯を当てなくてはならない（ガスは常時爆発状態だ）。通常の場合——構造と設備双方の必要性から——ビルの中心部と空気をやりとりするダクトが床から吊るされ、吊天井の裏側に隠される。この暗黒ゾーンにはさらに照明器具、電気設備、煙探知器、スプリンクラー、コンピュータその他のビル管理装置が詰め込まれる。

断面はもはや単純に階ごとにきっちり分かれてはいない。いまはサンドイッチ状態というか、概念的にはシマウマ状態になっている。人間が入る自由ゾーンと、コンクリート、ケーブル、ダクトから成るアクセス不能の層が互い違いになっている。

柱との干渉やそれが伝える都合の悪いものを避けるために、構造体のグリッドは広げられ、床層の深さが増していく。ダクトは膨らみ、どんどん遠くの地点にまで完璧な供給を行っていく。ケーブルは増殖し、スペースをどんどん占領していく。ビルは進化すればするほど、アクセス不可能のゾーンが増え、断面を差し押さえていく。

この拡張現象に比例しているのが、アドバイザー(古風な職業名だ)たちの専門知識と自立性だ。突如、建築家は二つの前線で戦わなくてはならなくなった。第一の前線で彼は施主《クライアント》と対峙する。施主はビッグな建築というこの大事業に着手したことですでにナーバスだ。第二の前線では、エンジニアのサボタージュに立ち向かう。彼らはいちおう建築家の「チームメイト」ではあるが、純粋科学のはずの領域から示してくる内容は(詩的とは言わぬまでも)じれったいほどぼんやりしている。床はいきなり「……ミリなくてはならない」、ダクトは「直径がおそらく……以上あるべき」で、梁は「……メートルあればかなり安全」で、安定性は「……によって確保可能だろう」。必ず起こる、ないし起こるかも知れないことへの実際的防御論を駆使する別の「専門分野」も、断面と平面をどんどん留保していくのである(それが何のためかはだれにも分からないのだが)。

理想主義vs.実利主義。断面は戦場と化す。白と黒が完全支配をめぐって抗争する。(病院のなかには暗黒層が断面の五〇パーセント以上、予算の七五パーセントを占めるところもある。) 暗黒ゾーンはビルの未来の使い手にとってまったく不必要なだけではない。設計する建築家にとっても、アクセス不可能になるのだ。建築家は自らのプロジェクトの乱入者と化し、がんじがらめになる。彼の領域は他者が押さえた部分以外に残ったところでしかない。建築家の発言はつねに意見でしかない。意見は建築技術を厳密な検査から守る客観性というオーラには太刀打ちできない。(こう考えると、「ハイテク建築」はその装飾的ポーズからして馬鹿げているが、もっと悪いことには、建築家としてついにマゾヒスト的に屈服したことを讃えるものでもあるわけだ。技術を持ち込んで、建築自体の可能性を追い出したのである。)

『錯乱のニューヨーク』に書いた技術は意図的に選択したものだ。そこではエレベーター、スチール、空調設備を「型破りの技術」と呼んだ。これらの発明はモノ自体のステータスを放棄することによって新しい建築を生み出す実験的企てに参加できたし、事実、新しい建築と切っても切れない存在となった。

この合体は大都会のエコロジーの欲求への、ほぼダーウィン的な適応として起こった。変異後の建築はもはや形態の創造に執着したりはせず、状況をつくり出すこと、内容を生み出すことに執心した。建築技術《テクトニック》でシナリオを書くというわけだ。

いまから見れば、マンハッタンの建築家たちは自分らの職業と信じがたいほど素直に関わっていたように思える。つまり彼らは組織の力に対してなんら駆け引きを持ちこむことなく、明らかに何の二心《ふたごころ》もなく、その力の望むことを翻訳することができたのである。ヨーロッパではどのビルも一つのコメント、思考、哲学、理論、躊躇になっていて、そこにはそれなりの奥行、緊張感、巧妙さがあるのに対し、アメリカのビルのサスペンスは実用的効率性に対する恥じらいのなさにある。ニューヨークの建築家はプロメテウスの任務を背負いつつ、マッチで遊ぶ子供のように、純真に生きる方法を編み出したのだ。

それこそは二〇世紀建築家に内在していた(百歳近くの)他者だったのかも知れない。つまり、構成主義の社会エンジニア的メガロマニアックな怪物にも、ライト的完全芸術作品《ゲザムトクンストヴェルク》的巨匠にも、ミース的禁欲主義者にも、コルビュジエ的オルグ芸術家にもならず、一般が期待するような舞台をあっさりと放り出し、まったく別の場所に再登場すること、つまり職業替えすることもできるんだという啓示だったのかもしれない。

『錯乱のニューヨーク』が出た後、この本、つまりそこに示唆した建築の変容は、独立した話として扱うのが楽だった。八〇年代初期にヨーロッパで活動を始めたOMAには、この本を裏打ちするものは皆無だった。僕たちは職務訓練に励み、生まれて初めて建築の野獣的なものを凝視していた。そこに加えて、この本が示した複合的な革新を証明するのは、理論的に言って大きな重荷になっただろう。低温物理学のように、この著作の内容は凍結された。

一九八五年、僕たちはオヴ・アラップ①のセシル・バルモンド率いる構造設備チームとコラボレーションを始めた。彼はセイロン出身のエンジニアで、僕たちの理不尽な要求や素人っぽい考えに辛抱強く付き合い、真面目に取り上げることもあった。互いの分野に親しみはじめ——実際はテリトリーの相互侵略——専門領域もだんだん重なってくると（そこに苦痛がないわけではなかったが）、八〇年代末の当時——脱構築論の霧の中から突如ビッグネスが氷山のごとく現れ、政治的、経済的、芸術的必然として出しゃばってきたものだから、こっちもびっくりした——僕たちは以前の大望を解凍して建築のリ・デザインと脱神秘化に取り組めるようになった。今度は自分たち自身を実験台にして。
「巨大図書館《TGB》」②（二五万平方メートル）、「ZKM」③（研究所二つ、劇場一つ、美術館二つ）、「ゼーブリュヒェ・ターミナル」④がいっぺんに集まると、ニューヨークの奇跡を誘発した欲求・手段・純朴さの、まさかの布陣が舞い戻ってきたかのようだった。

一九八九年夏、この三つのコンペに同時に取り組むことになった僕たちは、ヨーロッパでビッグに建てた場合の潜在的な可能性を追究しないわけにはいかなかったが、そこで建築と技術に同等の手応えがあった。OMA+アラップの新生チームはいずれをも旧体制の残党に対する攻撃的な対決とみなした。他の分野が新しい自由——ハイブリッド性、地域性、インフォーマル性、偶然性、単独性、不規則性、独自性——を嬉しそうに眺めているとき、建築は一貫性、反復性、規則性、グリッド性、一般性、全体性、形式性、既定性のなかに閉じ込められていた。そこからの自由解放を建築とエンジニアリングの双方で求め、断面を奪還し、無意識の無限の広がりと化す機械設備の増殖に対する共通した不快感に抗い、構造と設備を一体化すれば済むという尊大なソリューションは廃止する——僕たちの仕事はそんな共同キャンペーンに発展した。そして実を言えば、建築として前代未聞の外見、つまり純粋な新しさをつくり出す方法を模索してもいた。

こうした探究により、これまでだれも疑わなかった思い込みをも、僕たちは粉砕することができた。たとえば、いわゆるファサードは建物と自然界のインターフェースだからというだけで特に重要だとする考え方だ（信じがたい変革を遂げた世紀において、建築の外見は七〇年の長きにわたり、ほとんど変化していないという屈辱的な事実も、そこに由来する）。

これらのプロジェクトにおいては——奥行が一〇〇メートル以上のものもあったが——ファサードは無数にあり得るカットのうちの四つに過ぎない。そしてその大半は、建築とその機能性を一つの集合的物体とみなしたときにどれが重要かを判断したものだった。

僕たちが建築のプログラムをこうした異例な領域に定着させることに集中した結果、そのこと自体の不自然さが新しい可能性をさらに誘発した。僕たちは、空間をつくり出すまったく新しい方法を探求しなくてはならない、という状況に、生まれて初めて置かれていた。

ヨーロッパの文化的・政治的風景に徹底介入するこれらのプログラムの企てを一〇〇パーセント掌握できたと思えたとき、僕たちは——たとえヨーロッパであっても、ビッグネスと本当の火遊びをすることで——建築に対して再び純真無垢になれるかもしれない、新しいものを明確に表す手段として建築が再び有効になるかもしれない、ポチョムキン世界⑤の終わりを——知識、経験、正しさに麻痺させられることなく——現実に想像できるようになるかもしれない、と思ったのだった。

（一九九三年）

原注

＊1 奥行が「深い」平面とは、コアとファサードの距離が長いことをさす。「深さ」という言葉は梁やトラスなど、構造体の垂直方向の寸法（高さ）を表すときにも使う。

訳注

（1）オヴ・アラップ・アンド・パートナーズ社。構造設計技術者のオヴ・アラップが一九四六年に設立。ロンドンに本社を置く世界的な建築技術コンサルタント会社で、構造設計部門を率いていたセシル・バルモンドは芸術的とも言える構造解決を数多くの有名建築に与えた。

（2）一九八九年、「フランス新国立図書館」（通称ＴＧＢ）のコンペで、コールハース／ＯＭＡはセシル・バルモンドとともに、ビッグネス（巨大建築）の内部を、ジェネリックな空間と空洞（ヴォイド）のまったく新しい関係で構成する、いわば「ヴォイドの戦略」案を提出した。

（3）「カールスルーエ芸術メディアセンター」の略。当初はカールスルーエ駅南側の敷地に新たなメディアテークを建設する予定で、一九八九年コンペを開催、レム・コールハース／ＯＭＡの設計案が採用された。しかし政治的・財政的な問題により紆余曲折の末、建設中止となった。

（4）ベルギー・ゼーブリュヒェ港フェリーターミナルの設計コンペ。

（5）「ポチョムキン」という語には「張りぼての」「見せかけの」というニュアンスがある。帝政ロシアでエカチェリーナ二世視察に際し、寵臣ポチョムキンが、荒れ地の広がるドニエプル川の川岸に、美しい村や家の張りぼてを大急ぎで用意したという故事にちなむ。

基準階平面(1)

基準階平面はアメリカの発明である。零度の建築。独自性・特性をことごとく剝ぎ取られた建築。それは新世界に属する。

基準階平面というのは問題解決を意図した発想であり、建築史の終わりを意味する。建築史とは基準にならない平面構成のヒステリックなまでの崇拝にほかならない。基準階平面は一般には認知されていないユートピアのかけらであり、ポスト建築的未来の訪れを約束している。

『特性のない男』(2)がヨーロッパ文学を震撼させるのと同様、「特性のない平面構成」がアメリカのビルが追求する大いなる課題だ。

一九世紀後期から一九七〇年代初期にかけて、「アメリカの世紀」なるものがあった。この時代に、基準階平面構成は未熟なロフトタイプ(敷地の平面をそのまま積み重ねるだけの乱暴な床面積づくり)から出発し、RCAビル(一九三三年)のような平滑空間《スムーズ・スペース》(3)の初期の傑作（エスカレーター、エレベーター、禅的静けさのオフィス空間）を経て、エクソンビル（一九七一年）や世界貿易センター（一九七二〜七三年）のようなカッコつきの最高傑作へと到達する。

この一連の流れが物語るのは、（それまで何度も宣言されていながら、基準階平面ほどの規模で実現したことのなかった）新しい建築が発見され、それを操る技がマスターされたということだ。

基準階平面が目指すのは、新しく生まれたプロセスがスムーズに流れる新しい領域をつくること、つまりこの場合はビジネスの理想的な環境をつくることだ。だがビジネスとは何か？　それは周りとの接触が最も多い営みとされているが、実は最も不定形なものだ。ビジネスは何も要求しない。基準階平面をつくった建築家たちはビジネスの奥義を知っていた。すなわちオフィスビルとは、完璧に抽象的なプログラムを歴史上初めて形にしたものであり、特定の建築である必要がない。人がそこに居られればいいのだ。ビジネスはどんな建築にも入り込める。この曖昧さこそは、基準階平面の特徴である。

基準階平面を発明した一人、レイモンド・フッドは華麗なるトートロジーによって基準階平面を言い表した。「最も重要なのは平面構成である。使い手となる人間の営みはすべて床の上で繰り広げられるからだ」。

（基準階平面は二〇世紀民主主義を展開する、何層にも重なったプラットフォームを可能にする。)

基準階平面は長方形の建築である。それ以外の形だと――正方形でさえ――基準にならない。それは敷地が見つけられるのではなくつくり出される(新)世界で生まれた。その最良のものにはプラトン的な中立性が備わる。そこではプラグマティズムが単なる合理性と効率性の追求によって、ほとんど神秘の域に達する。基準階平面は大衆のためのミニマリズムだ。初期の荒っぽい実利追究の時代にもその兆しはあったが、基準階平面時代が終わる頃、つまり六〇年代までには、この実利主義はコーディネーションという官能的な科学(柱のグリッド、ファサードのモジュール、天井タイル、照明器具、間仕切り、コンセント、フローリング、家具、色彩計画、空調グリル)にまで洗練され、実用を通り越して純粋な客観性という高尚な実存主義の領域に到達する。

基準階平面にはただ居ることしかできない。寝ることも、食べることも、セックスすることもできない。

基準階平面は奥深い。人間の幸福と生存には屋外――いわゆる現実――との繋がりが不可欠、という素朴なヒューマニスト的思い込みをくじくところまでいまや進化した。

（もしそうなら、なんでわざわざ建物をつくるのか？ それにオゾンの枯渇とか、炭素の充満とか、地球温暖化とか、そもそも屋外のデメリットはいまや常識じゃないか？）

基準階平面に不可欠な空調は、（空気）共有の制度《レジーム》を強要し、目に見えないコミュニティをつくり出す。それは磁場を形成する鉄の分子みたいに整然と並んで結束力を強める、空気で繋がった均質な分子の集合体だ。

勇敢にも、基準階平面は自我《エゴ》を洗い落とした世界をもたらす。

基準階平面は西洋的だ。他の文化圏にこれに相当するものは存在しない。それは近代性の刻印そのものなのだ。表皮と核心との距離（奥行の潜在能力）がどんどん伸びるなか、基準階平面は本物《リアル》に対する人工《アーティフィシャル》の優越性を宣言する。認める認めないは別にして、本物こそは西洋文明の信条であり、世界中を引きつけるものであることに今も変わりはないのだが。

ヨーロッパ建築には絶対に分からないことが、基準階平面には分かっている。つまり、モジュール割り(4)がせいぜい失敗の先送りでしかなく、カオスの最前線から一時的に引き返すようなものだということが。基準階平面はグリッド状になっているが、それはヨーロッパ的プラトン主義（はみ出したものを見つけては不幸をつくり出す道徳システム）の、絶対的で要領の悪いものではなく、逆に反イデオロギー的な装置が発達してそうなったのだ。

その装置はゆるみの形而上学とでも言うべきもので、極端に異なる形態が集まる場所にも清々しいオーラを与え、根本的に乱れた場所にも規則的な統一感を与え、どんなに情けない場所もカッチリしたものに見せる。

基準階平面は中性《ニュートラル》だが、作者不明《アノニマス》ではない。それは祈りの場所である。シトー修道院よりも厳格で、どんなに大きな数も受け入れる、教義をもたない二〇世紀の教会だ。

基準階平面にとって圧倒的に重要なのは抽象化することなのだが、ただし配管がある。人間がやはり動物であることを示す残余系の特徴を、基準階平面は否定しない。

見事な建築的手腕が編み出した、微細で理路整然とした迷路が、基準階平面の高尚なゾーンと不純なゾーンのあいだを縫い、交通を統括する。トイレ、便器、配膳室、業務用階段、トラック搬入口――これらのスペースは正常なビジネス運営のために排除しなくてはならない原始的な事柄すべてのために存在する聖地だ。

基準階平面とオフィス入口の関係は、グラフ用紙と数学曲線の関係に等しい。ニュートラルな紙面に成績、出来事、流れ、変化、累積、差し引き、消失、変異、変動、失敗、振幅、変形がしるされる。基準階平面は不断にものごとを可能にし、気品も保つ背景だ。

基準階平面は反復を想起させる――それはn階の平面だ。基準というからには階がたくさんなくてはならない。また、不確定性も想起させる――基準であるからには、それなりに曖昧でなくてはならない。ほかにも階がたくさんあることを想定させつつ、正確な数字は重要でないことも同時に示唆している。

基準階平面×n＝ビル一棟。（建築を勉強する必要なし！）複数の階が不可解にスムーズなエレベーターでまとめられ、それが階に着くたび控えめに鳴るチンも、永遠に続く反復の一部だ。

基準階平面は、建築家が創造神《デミウルゴス》として唯一無二のものを無限につくり出す存在であるという神話を脅かす。

犯罪シーンと同じく、犯人が残した確かな証拠をすべて取り除くと、本当の基準階平面が浮かび上がる。その作者たちは消去者という名の前衛建築家だ。バンシャフト、ハリソン＆アブラモビッツ、エメリー・ロス――誉め称えられることのなかった基準階平面のデザイナーたちは見事な完全犯罪を犯したわけで、いまや彼らは完璧に忘れ去られている。なりゆき任せの遊び場（だれでもこの世で入れる、屋内の「死後の楽園」）をつくり出し、何兆エーカーという、量の完全制圧を果たし、それは二五年後には文字通り想像もつかない量になったというのにだ。

基準階平面は実利主義の領域にしっかり嵌まっているが、実は他の芸術との類似性ももつ。核心部分を床面に設定するところには、シュプレマティズム的テンションがある。無調音楽、セリー、具象詩、アール・ブリュットと、基準階平面は同格をなす。それは呪文としての建築だ。

基準階平面は極力、空《から》になっている。床一枚、コア一つ、輪郭線一本、そして最小限の柱。

他の建築では何を入れ、何に対応するか、どんなことを起こさせるかが問題なのに、基準階平面に限ってはどれだけ外し、取り出し、何も起こさせないかが重要となる。

一つ選択するごとに可能性が減る、という建築は奇怪ではある。

あれかこれかの選択が強要される世界《レジーム》は、建築家にさえ息苦しいことが多い、ということだ。他の建築は未来を先取りするが、基準階平面だけは——選択しないことによって——未来を先送りし、永遠にオープンの状態に保つ。

こうした空《から》の状態の積み重ね（コミットメントの徹底的欠如）がもたらす効果は、意外なことに密度の高さである。典型的なアメリカの繁華街は基準階平面の乱雑な集合体、つまり不確定性の織りなす峰であり、中心部が空洞になっている。

オフィスビルが最もラディカルな建築のタイプだと言い得るだろうか？ そこにどんな

特性がないかで決まる、タイプの逆であると? 現代社会に登場した新しい主要プログラムとして、それはプログラムを解体する働きをする。基準階平面という変異をきっかけに次々と連鎖が起こり、都市は一変した。基準階平面が集積して摩天楼ができた。不安定なモノリス。摩天楼の集積が、唯一都市の「新しい」様相だ。繁華街はもはや特定の姿形ではなく、量だけで判断される。中心街は個性的《ユニーク》ではなく普遍的《ユニバーサル》になり、場所ではなく状態になった。実際、基準階平面は場所の特性には影響を受けないため、都市という都市を見分けのつかないもの、識別できない物体にした。基準階平面は概念の飛躍を誘発する量子飛躍《クオンタムリープ》だ。知的考察を打ちのめす、あるいは単に先取りする、圧倒的量の、内容の欠如。

いったいどんな不安感から基準階平面の危機は生じたのだろうか? 腐敗はどこから始まったのか? ニュートラルな状態が作者不明《アノニマス》の状態になったのは、基準階平面の成功が原因だったのだろうか?

クオリティのない平面がクオリティのない人間をつくったのか? 基準階平面の空間が、グレーのフランネルスーツ野郎を孵化したのだろうか?

突如、グラフがグラフ用紙を相手に、個性の欠如を責め立てた。まるで基準階平面が、去勢されたホワイトカラーの道化をつくり、家族写真を抑圧し、観葉植物に眉をひそめ、パーソナルなガラクタに抵抗したかのようだった。そして——二〇年後の——いま、大半のオフィスがぞっとするようなトロフィー置き場になり、そこには何百万もの個人的ミニ生態系のただならぬ主張がひしめいている。なにも要求せず、すべてを与えた環境は、突如アイデンティティを剝ぎ取る悪魔の装置と見なされたのだ。

ニーチェの負け、社会学入門の勝ち。

ヨーロッパには基準階平面がない。

二〇年代、ヨーロッパの建築家たちはオフィスについて夢想した。一九二一年、ミースは究極の非・基準階平面をフリードリッヒ通りに構想。一九二九年、イワン・レオニドフはモスクワ初のオフィスビルとなる重工業省ビルを提案。そこに使われた長方形は社会主義的な基準階平面として考えられていて、並列構成のゾーンにプール、日焼け用ベッド、クラブ風のセッティング、小さな宿舎といった日常生活装置をフルセットで復活させ、二四時間サイクルのビジネスライフならぬライフビジネスを圧縮して実現することをもくろんでいた。

一九七〇年、アーキズームは基準階平面が(西洋)文明の終点、規範のユートピアであると解釈した。

以来、今世紀〔二〇世紀〕に唯一もたらされた真に新しい建築の主題は、イデオロギーの名のもとにあくまで蔑まれ続けている。そこにいる人々は「奴隷」であり、場所としての「個性がなく」、たくさん集まると「醜い」。ヨーロッパは建築としても都市としても出現せざるを得なかった、たった一つのタイポロジーを受け入れることができなかった——考えることができなかった——という、破滅的な失敗の代償を払わされ続けてきた。

基準階平面は地下に押し込められ、寄生物——歴史的なものをどんどん蝕んでいき、中心部を侵略するもの——というレッテルを貼られ、さもなくば周縁に追いやられてきた。

オフィスをつくる場合、ヨーロッパはルネサンス時代からある平面構成を積み重ねる。廊下の両側に部屋が並ぶという平面構成だ。(西ヨーロッパのオフィスには人がいないと決まっているが、そのことと一人一人の部屋が神聖にして犯すべからざるものだということとは、関係があるのだろうか?)

ヨーロッパのオフィスは奥行きが浅い。その歴史的背景と同じくらい浅い。ヨーロッパ人は自然光と空気を必要とする。たとえこの二つの関係する床面積を考えただけでも、自らの歴史的ステータスを裏付ける室内装飾がそれらでダメになるのは明白なのにだ。

アメリカのオフィスが臨界量を集結するのに対し、ヨーロッパのオフィスは臨界量を解体する。理由は単純で、オフィスで起こることは「悪いこと」だと思っているのだ。悪いことは少量ずつがいいと、われわれは思うわけだ。

旧世界で生まれた完全に劣悪なものの量ときたら、ほとんど常軌を逸しているし、マゾヒスティックなものがある。たとえそれがアイデンティティのためだったとしても。

「モルガン銀行」はヨーロッパで基準階平面をやってみようという試みだ。ロフト建築であり、つまり基準階平面を積み重ねたブロックというわけだ。アムステルダムの、しかも有名なベルラーヘの建物の増築――軸線、一貫性、関係調整、法規の危うい組み合わせ――の一環として計画されたため、最小限の調整を行いつつ都市建築としての一定の義務を果たす必要があった。すなわち、背の高い二辺の壁が交わる部分の内側が、重要なベルラーヘ広場の輪郭および入口となる。スリットからは中の様子がなるべく伝わらないようにする。屋上のパティオにカフェテリア、会議室、その他「オフィス以外の」場所をまとめる。基本的にこの建物は単なる抽象的なオフィス空間だが、オランダには珍しい（どちらかと言えば敬遠される）奥行を導入するため、内部変更を最大限可能にする寸法を選択している。床面を上に持ち上げ、表面全体にサービスを均質に分配した。柱は極力邪魔にならないようにしている。唯一の「特徴」は全フロアを繋ぐガラス階段だ。ヨーロッパの建物なので高さ制限があった。基準階平面と非基準階平面の比率自体が基準から逸れ、いかにもヨーロッパらしい五分五分の比率となっている。（一九九三年）

訳注

（1）日本では「標準階平面」とも呼ばれる。「基準階平面図」「基準階平面構成」と訳した箇所もある。

（2）オーストリアの小説家ロベルト・ムージル（一八八〇～一九四二年）の未完の長編（一九三〇～四二年）。特徴のない主人公の、これといって何も起こらない生活を綿密に描く。

（3）「ジェネリック・シティ」訳注（4）参照。

（4）快適な生活のために割り出された基本的なサイズの組み合わせによって建物を構成し、建築材料の量産化や建築の簡素化を図ること。

グローバリゼーション

言い伝えによれば、ウォーレス・ハリソンは単なる山師ではないにせよ、「たちの悪い」組織設計事務所の建築家で、国連ビル（一九四七〜五〇年）のル・コルビュジエ案を盗み、それを月並みな形で実現させたということになっている。

この言い伝えがしっかり根づいたせいで、建物そのものをだれも真剣に見なくなった。しかし、ル・コルビュジエがプロポーザルで示したドライな理論的主張と、ハリソンがそれを実現する際に発揮した多形倒錯的なプロ意識をよく見てみると、この言い伝えをひっくり返すとまではいかなくても、書き換えは必要に思われる。つまり、国連ビルは、アメリカ人には思いつかず、ヨーロッパ人には建てられない建物だった。それは二人の建築家のコラボレーションにとどまらぬ異文化間のコラボレーションであり、ヨーロッパとアメリカの異種交配によって生み出されたそのハイブリッドは、いやいやながらではあってもも彼らの交わりがなければ存在し得なかったのである。

シーグラムビル（一九五八年）も、国連ビルと同じように読み直すことができる。ただしこの場合、ヨーロッパの役とアメリカの役は同一人物によって演じられた。ミースはヨーロッパ人としての自己を実現するために、アメリカ人に「なる」必要があったのだ。二つの文化を掛け合わせた知性がなければ、シーグラムビルは存在し得なかっただろう。

ポール・ルドルフは、ニューヨークを舞台にとんでもないメガストラクチャーをいくつか考えた。それはマンハッタンの半分全体に、危なっかしいコンクリートの家が不可解なほど不安定な状態でぎっしり立ち並ぶというものだった。しかし構想から二五年ののち、それらはシンガポールのヤシの木々のあいだに置き去りにされている。[1]シンガポールは偶然の産物なのか、それとも象徴なのか。シンガポールはいま、よそで産みつけられた野望が実現される最終地点となっているのだろうか。可能性を宿す地は移動したのだろうか。

日本の「ディープ・サウス」福岡に、アルド・ロッシの建物がある。写真で見ると、風刺画のようだ。赤いペルシャ産トラバーチンでできたファサードはなにやら密閉され、銅板の屋根の輪郭は誇張されている。「イル・パラッツォ」は、周囲をサムライの城のように支配している。シニカルに見えるが、味わい深いファシストぶりではある。それはホテルで、ラブホテルと言う者もいる。ロッシはストイックな外壁の内部を侵略する内装やナイトクラブは手がけなかったが、彼の手になる外観には妙な魅力がある。それは純然たる表象であり、イデオロギーの底荷を積んでいないロッシ、つまりハイパー・ロッシだ。

日本人は、ロッシが自分の土俵では実現できないらしい密度をもって、彼の詩学を表面、で形にした。日本人には想像できず、ロッシには建てられない傑作。ハイブリッドではあるが、シーグラムビルや国連ビルとは根本的に異なる。それを可能にしたのは、融合というよりも、生体工学といった、より現代的なものに近い。遺伝子組み換え――ロッシの詩学が、まずイデオロギーを剝ぎ取られ、続いて日本の創意によって高められたのである。

フロリダの外、日本に、「マイケル・グレイヴス・ワールド」が丸ごとある。超高層ビルから町役場まで、プロジェクトの数は四〇を超えるが、それらはそもそもの起源になじみのない文化のために模倣された装置であり、この国には存在したことがなくこの先も存在することのない、いまさらながらの公共空間だ。ニュージャージー経由で日本に輸入されたローマ。文字通りの、時空のワープ。

日本での会議の席上、日本人建築家たちが混沌《カオス》について誇らしげに語る。[2] 東京は急速にクリシェとなりつつある。東京は秩序に抗うことで予期せぬ魅力を生むが、そのことで逆に自らがモデルの地位に押し上げられてしまう。カオスがプロジェクトであるという、究極の語義矛盾。建築の血流に注入されれば、メキシコ、アフリカ、パリ、ラゴス、どこででも効き目を現すだろう。さんざん輸入した末に、輸出品ができる。

リチャード・マイヤーは至るところにいる。実在する仮想空間という新しいカテゴリー。どの建物も同一であることそのものが政治的であり、建物をクローン化することで、社会が啓かれているという印象を一般に流通させている。

いまではわれわれは、こういった大陸を横断してできたものの誕生をめずらしいとも思わないが、それらを地政学的錬金術として考えてみるのも一興だ。建築の交通量が増えつづけることによって建築は合成化合物となり、予測不可能な汚染と組み換えが起こり、グローバリゼーションが新しい建築手法のレパートリーを築きはじめる――タガが外れた建築。

グローバリゼーションは新しい運動、つまりいまのところ明確なアジェンダはないものの、建築の特殊カテゴリーであるかのように言われていたが、この考えは、一九九〇年という年に行われたアメリカのコンペで、世界中でつくられた建築案のなかから無作為にある断面図が審査員たちの前に登場すると、凍りついてしまう。

プロジェクトのカテゴリーの一つに、条件反射的に拒絶されるとたちまち大きな山ができる、というのがある。典型的な例――穏健で民主的なドイツ人建築家による、アジアの残り少ない独裁政権のための新空港というプロジェクト。これはアルベルト・シュペーアとゲッティもどきを掛け合わせたようなもので、仕上げに独裁者のウォーホル風の肖像が、非対称軸の上に置かれている（今頃は完成していたかもしれない……）。

このボツの山にあるプロジェクトはどれも――

1　醜い（建築コンペの審査では、いまだに争点となっている）。

2　巨大とまではいかないが、大きい。

3　タブラ・ラサ状態を前提に計画されている（ヨーロッパにおけるモダニズムの原罪であり、いまやヨーロッパ以外の場所では当たり前になっている）。

4　豊かさにおいては古代ローマに匹敵する複雑なプログラムのモンタージュで、プール、図書館、コンサートホール、大学が、ブティック、モール、娯楽施設、アトリウムといった、活気に満ちた結合組織のなかに埋め込まれている。それらはプログラムの更新、（新しい）共同体の発見を示唆しているのに、最後の瞬間に成分が凝固し、なぜか分離する。

5　作品自体のコンテクストと少しもつながらない建築家によって生み出されている。その無知が行き着く先は、「新・純粋主義」。

6　自分が考え出した一つのモジュールを限界まで繰り返す。このように計画的にインスピレーションを使い果たすことにより、アイデンティティはかえって誇張される。

日本にある四〇棟のグレイヴスの建物が、新しい秩序にどう貢献しようとしているのであれ真にカオスの存在を象徴しているように、この作品は科学的な意味で破滅的だ。建築は限界を超えて倒壊寸前まで引き伸ばされ、押しやられる――バベルの塔の帰還。

グローバリゼーションは——

1 良かれ悪しかれ、可能性の範囲を天文学的に広げる。

2 建築の想像力をとてつもなく枯渇させる。

3 建築の想像力をとてつもなく豊かにする。

4 個々の建築家のキャリアの年譜を攪乱し、有効期間を延ばして縮める、またはそのいずれか。

5 それまで純粋培養されていた文化が衝突したときのように、疫病を引き起こす。

6 地域のことは知らず国際的なことは知っているという、現在の気まずい関係をつくっている建築論議を根本的に変える。

グローバリゼーションは、建築のつくられ方と、建築がつくるもの双方を不安定にし、書き換える。建築はもはや、文化を共有する既知数同士が忍耐強く行う取引ではなく、確立した可能性を操作することでもなく、投資と収益という合理的な見地に立って下し得る判断でもなく、一般人であれ評論家であれ、だれかがじかに体験するものでもない。グローバリゼーションは実在する建物にヴァーチャリティを添え、消化できない状態にして、いつまでも新鮮に保つ。

新しい建築の暴力的誕生というハルマゲドンに直面したこの職業は、深刻な自己否定の状態にある。本能的な恐怖心にかられ、馬鹿げているかもしれないことから逃げて崇高なものと出会うチャンスを逃す。

　この「バベルの塔・続篇」では新しい建築システムが約束されており、グローバルな事業のさまざまなエピソードが盛り込まれている。それは世界を変えるためのインフラストラクチャーのプロジェクトであり、目指すのは、どんな場所からかき集めてもいい、どんなコンテクストから盗んでもいい、どんなイデオロギーからくすねてもいい、最大限の可能性のモンタージュである。それはプロメテウス的メロドラマの最終回を約束する。

　こうしたエピソードは相伴って、実験と創造の一群を形成する。それは遺伝子工学であり、そこからまったく新しい建築が生まれ、プログラムもなく仕掛人も理論家も英雄もいない革命が引き起こされる。それにはそれ自体の「悦ばしき知識」[3]が必要になるだろう。

（一九九三年）

追記　グローバリゼーションは、オランダのオフィスから五五キロ離れた場所で始まる。われわれのオフィスでは、一九八七年のある時期を境に、プロジェクト、コラボレーターともに、過半数が国際的になった。ＯＭＡは、多数のオフィスが一つの「プロダクト」をつくり出すのではなく、一つのオフィスがさまざまな文化にどんどん深く関わっていくというかたちで、突如グローバルになった。われわれは、差異、つまり、可能性、コンテクスト、慎重さを要する事項、一般に流通している事柄、官能性、厳密性、完全性、権力などの差異に関するエキスパートになった。
(4) 以後われわれは、グローバリゼーションが孕む信頼と不信それぞれの潜在的可能性の狭間を進んでいった。
日によってCNNは神託のようにも、われわれ個人に向けられた掲示板のようにも思え、ニュースのそれぞれが、仕事に直結するシナプスを打ちつける。

訳注

(1) ルドルフがシンガポールのグランジ・ロードに設計した「コロネード・アパートメント」を指しているのだろう。一九八〇年に完成したこの高層アパート群は、一九六七年、彼がマンハッタン島の南端地帯を敷地に提案した「グラフィックアーツ・センター」を発展させたものだと言われている。アメリカ印刷工業組合の依頼で構想した、四千戸以上のプレハブアパートを含む巨大工業団地。コロネード・アパートについてルドルフ自身、述べている。「この建物は三〇年間、私の頭のなかにあった。合衆国ではマンパワーの問題で建てるのは不可能だ。（グランジ・ロードの作品は）長いあいだ温めてきた構想が実現した素晴らしいケースだ」（出典＝*Chicago Architects Oral History Project / The Art Institute of Chicago*）。余談だが、一九六〇年、世界デザイン会議のゲストとして来日したルドルフには、メガストラクチャーを自ら探求していた丹下健三やメタボリズムとの共通点がいくつかあった。

グラフィックアーツ・センターでのプレハブ住宅の組み立て方法は黒川紀章の中銀カプセルタワーに影響を与えたかもしれないし、有名なロウワー・マンハッタン・エクスプレスウェイ計画のメガストラクチャーは丹下のボストン湾計画を思わせる。

(2) 一九九一年、磯崎新が座長を務めた福岡国際建築家会議と宗像大社会議を指すと思われる。コールハースも建築家の一人として参加した大規模集合住宅「ネクサス・ワールドプロジェクト」の完成記念関連イベントで、特に一般公開されなかった後者の会議では、東京から多数招かれた日本の建築家、建築評論家たちを交え、丁々発止の議論が戦わされた。

(3) フリードリッヒ・ニーチェ『悦ばしき知識』(一八八二年)。

(4) 周辺の状況のみならず、政治的、経済的、文化的など、あらゆる背景・文脈をさす。

クロノカオス

建築家、つまり世の中を変容させていくのが仕事のわれわれは、歴史保存が示す徴候にこれまで気付かないか、敵意を抱くかのどちらかだった。ポルトゲージが「歴史の現前」をテーマにした一九八〇年[1]以来、保存に関心を払った建築ビエンナーレはほとんどない。二〇一〇年のいま[2]、建築にとっての意味がまだ理論的に解明されていない二つの状況が、見事に交差している。一つは、この惑星のなるべく広い領域を救うために、「歴史保存」をしようというグローバルな気運があること。もう一つは、社会事業として建設された戦後建築の存在を消そうという動きが――前者に比例して?――やはりグローバルな規模で起こっていることである。歴史保存と解体の衝撃的な同時進行ぶりは、時間が線的に進化するという認識を打ち砕く。この深刻なクロノカオスの時代を、われわれはここにドキュメントした。

隠蔽

開発の巨大な波がスピードを上げながらこの地球を変貌させているかに見えるが、この波によって変貌しつつあるものがもう一つある。それはさまざまな歴史保存体制によって変化を禁じられた地球の表面積が、急速に拡大しているということだ。われわれの知らない、考えたこともない、影響を及ぼすことのできない体制に委ねられた、全世界の巨大なエリア(一二パーセント)が、立ち入り禁止の状態にあるのだ。歴史保存が人知れずその絶頂期に入ったいま、当の歴史保存はその新しい帝国をどうしていいのか、よく分かっていない。

歴史保存はその規模も重要性も年ごとに増しているが、この一見縁遠い領域について何の理論も関心もないというのは危険なことだ。ラスキンやヴィオレ・ル・デュクのような思想家の後に現れた近代主義者たちの傲慢さゆえに、保存主義者が取るに足らない、無意味な存在に見えるようになった。ポストモダニズムも過去について調子のいいことを並べてはいるが、実際は近代主義者と五十歩百歩だ。ラディカルな変化とラディカルな停滞をどうまく共存させていくか、そこにこそわれわれの未来があるのだが、現在のところ策はほぼ皆無だ。

歴史保存が頂点に向かういま、さまざまな不透明性や矛盾が山積しはじめている。この世界が抱えるさまざまな状態を反映するべく、〔ここでの〕選択基準はあえて曖昧かつ柔軟になっている。

＊　時の流れは止められないが、歴史保存がもたらすインパクトをどう管理していくか、どうすれば「保存したもの」を生きた状態に保ち、進化もさせられるか、といった戦略的思考はまったく存在しない。

＊　文化によって永続性の捉え方が異なり、素材・気候・環境も千差万別なため、保存の方法も相当に異ならざるを得ない、ということへの意識はきわめて低い。

＊　歴史保存には未宣言のイデオロギーがあって、ある種の正統性を好む。そこから漏れるもの——ことに政治的に厄介なもの——を歴史保存は抑圧する。たとえそれが歴史を正しく理解する上で重要なものだったとしても。

＊　歴史保存がその野心の対象をとめどなく広げていくため、新しい建築物と保存建築の時間差は二千年からほぼゼロ年に縮まった。歴史保存が過去に遡る《レトロスペクティブ》ものから未来を予想する《プロスペクティブ》ものに切り変わるのは時間の問題であり、いずれまったく不用意な状態で決断を迫られることになるだろう。

＊　かつてはおもに文化的課題だった歴史保存はいまや政治課題となっており、歴史遺産の保存は一つの権利になっている。そしてあらゆる権利と同様、この権利も政治的《ポリティカル・》適切性《コレクトネス》に左右される。正統性のオーラと慈しみを授けることにより、歴史保存は都市開

発に途方もなく大きな波を引き起こすことができる。そして多くの場合、過去そのものが、未来の唯一のプランとなる……。

＊

特殊なものだけが保存に値すると判断し、そこだけに力を入れつづける歴史保存は、それ自体の歪みをつくり出しもする。特殊であることがふつうになる。平凡なもの、一般的なものを保存しようという考えは存在しない。

激変のグローバルなうねりのなかで、一つだけ歴史保存の囲い込みを免れたジャンルがある。戦後の社会的建築だけは解禁されているのだ。強力な公的機関が、社会事業としての建築を至るところに登場させた時代もあった。しかしいまや市場に衰弱させられてどん底にある公的機関は、社会事業としての建築を破壊している。現在の世界的コンセンサスによれば、戦後建築——そしてそれが体現したオプティミズム、つまり社会を統合する力が建築にはあるという——は美学とイデオロギーの瓦礫《がれき》でしかない。われわれの撤退は市場経済がつくり出す華やかな建築に示されている。だが、その華やかな建築にも賞味期限は付いている。

近代化と同様——その一環である——歴史保存も西洋がつくり出したものだ。だが、西洋の力が萎えたいま、歴史保存はもう西洋の手中にはない。その価値基準を決めるのはもはやわれわれではない。歴史保存と開発の二者を調停する新しいシステムが、世界には必要だ。近代化についてもCO_2排出量取引制度のようなものができないだろうか？　ある近代国家が別の国家に開発をしないよう金を支払うとか？　コスタリカの熱帯雨林のように、未開発度が価値ある資源にならないだろうか？　中国はヴェネチアを救うべきか？

歴史保存の大躍進が起こっているなら、それと正反対のこと、つまり何を保存するかではなく、何を諦め、何を消して思い切るかについての考え方を整備していくことも必要となる。たとえば建物の解体を何段階かに分ける仕組みを作れば、経済状況や資材状況の異なる時代に建てられた建築さえ永久に不変であるかのような白々しい取り繕いは無用となるだろう。だんだん薄くなっていくわれわれの文明の表皮の真下から、まっさらな地平《タブラ・ラサ》が顔を覗かせるに違いない。（西洋の）われわれが今の考えを諦めたまさにその瞬間に、歴史保存の解放は可能となるのだ。

（二〇一〇年）

訳注

（1）一九八〇年の第一回ヴェネツィア・ビエンナーレ国際建築展「歴史の現前（Presence of the Past）」で、総監督のパオロ・ポルトゲージは自ら企画した展覧会でポストモダン建築を舞台に上げ、物議を醸した。実物大の歴史参照建築の正面を並べ、街路（ストラーダ・ノヴィシマ）を作り出したのだった。

（2）二〇一〇年の第一二回ヴェネツィア・ビエンナーレ国際建築展に、レム・コールハース／AMOは「クロノカオス展」を出展した。本篇はこの展覧会のために書かれたもの。

スマートな景観

すでに一五年が経過し、二一世紀もそろそろ本領を現しはじめた。建築はといえば、デジタル文化・デジタル資本との新しい関係に入っている。それは、二〇世紀初頭に近代主義と工業生産が合流して以来最大の変化を意味するものだ。ただ、この大転換はほとんど気づかれていない。目にも明らかな変動ないし大規模な変化といったかたちでは起こっていないせいだ。実際は逆で、建築の構成要素を通してこっそりと建築に浸透しているのである。

建築家たちは最初、デジタル製造技術の妙技らしきものを歓迎した。標準化を求める経済的・行政的圧力は日に日に強まっており、それが建築家のありようを平板化の脅威に晒《さら》しているなかで、ソフトウェアとデジタル製作技術の発達は、建築家が想像したものがそのまま思い通りの形に翻訳される日の到来を告げていた——3Dプリンター技術は魔法のバイパス術を使って建設という骨の折れる仕事に近道をつくることになるだろう……。だが、印刷技術にもそれなりの限界がある。それがつくり出すことができるのは、継ぎ目のない、連続した形状だけだ。別々のパーツを組み立てることはできないのだ。

　いまやデジタル技術は、どんなデザインも可能にするに止まらない。建築の根幹をなす物理的な構成部分と急速に合体しつつあるのだ。建築とテクノロジーの新しい関係がどういうものかは、筆者が二〇一四年ヴェネツィア・ビエンナーレでチームと研究してみてはっきりした[1]。われわれは建築の諸要素――壁、床、天井、その他三次元空間を構成する数多くのもの――を通して、建築史を調査したいと提案した。最初は多種多様の文化のなかで、歴史を通して変遷してきた建築の生命力や知恵――その大半はすでに消滅して久しく、復元もきわめて難しい――を解明することにフォーカスしていたのだが、むしろ建築に埋め込まれたデバイス、センサー、システムが建築をどんどん「スマート化」しつつあることのほうが気になってきた。建築の伝統的な要素をつぶさに見ていくと、それらが新しいタイプの「知性《インテリジェンス》」によって完全に変えられたとは言わぬまでも、相当の範囲にわたって侵食されていることがわかったのだ。

　何千年ものあいだ、建築の構成要素は耳も口もずっと不自由だった――信用できる相手だった。ところがいまはその多くが自ら情報を集め、適切に作動する。耳は聞こえるし、自分で考えられるし、口答えまでするのだ。ドアは自動化し、スマートフォンの延長となり、開閉のひとつひとつを記録する。エレベーターはあなたの会話を聞き、あなたの日常的動作をトラッキングしてあなたの行き先を予知する。トイレは発生しうる病気を診断し、ユーザーにとって最も個人的な医療データの目録を作成していく。窓は環境の効率性を最大にするためにいつ開けいつ閉めたらいいかを教えてくれる。早晩、あなたの家も無責任なエネルギー消費をしないよう、早く寝ろと命令するようになるかもしれない。一家に一台、ファラデーの箱が必要になるかもしれない――デジタル監視システムと先回り作動から避難させてくれる電磁波シールドのことだ。

協働

ハイテク界による建築の植民支配が着々と進んでいるが、そこに元の地主は参加していない。テクノロジーが勝利すれば、建築は単に取り残されるだけだ。「あらゆるモノのインターネット[2]」が多くの分野を急激に変化させているが、建築は五千年の歴史を持つ分野であるがゆえに、電化されたモノたちが人を没入させつつ逃がさない環境をつくり上げるようなネットワークを構築し、それが引き金となって表面には現れない根底的な転換が起きると、もう太刀打ちできない。

建築がデジタル体制の恩恵を歓迎したまさにそのとき、データの複製能力の恐ろしさが発揮された。われわれはいまだに建物を中性の空間だと思っているが、われわれの家には一定の意識が芽生えつつある――「インテリジェント」な建物は諜報《インテリジェンス》員の穏便な言い回しだ。やがてあなたの家はあなたを密告するかもしれない。

スマートシティ

歴史的に、都市は建築家の思い描く姿を最高のレベルで表すものだった。前衛建築のマニフェストが建物単位で建築の革新を企てたためしはなく、都市全体のスケールで一斉に変化を起こし、現代生活の構造的な立て直しを目指すのが常だった。ところが一九七〇年代末に市場経済が世界を席巻すると、建築家たちはマニフェストを書くのを止めた。われわれは都市開発が発展途上国で爆裂したまさにその瞬間に、都市について考えるのを止めた。その空洞に「スマートな」都市が入り込んだ。

建築に浸透していく新しいテクノロジーの効果は、スマートシティではいっそう堂々と発揮されていく。なにしろスマートシティは「あらゆるモノのインターネット」のデータ収集とフィードバックループ《帰還回路》を、かつてない広範囲のエリアで実践しようというのだから。二〇一四年九月、ブリュッセルで開かれた欧州委員会のスマートシティ会議で、テクノロジー業界の有名人たちはこれまで伝統的に建築家の領域だった「都市」における自らの主張をそれぞれ展開した。まさに頭のいい戦略によって権威の移動は行われた——自分たちのつくる都市を「スマート」と呼ぶことで、われわれの都市は頭が悪いと宣告したのだ。

スマートシティ運動への参入者はどんどん増えていて、その主役たちは幾通りもの惨事がデジタル技術の応用で未然に防げるようになるのを示すことで、存在感を高めようと躍起になっている。気候変動、高齢化、インフラ基盤の老朽化、水・エネルギー供給——これらの問題すべてに対して、スマートシティは解答を用意していると言う。そうしたソリューションは都市生活を象徴する可愛いアイコンを使ってマーケティングされ、増えつづける一方の管理バブルのなかに暮らす市民と企業のパーフェクトな図を描き上げる。最悪のシナリオはセンサーの反応によって管理され緩和されるだろうし、人々の目に入らないところで起こる、取るに足らない事柄はわれわれに報告されるとともに自動的に改善されるだろう――パイプの水漏れを直して何百万もの人々を救う、というわけだ。どんなにつまらないことでも、ありとあらゆる問題が解決され、何百万もの人々を救う。それなのに、効率性と最適化の飽くなき追求を裏で動かしている営利的な動機は、それがまさに役立とうとしている相手を貧しいものにしている。安全・安心をセールスポイントとする都市は、格段に冒険心を失いはじめているし、誰でも思いつくものになりつつある。本当に都市を救うには、一度解体するしかないのかもしれない……。

田舎

スマートシティにばかり目をやっていると、もっと急激で思いがけない変化が田舎で起こっていることを見逃してしまう。実は田舎は――われわれの知らない間に――最も開けた都会よりもはるかにスマートになりつつあるのだ。途方もない規模の「厳密さ」の新体制が出現しはじめた。あらゆる畑のあらゆる部分がデータ単位に変換され、スマートトラクターに搭載されたコンピュータに送り込まれる。そのコンピュータは種や殺虫剤の配達を正確に管理し、最大効率を獲得するためにはどんな気候条件のときに散布したらベストかを解析する。家畜の飼育場は厳密な都市グリッドに似てきたし、サーバファームは人里離れた森のなかにひっそりと現れる。あらゆる場所に奉仕するデジタル体制下では、超デカルト秩序が田舎にも敷かれているのであり、その結果、かつては田園の特権だった詩的でランダムな光景が都市の専売特許になる、というパラドクスも生まれるに違いない。

三原則

デジタル化があらゆる領域に持ち込んでいる変化は、何の民主的展望も何の具体的な要求もないままに起こっている、というのは言わずもがなのことだ。だが、こうした大転換が議論される論点はいまだに、われわれの生活がどう良くなるかということだけに集中している。つまり、それによってどれだけ多種多様の体験が、個人の領域から責任が問われない領域へ、さらには違法の領域へと移し替えられているかについては、まだほとんど話されていない。スマートホームとスマートシティ運動の宣言はもともと政治的な領域のものではなかったために、そこに提供された「改良点」の背後にどんな政治性があるかは、われわれ自身が問わなくてはならないのだ。

デジタル体制が暗に示す独裁主義は、一九八九年の大変動後に言われた「世界がネオリベラリズム一色になる」という予言がどうやら現実にはならないことに気づきはじめた世界と、奇妙な緊張状態を保って同席している。実際は現在、東西で共有されているシステムはポリティカル・コレクトネス〔PC〕であり、これが二一世紀のオフィシャルなイデオロギーである。(改良され、限定され、実現可能で、価値観も無関係という)ねじれた人権憲章が、すべての人種、すべての政治体制を一体化させようとしており、それは当然ながら人気がある。フランス革命の「自由、平等、友愛」の代わりにいま世界で採用されている新しい三原則は、快適性、安全性、サステイナビリティだ。この新しい三原則が、逃避も撤回もできない絶対命令をあらゆる領域で下していくのであり、建築はそれをマゾヒスティックな熱意とともに歓迎することになるだろう。この三原則が擬似意識の波によってわれわれの専門分野にいかに大きな変化をもたらし、建築がこれまで実践してきた仕事をいかに一掃し、同時に、これまで何千年ものあいだ、何世代にもわたる賢い《スマートな》芸術家や建築家や施主や支配者や職人たちが、建築と都市が本質的に湛《たた》える知性《インテリジェンス》について理解していたという証も、あっさり捨ててしまうだろうということは想像に難くない。これまで何世紀にもわたって蓄積されてきた知識と、今日「スマート」とされる狭い範囲の業務とを融合し得る可能性はほとんどないのではないだろうか。われわれがいま直面しているのは、人間の集団を明確に捉えるという建築の伝統的能力と、個人との一体化が可能と言えそうなデジタルの能力との、根本的な対立関係だ。

デジタル体制でもっとも油断がならないのは――そして労働力に頼っていたかつての社会的・政治的パラダイムと異なるのは――ひとたびプログラミングされ、コンピュータ発信されると、ものごとは基本的に自動化されているので何の努力もなく進むということだ。そこでは量、持続時間、複製、接続、借用に対して、なんの制限もない……。本質的な話、デジタルは疲れを知らない――それは都市を、その建築を、その構成要素を、その身体を融合して永久にアップグレードし、変異させつづける。もしデジタルがわれわれにもたらそうとしているのがセンサー文化だとすれば、それは決まりきった日常が永久に課されるようになることを意味するのだろうか？　意気揚々と同じことをどんどん届けてくるシステムの到来？　そんな関係性は内側で閉じるのが関の山だ。世界は原因と結果がえんえんと無駄に繰り返されるだけの場所になるだろう。

（二〇一五年）

訳注

（1）コールハースは総合ディレクターを務め、建築の要素に関する研究の成果をヴェネツィア・ビエンナーレのセントラルパビリオンの展覧会"Elements of Architecture"で展示した。

（2）「モノのインターネット」（Internet of Things / IoT）から派生した言葉。物質的なモノにエレクトロニクス装置やセンサーが埋め込まれていき、企業とユーザーをつなぐ交信ネットワークが形成される。二〇一四年の時点では、その概念はすべてのモノが常時繋がる「あらゆるモノのインターネット」(Internet of Everything／IoE)に発展し、テクノロジー業界の次なる大きな波としてトレンドとなっている。

(3) データセンターと同義語で、多数のサーバを集積した施設を意味する。

STORIES

ストーリー

白いシート（ある夢）

僕は、当時パートナーだったヤン・フォアベルクと歩いていた。彼はハーグ出身の建築家で僕とは同い年、小柄で金髪だった。

川沿いの、沈みかけた板張りの道をいっしょに歩いていた。

　それは僕たちが置かれた状況を象徴していた。その週僕たちは、沼地のなかに刻一刻と沈んでいくような状況にあったので、絶えず互いを奮い立たせ、触発し合わなければならなかったのだ。

沈みかけながら僕が言った。「沈んでいく板張りの道を伝って川岸を歩くのもなかなかおもしろいかもしれないよ」。

二人ともショーツ姿で、腰まで濡れていた。

「まあ、確かにね……。でも、濡れずに歩くのとはわけが違う」。

川の果てまで来ると、巨大な深淵があった。二人、おずおずと縁の向こうをのぞき込んだ。「いや、それほど深くない」と僕。

「うん、そうだな。それに斜面もさほど急じゃない。よく注意すれば、歩いて降りられそうだ。けっこう斜めに歩かないといけないかもしれないけど、できるんじゃないかな」。

励まし合い、降りていった。そして言うまでもなく、あっという間に落下していた。崖を転げ落ちながら、小さな草地に激突しようとしているのがわかった。緑の草が生えたその狭い一画で、数知れぬ大勢の人たちがピクニックをしていた。すぐにピクニックだとわかったのは、大きな白いシートが一枚広げられ、その縁に沿って全員が腰を下ろしていたからだ。

落下を続けながら僕は考えた、「どうやって着地すればいいんだろう、あの人たちにあたらないようにするにはどう動けばいいんだろう、ピクニックをめちゃくちゃにせずに墜落するにはどうしたらいいんだろう」と。頭のなかで軌道を描いてみた。見事に着地できると思った。

地面にぶちあたってから、うまく人々をかわしつつ数回跳ね上がった。しかし最後の瞬間、かかとに柔らかな気味の悪い感触があった。

「うわ、ヤン、あたっちゃったよ!」触りたくもなかった。かかとに触れると、指にどろどろの血のかたまりがついていた。振り返ると、地面が小さくへこんでいて、そこに僕が頭を砕いた赤ん坊がめりこんでいた。

（一九八一年）

ソビエト宮殿　ベッドタイム・ストーリー「仮想建築」

これはバベルの塔の物語だが、聖書とは関係ない。耳障りなおとぎ話。教訓も寓意もない、読んだままのお話。

一九三〇年代、ソ連政府は第三インターナショナルのモニュメントを建立するため、コンペを開催した。勝ったのはグロテスクな設計案で、アメリカの超高層ビルの部分と、中空のバベルの塔の部分でできていた。昔ながらのウェディングケーキをとてつもなく大きくしたような代物で、てっぺんでは花嫁花婿が合体して巨大なレーニンに変身し、例によって前方を指し示していた。

表向きはスターリン主義的奇想天外ぶりである。アメリカの超高層ビルもどきの建物のなかに、実在しない集団のための会議場をシニカルに積み重ねたこの奇怪な存在は、実のところ、人をおびき寄せる政治的な仕掛け、モスクワの建築家たちがめぐらした野蛮な術策だった。この建物を実現するには、ソ連が生産する七年分のコンクリートを食い尽くすことになる。三〇年代は、肥え太った年月となるだろう。

ボリス・イオファン「ソビエト宮殿」(1935年)

建設が始まった。年ごとに建設は「進んだ」。それはまず下に向かった。巨大な基礎工事である。続いてコンクリートが流し込まれた。敷地は湿地だったため、水が基礎を通して漏れつづけ、人類史上最大の地下室を執拗に水浸しにした。鉄骨が組み上げられ、一時的には上方向に向かっていた。追加されるたび、完成の高さまでの残りの距離は、ますます厳しいものに思われた。五年後、戦争が勃発した。建設作業はペースダウンし、滞り、逆戻りが始まった。鉄骨は組み上げられたばかりだというのに解体され、武器の製造に使われた。

やがて戦争が終わった。スターリンはまだ君臨していた。国は疲弊していた。かの宮殿は都市の中心に位置する奇妙な「へそ」であり、消火されたイデオロギーの火山だった。建設作業を再開するなど、熱狂的スターリン主義者でさえ考えもしなかった。別の解決策が見つかった。建物を、有形《ソリッド》のものではなく、無形《ヴォイド》のものに、不在にするのだ。いずれにしてもしつこい漏出で水浸しになった基礎部分は、プールとして公表された。それはモスクワ住民全員が入れる大きさだった。

周囲にはロッカールームが連なり、互い違いに男用と女用に分けられた。どちらにもなかに白衣を着た大柄なロシア人女性がいて、濡れたタオルを振りまわしている。女たちはだれかれかまわず裸の尻を打ちつけながら、苔がこびりついてすべりやすく悪臭のするシャワーに向かう、一つの動きをつくり出している。シャワー室は、狭い水路でプールにつながれている。端のあちらこちらがギザギザになっている一枚のガラス板が水面の下へと降り、内と外を隔てている。

出産のあからさまな諷刺のごとく、外側の水のなかに出るには泳ぎ手たちはいったんガラス板の下にもぐらなければならない。彼らを待ち受けるのは必ずしも温かい歓迎とは限らない。プールは一年中オープンしているのだ。髪が凍って、たちまち氷のヘルメットのようになる日もある。だがお湯はとても温かく、湯気でプールの正確な輪郭と中身がわからなくなるほどだ。そして人を当惑させる規模。プールというのは概してその支配体制(一定の動き)を押しつけるものだが、このプールは草原のように広々として開放的だ。どこへ行くべきか? なぜ? だれと? こういった形而上学的な不安をかき消すために、大音量の音楽が鳴り響く——スケートリンクのような、すがすがしい凡庸さ。若いカップルが愛を交わしているところとか(ほかに行く場所がない)、ありとあらゆる営みに出くわす。

プールは、良い意味でローマ都市のごとくになる。アリーナ、吸着装置、ソーシャル・コンデンサー[1]、偉大なる解放装置、連結装置——いずれも、紛うかたなきコミュニティ生成装置だ……。実際の建物が消滅することで、なしうるプログラムは果てしなく増えた。

風のない夜には、この蒸気の大建造物は、クレムリン城壁の反対側にある聖ワシリー大聖堂をとてつもなく大きくしたように見えるし、あるいはそれが取って代わったあの奇怪

な建造物よりもさらに大きく見えることすらある。仮想建築の予告だったのだろうか。(一九九四年)

訳注

(1) ロシア革命後、ソビエトの建築家たちが最初に追求した理想的建築概念のひとつ。「コンデンサー」はその名の通り蓄電器を指すが、彼らが社会変革のために重要不可欠と考えた蓄電器とは、異なる役割をもつ空間どうしが融合し、交差して、社会のあらゆる構成員が同等に社会参加できるような新しい建築を意味していた。イワン・レオニドフが描いた理想的な労働者クラブはその典型として考えられたものだし、本書「ユートピアの駅」に描かれているモスクワの複合集合住宅ビル「ナルコムフィン」(ギンズブルク+ミリニス設計、一九三二年)もソーシャル・コンデンサーとして高く評価されていた。ところで、コールハースは自らが責任編集した *Content* (二〇〇四年)のなかで、ソーシャル・コンデンサー的都市計画として「ラ・ヴィレット公園」計画案(一九八二年)を紹介し、次のように解説している。「何もないからっぽの土地にいくつものレイヤーを戦略的に並置し、多様な活動のダイナミックな共存を促すとともに、そこに起こる干渉から予期しない出来事を起こさせる」、つまり現代のソーシャル・コンデンサーになることがこの計画案の狙いであると。

ミースをつくった家

母の友人の祖母が母を気に入り、実の孫でもないのに、いつも剃刀のように薄いサンドイッチとお茶を振る舞った。少女たちはこの小柄な大金持ちを怖がっていたが、彼女の広大な敷地を駆けまわって桃を頂戴しては、息を切らし汗をかきながら「おばあちゃま」を訪ね、そこでは急にお行儀がよくなった。

子どもたちの目を通して語られた逸話が一つある。それは、壁のあちらこちらに掛けられたヴァン・ゴッホやモンドリアンの絵よりも、むしろ雄弁におばあさんの実力を物語っていた。

彼女はある建築家に自宅の設計を依頼し、その案をもとに帆布で原寸大の模型をつくらせたのだが、列車が通る場所に近すぎるという理由で、案を却下した。

その後も次から次へと建築家たちに設計を依頼したが（私の祖父もいたかもしれない）、そのたびに却下したらしい。二〇年間あれこれ試した末、アンリ・ヴァン・デ・ヴェルデの設計に決めた。

それから長い年月を経て、私はニューヨークでその（不）幸せな建築家というのが「若き日の」ミースだったことを知った。この年配の富豪の女性は、いったいどこでどうやってこの年若い建築家を見つけたのだろうか。しかも彼の前にも依頼した相手はいた。当時二六歳だったミースは、もともと著名な建築家のアシスタントとして送られてきていた。彼女はベーレンスの提案――これも「建てられていた」――を退けたあとでミースに依頼したのである（『水源《ファウンテンヘッド》』と『チャタレー夫人の恋人』が出会う、の図か）。一九四七年にニューヨーク近代美術館で催された初のミース展のためフィリップ・ジョンソンがつくったカタログに、風景のなかに置かれた原寸大の模型写真が掲載されていた。列車が走っている気配はどこにもなかった。

私は、当時の状況を想像できるだけの歳になっ

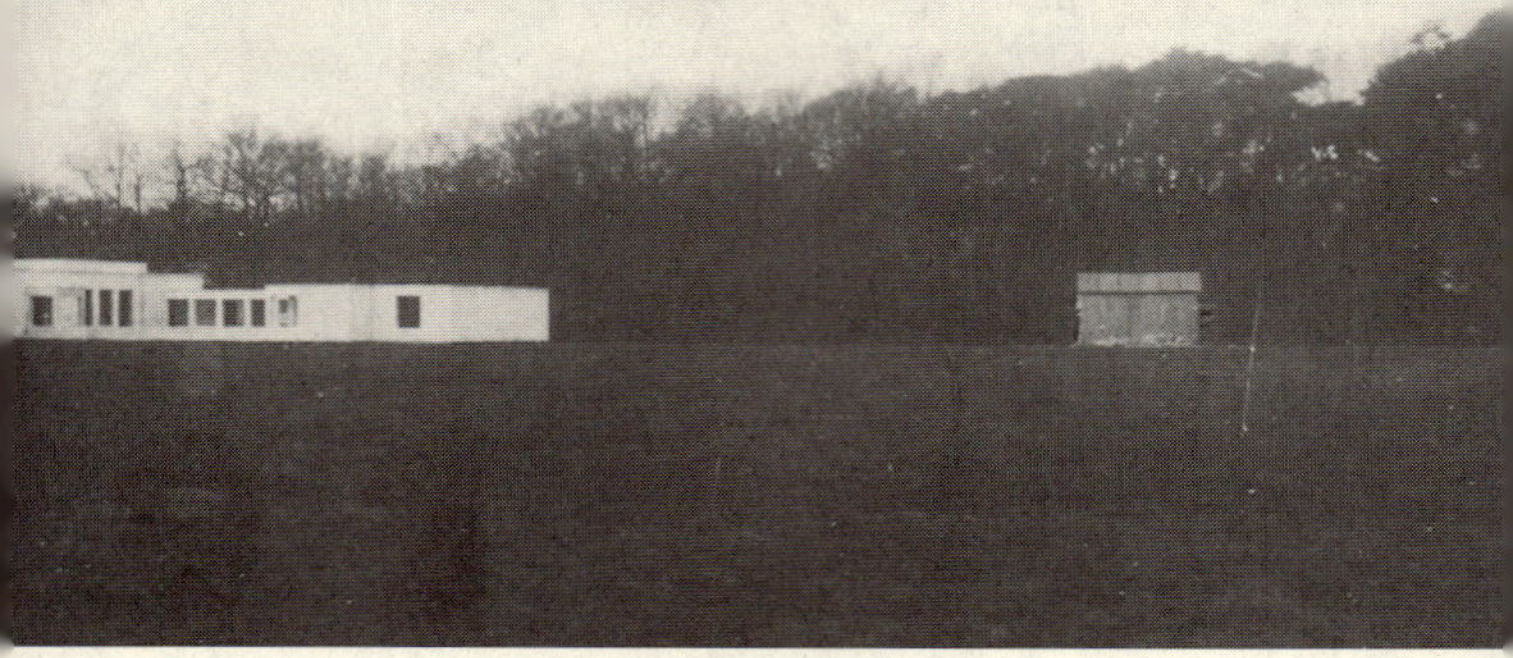

ていた。ミースは建築家としてのキャリアを積む最も重要な時期にあったそのとき、初めて例の苦痛の三点セットを経験したのだ。高揚——重要な仕事を依頼された。緊張——彼女に模型を気に入ってもらえるだろうか（模型はミースが相手を納得させるための戦略の一部だったのか、それとも彼女が懐疑的だったという証なのか）。落胆——家は建たなかった。

　その写真は、あたかも二つの現実の接ぎ木が「うまくいかなかった」かのような印象を与える、奇妙なものだった。（建築業一般の非現実性をあらわにしただけなのかもしれない。）玄関の近くに男が一人立っている。ミースだろうか。

　突如私は、とてつもないボリュームのなかに彼を見た。立方体のテントは、もともと目論まれていた陰気で古典的な建物よりも、はるかに軽量で示唆に富む。私は妬ましいような気持ちで、未来

ミース・ファン・デル・ローエ「クレーラー邸」（原寸大模型）

の家のこの奇妙な「実演」が、ミースを大幅に変えたのではないかと思った。その白さ、そして重量の欠如は、彼がこのときまだ正しいと信じるに至っていなかったものすべてを、圧倒的なほど明快に表してみせたのではないか。反物質の顕現か。この帆布の大聖堂は、別の建築へ向かう鮮烈なフラッシュ・フォワードだったのだろうか。

すると、どこからともなくふいに列車が不気味に現れ、蜃気楼を消し去った。

恐らくミースはこの完敗を機に、以後、まだ自分にまとわりついていた一九世紀の痕跡と重力を入念に取り去り、のちに歴史を変えることになる消失・溶解・浮遊の技術を発明したのかもしれない。

帆布の家がカーテンウォールにつながったのだろうか。ミースの後期の作品すべてに、シルク、ベルベット、革が、柔軟性のある反建築として使われている。この石工の息子の恋愛のなかで最も重要なのは、柔らかな質感を得意としたリリー・ライヒとのものだろう……。

母は、ミースがつくらなかった家が一六年前に彷徨っていた敷地に立ち寄った。それはミースをつくった家だったのだろうか。

おかしなことに、昨年私がこのことについてフィリップ・ジョンソンに尋ねたところ、それは彼の作り話だったという。本当はなかったことなんだと。幻の家の写真もでっち上げだったということらしい。であれば、だれがでっち上げたのだろう。結局、だれの蜃気楼だったのだろう。

（一九九三年）

レス・イズ・モア[1]

一九八六年ミラノ・トリエンナーレの展示

一九八〇年ヴェネチア・ビエンナーレ「過去の現前」展に招待されてびっくりしたOMAは、ストラーダ・ノヴィシマ[2]に軒をつらねる野心ありすぎの展示二〇点のなかで、一人場違いな気がしていた。真向かいのブースはフランク・ゲーリー[3]（もう一人の、明らかな場違い）。「われらの新・冷静主義」なる穏健な独立宣言（少なくとも、モラルの違いのハイブローな表明）に気付く人はほとんどいなかった。

見世物小屋の肥ったご婦人よろしく、人前に展示された（メディア、デベロッパー、美術館による）建築の発見は、ファウスト的策略の逆回しとなった。建築に可能なことは極端にむしばまれ、建築の意欲もごっそりと失われた。建築に唯一許された英雄らしさは、感極まって落涙する悲劇の道化師のそれだった。

八〇年代は似たような展覧会のオンパレードとなり、開催のピッチも上がってきた。その執拗さといい、究極の凡庸さといい、ラヴェルの「ボレロ」そのものだったが、なぜこうまでして建築を――そのヒーローを、その作品を――讃えるのかさっぱり分からず、その不可解さはやがて吐き気を催す寸前の猜疑心に変わった。毎週、方眼紙の平面図(4)が添付された招待状が届く。見本市みたいに区画分けされた館《パラッツォ》。各展示スペースはだいたい南米の独房くらいのサイズだ。三五〇ドル～三〇、〇〇〇、〇〇〇リラのエキゾチックな予算額とともに、僕たちはみな自分の作品、イデオロギー、大事な秘密を心置きなく展示していいという完全な自由を与えられた。

建築というのは複雑で厄介なクセに、説明されると抵抗し、解明されると敵意を示すときている。檻のなかにいっしょに入れられた僕たちは何を見せるか、考察しなくてはならなくなった。実作品はほとんどないから、ミニ建築、亜《サブ》建築、疑似《クアジ》建築が展示を占めるわけだが、施主・用途・資金・技術といった問題から解放されているので、純粋にはなれるというわけだった。こうした不毛の場にやがてトートロジー的悲哀が漂うようになる。パーティ会場の風船のごとく、建築家たちのアイデンティティはやがてプチンと弾け、一気に萎んだ。

八〇年代式「賛美《セレブレーション》」(チアリーディングするためだけのアドレナリン)は、結局、自己検閲に行き着いた。目を疑うような恥さらしを貴族[*1]の所為《せい》にし、メディチ以下クラスのデベロッパーへの依存度の高まりを隠し、社会的使命感の弱まりをカモフラージュし、消費者の不満の声を抑圧するようになった……。

一九八五年、僕たちはミラノ・トリエンナーレ(5)に招待された。いくつもの展示室に整然と区画分けされたトリエンナーレ宮は、遅れてやってきたピラミッドの宝物庫みたいな生気のなさ／魅力に溢れていた。（結局僕たちはみな奴隷だったというわけだろうか？ 自分たちの品物を地下室に運び終わったら、実在しないファラオ（＝観客）に墓まで連れて行かれるだけの？）

ＯＭＡの展示室は、ファシスト様式のトリエンナーレ宮の湾曲したエクセドラ〔半円形の玄関スペース〕に突き出ていて、変則的な形になっていた。またもや、ミスフィット。

何かをあらわにするという義務感が恐怖に変わっていた僕たちは、展覧会自体をテーマにすることで、抵抗を示すことにした。当時、ミースのパビリオン(6)とうり二つのものがバルセロナに建設中だった。本質的に言って、それはディズニーとどう違うのか？

自分たちよりも由緒正しい組織の名のもとに、僕たちはこのパビリオンが一九二九年万博の後にたどった本当の歴史を調べるとともに、ヨーロッパ各地を巡って本国に戻る道程で残したありとあらゆる考古学的残滓を収集した。ポンペイの大邸宅のように可能なかぎり多くの断片を集め、元の姿の完全な復元に努めたが、ひとつだけどうしても正確にいかないことがあった。僕たちの敷地がカーブしていたために、パビリオンも曲げざるを得なかったのである。

（一九八五年）

原注

＊1　英国皇太子閣下

訳注

（1）「レス・イズ・モア」（Less is More＝より少ないことはより豊かなことである）は、近代建築の巨匠ミース・ファン・デル・ローエの有名な言葉。
（2）「クロノカオス」訳注（1）参照。
（3）「実地調査の旅」原注＊13参照。
（4）展覧会場や担当スペースの図面。
（5）イタリアのミラノで開催される美術展覧会。デザイン・ファッション・建築・都市計画・メディアアートなど、産業と芸術との関係をテーマとしている。ここでは一九八八年の第一七回を指す。テーマは「世界の都市とメトロポリスの未来（The Cities of the World and the Future of the Metropolis）」だった。
（6）一九二九年のバルセロナ万国博覧会のドイツ館。ミースの代表作とされ、本稿執筆当時は、再建が進んでいた（一九八六年完成）。バルセロナ・パビリオンは万博後解体され、大理石とステンレスはナチス政権によってベルリンに移送、他はヨーロッパ各地やアメリカに転売され、戦後はその一部が東ドイツの運動場のロッカー・ルームとなった。コールハースはその歴史を追った。

ヨーロッパ＋アメリカの前衛

都市はいつの世も前衛《アヴァンギャルド》が自らの願望を投影するスクリーンであり、前衛はそのスクリーンの別のありようを画策する（そして空振りに終るのが常である）。アーキテクトンの写真をマンハッタンのスカイラインに貼り付けたマレーヴィチ(1)を、だれが忘れられよう？

だが、いわゆる都市といわゆる前衛の関係はつねに問題含みだった。というか、悲しいほど一方通行だった。ほぼ永久に、前衛は単に拒絶されるだけでなく、もっと酷いことには、存在自体に気づかれもしない恋人のような、屈辱的ポジションにある。都市は人を触発するが、何も返してはこない。まったく無頓着なそれは、自らが引き起こした情熱、インスピレーション、革新、恍惚が何かに成就することを、あっさりと拒絶する。

要するに前衛は都市を必要とするが、都市は前衛が存在しなくてもまったく平気、というわけだ。

ミース、一九二二年

一九二二年、ミースは高層ビルを二つデザインした。一つは三角形、もう一つは不定形。どちらも表面が完全にガラスであることが図面にも模型にも表わされていたが、もう一つ、フォトモンタージュによる表現がいちばん記憶に残った。現実の都市が発するオーラが、この建築のラディカルさにリアリティと純粋なショックという価値を与えている。

これらが約束しているのは、一九世紀都市の石の量塊のなかから、超越的な軽さをもつ、新しいクリスタルの造形が立ち上り得る、ということだ。事実、これら突然変異の建築はあまりに軽く、中には構造体さえ見当たらない。それはガラスの風船、夢だった。

ル・コルビュジエ、一九二二年

一九二二年、ル・コルビュジエはヴォワザン計画と取り組んでいた。広く間隔をあけて林立する、十文字のガラスの塔。

ミースが具体的な建築で都市を革新しようとするのに対し、ル・コルビュジエはごくふつうの建物を使って都市のありようを革新しようとする。後者のプロジェクトには二パターンある。一つ目は、都市がまるっきり単独で存在する（都市は純真無垢で無害に見える）パターン。二つ目は、またもやフォトモンタージュによって、一つの断片がパリの中心部に接ぎ木されているパターンで、突如、都市は不気味でシュールで不穏に見える。

存するもののオーラはここでも、空想の世界に生気を与えるために使われている。結局自らを殺し、別のものに置き換わることになるのだが。

グロピウス、一九二二年

一九二二年、ヴァルター・グロピウスはシカゴトリビューン・タワーの設計コンペに参加し、実用主義《プラグマティズム》がそこそこの域に達したデザインを提案する。タワーは著しく現実的なのに、彼はコンペに優勝しない。

グロピウスにはフォトモンタージュも差し替えも破壊性もない。あるのはプレゼン図面と追加設計、そして望むらくは建設だ。

前衛、一九二二年

二〇年代にヨーロッパ前衛が抱えていた問題は、彼らの創造するフォルム、つまり摩天楼がアメリカにはもう存在していたことだった。

ミースはそれを無視し、ル・コルビュジエは誹謗し、グロピウスは模倣する。

五〇年代

三〇年後の五〇年代（建築において三〇年は長くない）、三つの建物がほぼ同時に聳え立つ。構想者は戦前ヨーロッパ前衛の偉大なる化身三人。場所は五三丁目から四二丁目まで、パークアベニューとイーストリバーに挟まれた、マンハッタンの（小さな）一画だ。

理論的に言えば、ほぼ同時進行したこの三つのプロジェクトは、戦前ヨーロッパの土壌に芽吹いた構想をアメリカで実現させるチャンスを、それぞれの建築家に与えたと言える。

この同時性という偶然が意味したもの、それは前衛たちの思考と実体的なモノ――ヨーロッパ対アメリカ――のあいだの行き来の特殊性と実用性をテーマとしたケーススタディが可能になったということであり、それぞれの相対的メリットを比較考察するチャンスは滅多にない(2)。

どのヨーロッパ建築家もアメリカの実現者《イネイブラー》、いわゆる地元ニューヨークの建築家の手を借りている（ただし、この動詞がいつも当てはまるわけではない）。

ミースはジョンソンを副設計者《コ・アーキテクト》にしてシーグラムビルを建てる。ル・コルビュジエが創造した造形をウォーレス・ハリソンが盗み、国連ビルを実現させる。グロピウスはエメリー・ロス率いるアメリカ人チームと組んで、パンナムビルを建てる。

この三つの高層建築は本当に期待通りのステートメントとなったのだろうか？　ヨーロッパの才能とアメリカのノウハウの合体は名作を生み出しただろうか？　これらの建築は、モダニズムが今度は「新世界」に「第二の風」を吹かせたことを示したのだろうか？　それは摩天楼の究極の里帰りだったのか？　つまり、アメリカの衝動がヨーロッパのビジョンによって高められ、ついには神話的プラグマティズムの島で実際につくられたということか？

国連、一九五〇年

国連の悲劇はロケーションが美しいことだ。その建築群はグリッドのなかに攻撃的に着床するのではなく——国連はどこにあってもおかしくない——街から切り離されている。長時間かけた調査が「徒労に終わる」と、「ル・コルビュジエは」マンハッタンで「最高の」場所に満足する。アクロポリスにいったん魅せられた者は、一生魅せられつづけるというわけだ。現実の都市に対する彼の攻撃性と軽蔑ぶりは——国連ビルの平べったいブロックが、四三丁目の通りを遮断する——イーストリバーでは無害（ささいなこと）になる。マンハッタン・ピクチャレスクにおける実習。

戦争直前から戦争中にかけて、ヨーロッパの前衛たち（清教徒とシュルレアリスト）はアメリカにやって来ていた。彼らの影響が、ウォーレス・ハリソンにおいては本質的なプラグマティズムへと、こともなげに融合した。いや、むしろ多様な《ポリモーファス》形をとるプラグマティズムと言うべきか。それによって再結合が起こり、五〇年代のアメリカに新しさを受け入れる体制ができたと言っていいだろう。

国連ビルでのハリソンはまるでル・コルビュジエの精神的抑圧と無邪気に戯れたかのよ

うだ。実際建てられた国連ビルの形態の乱雑ぶり――鋭角的なドグマに対する、無意識な滑らかさの勝利――が、五〇年代におけるその後のル・コルビュジエのキャリアにインパクトを与えたと言ったら言い過ぎだろうか？

ハリソンはうっかりル・コルビュジエのセラピストになっていたのだろうか？　すべてをあけっぴろげにやることで？　いや、これは絶対に聞かれない類いの問いだろうか？　なにしろ「前衛」という言葉自体に、天才↓荒技師《ハック》、ヨーロッパ↓アメリカ、本物↓まがい物、といった一方通行の発想があるわけだから。

シーグラム

ひとつ告白することがある。

初めてニューヨークに来たとき、シーグラムビルほど見たい建築はなかったのに、実際見てこれほど訳が分からなくなった建築もなかった。

どう見ても美しいのに、僕にはピンと来なかったのだ。

やっと最近のことだ、熱烈に讃えたいと思っているのに、なぜかシラケてしまったときのきまり悪さをなんとか解明できたのは。

シーグラムへの最初の失望は、ミースの未経験さに関係していたのだろうか？　彼は心配だったんだろうか？　都市は真実に身を任せるのか、あるいはミースが都市に身を任せるのか？

シーグラムはミースにとって初めてのオフィスビルだ。マンハッタンの一九一六年ゾーニング法というロマンチックな囚人服（四角形の平面、ピラミッド形の断面）に収まらなくてはならなかった、彼にとっては最初の建築。

シーグラムは、一本縦にまっすぐ伸びるシャフトの後ろに、法規的に必要なジグラットがあるのが分からないようにしている。このやりくりには、ミースらしからぬ劇場仕掛け的なところがある。それは舞台装置の効果であり、「見て！　両手とも付いてないよ！」(3)的なものではない。手はちゃんと見えるのだ。

有名な広場《プラザ》は実のところ、ミースにとって明らかに目障りだった低層部の物体を、プールの配置によって視覚的に遮る装置だった。

ミースは決まってモノリスとして語られる。ガラスのモノリス。複合的都市建築《アーバン・コンプレックス》として僕が他の何よりも好きで賛美するシカゴのフェデラルセンターとトロントのドミニオンセンターは、どちらもまるで都市の中に差し込まれたモダニストのエピソードだ。いずれも暗く、神秘的だ。人の気配はするが、ずっと奥の、深いところに感じられる。

ミース的モノリスの本質とは何か？(4)　ごまかしがないこと。このようなモノリスにおいては、コアは巨大なトラバーチンの垂直シャフトであり、外壁はネット状に張りめぐらされたI字型鋼であり、ガラスは中で起こっていることに対し、世間をちょっとなれなれしくも苛立たせてしまう暗い覆いであり、床はおそらくスチールとコンクリートの頑強な断面になっている。

ところが、ある基本的な一点で、シーグラムはその原型《プロトタイプ》には属さない。天井全体が巨大な一つの面ではなく、ライトボックスになっているからだ。ライトボックスが方程式を崩し、モノリスを断片化させている。

天井は、吊り天井を露悪的なまでにディスプレイしていて、理論的ミース——「美とは真実の輝きなり」——なら、この手のまやかしとは相容れない。

ミースのほかの高層建築では、日中は暗めのモノリス、夜は不規則な水平パターンとして効果を出しているのに対し、ここでは光る天井とブロンズガラスの組合せにより、二四時間、垂直プレートの集積に見えるようになっている。シーグラムビルはいつも夜。「アメリカの夜」(5)のビルなのだ。

天井がそうだから、シーグラムビルはブラックボックスにはならない。そこが真面目なビジネスの場所であることをわれわれは知っているが、天井だけは美容院にあってもおかしくない。

それはミースだろうか？　一九二二年のクリスタルの変異への密かな回帰？　いや、ポスト・ミースだろうか？　注目すべきことに、ジョンソンはシーグラムビルの設計中、ミースがシカゴに帰った前後の一時期について語っていて、親の目が届かない期間があったようなのだ。イタズラが行われたのか？　自分に不利になろうがいろんな解釈を生ませたいフィリップとしては、自分の役目を勝手にいじったベビーシッターだったと解釈されても、喜んで頷くに相違ない……。

その彼がたった三日前に話してくれたのだが、照明のエキスパートであるケリーが発案した光天井[6]は、ミースがシカゴへ発った後に考えられたかもしれない、と言う。天井について「電話で」話した記憶があるそうなのだ。

だが、ジョンソンがタッチしたと考えるのは単純すぎるのかもしれない。リリー・ライヒといっしょに「仕事を」始めた三〇年代から、ミースは倒錯とか劇的なものは他人に任せていた。片や彼女のシルクやベルベット。片やフォーシーズンズのジョンソンのスチールメッシュ――これらはどう関係しているのか？　だれの筋書きだったのか？

パンナム

建築としていかに無骨であっても――それにディテールも酷《ひど》いものだが――パンナムビルの構成は未来派の前衛的図式を最も純粋なかたちで実現させたものになっている。可能な階のすべてであらゆるビジネスを入り乱れさせるような、快活なマシンとしての大都会《メトロポリス》。今日われわれが決まり文句のように「ドゥルーズ的」と呼ぶ方法で、流れ《フロー》をまたぎ、方向づけ、収容するプロジェクト。

この世界最大のビルはいともやすやすと統合されているために、皮肉な話、どこからでも目に入るし、逆にどこからも見つけにくい。世界最大のビルは足痕を残さない。それは姿を消す行為だ。背景としての最高傑作。

それはよくある歴史の皮肉というヤツだ。革命的と言っていい一つの操作——世界一高密度の敷地に建つ、世界最大のビル——によって、完全に進化した「大都会性」を断面として実現させ、地上と空を結び、地下鉄の電車とヘリコプターを繋いだというのに、建築として冴えないばかりに、無関心の霧のなかに消えたのだ。

結論

建築家と都市の三重対立のなかに、示唆に富む組合せ《カップリング》がいくつか見出せる。ル・コルビュジエの構想熱は、ハリソンのワスプ[7]的効率性のお陰で有益なものとなった。ミースの純真さにジョンソンの倒錯が結びつくと——いや、ジョンソンの純真さとミースの倒錯か？——暫定的な勝利がもたらされた。ただしハテナ印付きのまま。ヨーロッパ人たちの最も疲弊した部分と、アメリカ人の助手たちの最も軽率でコマーシャルな部分の組合せによる、認知されていない、目に見えないユートピアの、純粋な前衛のかけらの誕生。

（一九九六年）

訳注

(1) カジミール・マレーヴィチは絶対的な抽象絵画(シュプレマティスム)を追求した画家であっただけでなく、絶対的な抽象立体としての建築造形も追求した。用途も機能も大きさも関係ない、純粋でラジカルな形態の建築こそが、社会変革を可能にすると考えた。一九二〇年代初期、彼が純粋幾何学形で構成し、しっくいで制作した建築模型風の一連の造形物をアーキテクトンと呼ぶ。それらは二〇世紀前半マンハッタンに現れた巨大建築を連想させもする。

(2) 「チャンス」とはこの論文が発表された国際会議をさす。ニューヨーク近代美術館とコロンビア大学がフィリップ・ジョンソンの九〇歳の誕生日を記念して開催した。

(3) 両手を離して自転車を漕げるようになった子供が、母親に「見て! 両手とも付いてないよ!」と自慢して言うところから。単純な芸当で人の気を引くことを指す。

(4) 温泉、鉱泉、地下水などから生じた石灰質化学沈殿岩。建築材料としてよく利用され、古代ローマのコロッセウムやパリのサクレクール寺院にも使われている。近代建築で最も多用された石材でもあり、正面装飾や壁・床の石材として使われてきた。ミース・ファン・デル・ローエもトラバーチンを好んで使った。

(5) 映画で夜のシーンを撮る技法で、レンズに暖色系の光を遮断するフィルターをかけて昼間撮影する「擬似夜景」のこと。モノクロ時代に開発されハリウッドから広まったためこう呼ばれた。

(6) 天井の中に照明が組み込まれ、その下が覆われていない(つまり見せかけの天井ではない)。

(7) アングロサクソン系の白人新教徒。

日本語を学ぶ

ロッテルダム
なんとかして東京に電話しなくては。
日本で初めての展覧会に向けての
こちら側の指示——展示模型はみな自立させてください。
送られてきたファクスによる
あちら側のレイアウト——模型はすべて壁に寄せてある。

面識のない日本人の男が、
事務所のエレベーターから出てくる。
その男に電話を渡す。彼のおかげで窮地を脱する。
即刻採用——
フミノリ・ホシノ。

東京

七日後には日本。
第一印象――だだっ広い。
醜悪であることを恥じていない。

実利主義と睦まじい関係でいられるところが
大きな強み――
まったくの実用本位。

ヨーロッパ、いや、アメリカでさえ、
すべてが可能なかぎり「良い」状態になるような状況を
生み出そうと努めるし、
多かれ少なかれうまくいっているが、
日本は、崇高なものと、醜悪なものと、クオリティのかけらもないものを
徹底的に切り離して、(平穏に?) 暮らしている。

後者二つのパターンが支配しているから、

一つ目は存在しているだけで心奪われる——
美しいものが「ひょっこり現れる」と、実に驚く。

スケジュール

日本のスケジュール——
自由を奪う、書かれた牢獄。
臨機応変に対処する余地を与えず、可能性を排除し、
時間を無にし、重要でないことを計画する。
日本では何もない自由時間に仕事が組み込まれているのではなく、
仕事という基本体制から掘り出された例外的な状態を自由時間と言う。

その日唯一の自由時間は真夜中。
皇居の周囲をランニング——暗闇、転倒、深い傷。
血痕を残しながらホテルへ。
救急隊員は、等身大のコンドームのような
医療版・暴動鎮圧用装備ですっぽり体を包んでいる
（外国人の血は危険だと思われている）。

医療処置は型どおり。
初めての東京旅行は
型どおりにあらず——水平、動けない。
なんなんだ。

青

福岡——若々しいピンク色のシカゴが
青い湾を取り囲む。
(とはいえ日本は青一色だ。)

軸の東端は
ソウルとモスクワを経てリールへ、
そしてロンドンにまで続いている、
たぶん。

だいたいどこもそうだが、ここでも南が
魅力の本質をなしている——

気候がよく、歴史の重圧が少なく、自由度が高い。
アトランタ、ミュンヘン、マルセイユ――
人、活動、計画が、場所の特性から離れ、
最大にいい感じのゾーンに向かう。
日本の場合、それは福岡だ。

積み重なった高速道路、スチールの「目隠し」、牡蠣のにおい。
敷地――平坦。遠くに山々が。
整然とした住宅地は東ドイツを思わせる。
見えないが海が近い。
どこにでもありそうな場所。

われわれ

「われわれ日本では……」――果てしなく続くビジネスの会食の席で
執拗に繰り返されるフレーズ。

それはこう告げている——
1　どんなかたちでコミュニケーションをとろうと、おそらく失敗する。
2　「もう一方の側」への関心がないことの公式宣言。
3　変わることのない「われわれ」vs.一定しない「彼ら」
4　この先逸脱することがあっても、自らに対して全面的に赦す。
5　観光客的に意気込むあまり身動きが取れなくなった相手側に対してすばやく優位に立とうとする、意図的な小競り合いが始まっている。
6　敵の動きを封じるため、予《あらかじ》め礼儀正しさがクモの巣のように張りめぐらされている。
礼儀作法がきっちりしている、また、島国的な自己愛が強いという点において、日本はイングランドと互角。
「われわれ」は、日本人の「私」一人ひとりの陰に控えるゴーストライターだ。

食事
一二人前後がすわれる長方形のカウンターの向こうの地面は、実は水盤。ゴム長靴をはいた料理人たちが、常連が送る目に見えない合図で、

特定の魚または水に棲んでいることだけは確かな生き物（冷血の水生有頭脊髄動物）を、
タイル貼りの壁にあけた長方形の窓めがけて放り投げる。
窓の向こうには料理人
（優雅な殺しをする職業にもっとふさわしい名称はないものか。
料理界のヒットマンとか？）が一人いて、
客のほうを向き、切れ味鋭い包丁を手に、
まだ激しくばたついている海の生き物が描く弧の最後の部分を追いかけ、
解体し、まだピクピクやっている祝祭にふさわしい芸術品に仕立て上げ、
大皿の真ん中に着地させて、
非の打ちどころのない一皿を完成させる。

魚の切り身は切断されたアーチ状の背骨とともに並べられ、
テーブルに出される。
薄い膜のような水っぽい血が
窓から滴り落ちて水盤に戻り、
食事が進むにつれて
わずかに赤みを増してゆく。

朝食
ホテル海の中道。
海に突出した半島の端にある。
海で泳ぐ人は
いない。
(気温三八度でも)常に「季節はずれ」なのだ。
朝食——新婚旅行で来ているカップルは
みな信じがたいほど美しい佇まい。
あからさまに
いちゃつかない様子が
いっそう心を打つ。

いつも涼しいから、プールで泳ぐほどではない。

授賞式
ハイアット・ホテルのオープニングが、

「日本で最高の建築」に与えられる
一九九二年建築学会賞の授賞式と合同で
（それとも分けて？）行われる――
湖ほどもあるプール、レーザーショー、
（デベロッパーの）親しい友人、五〇〇〇人。

生魚が並んだテーブルは火星の風景をつくり出す。
ピンクから
深紅まで。

気がつけば、プールに浮かぶ島の上。
三人編成の選考委員会による
感動的なスピーチ。
僕の解釈――受賞者には、
日本建築の遺伝物質を利用する権利を認める。
「都市への鍵」の現代版――「染色体への鍵」。
以後僕らは、日本のイマジニア、になれるのだ。

俳句

（藤《とう》氏に捧ぐ）

日本の施主
スーパードライな砂漠にて
がぶ飲みするは溶けた雪

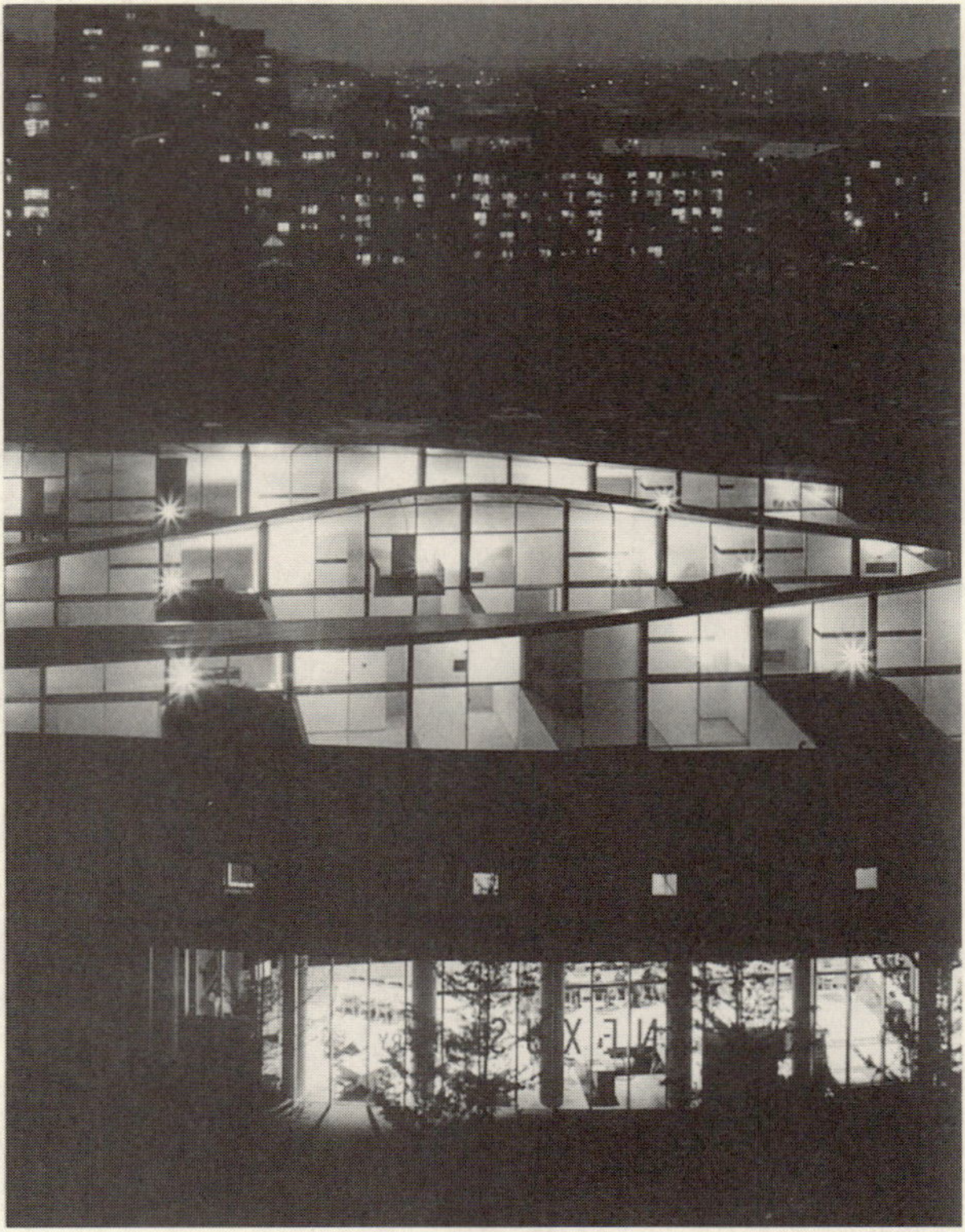

福岡ネクサス・ワールドの外観
(Image courtesy OMA photographed by Hiroyuki Kawano)

メモ

伊東豊雄からのメモ——僕が君のデザインに魅力を感ずるのは、野球におけるピッチングマシンのように、投手の感情的たかぶりや、精神論をまじえずに、自在にボールを操ることができる点だよ。これはヨーロッパ、あるいは世界の建築家のなかでも他に例を見ないよね。

魂

トヨオ、
ありがとう、
僕を「野球におけるピッチングマシン」に喩えてくれて。
そのような賛辞が
侮辱と受け取られないのは、
日本人の口から出たときだけだろう。
たしかに僕の性質にはある種の効率のよさが
あるのかもしれないが、
ヨーロッパでは魂がないと認めるのは
とても危険なことなんだ。

パーティ

次のパーティはクラブ。
生きた魚（五〇〇匹以上）が詰め込まれたグラスを手に、
新しい任務——遺伝子の乗っ取り屋——を祝って
乾杯。

胃に到達すれば、
動いていてもわからない。

突如、裸足の歌い手たちが乱入し（着物の下は裸？）、
アカペラで日本の聖歌を大声で歌う。
普段は無性別を装っている日本人だが、
男らしさを見せようとすれば、
その決意は出し抜けに現れる。

足のマッサージ師／足相占い師が
なにやらぶつぶつ言いながら入ってくる。
一方の足をすばやくむき出しにする。

これまであるとも思っていなかった（存在しなかった？）

くぼみに金属の物体を押し込む。

たこができた両手でデリケートな皮膚を探る。

「血のめぐりは最高」

「セックスも良好」

と聞いたホステスたちが、少なくともこの評価に対しては
二か国語でにぎやかにさえずる。

指先をねじり、かかとをひねる。
脱構築？
（デリダ本人は、三・五メートル離れたところにいて、
この騒ぎに気づかないふりをしているようだ）

伊東は酔って（全員同じ）、
中世の、もしくは少なくとも六〇〇年前の民謡を感動的に歌い上げる。
いまでもはるか遠い歴史に近づけるのがうらやましい。
あるいはニホンでは、中世はまだ終わっていないのかもしれない。

いきなり、帰る時間。
片足は「読まれずじまい」。
翌日、深刻なまでの非対称性――
歩くと片足は天国、
片足はいつもどおりみじめ。

検閲

日本のポルノの九九パーセントは、
女が男にしつこく無理強いされることに
閉口して抗うというもの。

日本の検閲における第一の戒め――
陰毛と性器を見せてはならない。
ここから知的な問題が生じる――
代用になり得るものの案出と発達、そして性的なプログラム。
問題の部位を消し去ることで、官能のインパクトが強まる。

様式化の第一歩は、
使う色を減らすこと――
黒（髪）、黄色（肌）、薄紫に加えて、初めは白（パンティ）。
なぜか日本人は、人種が混じり合うスリルには興味をそそられない。
（めずらしく懐疑的になる場なのか？）

四つのテクニックで、セックスあり（なし）の状態を調整する。
（タブーを超越し、かつ維持する方法。）

一、削除
最も徹底しているのは印刷物――
画面から問題の要素をピンポイントで除去。
描かれたものでは白い部分に、写真では黒い何もないところに
否応なく目が行く。
明確なものからどうでもいいものに重点を移動――
絶えず強く想像を喚起する特殊な部分に
「がら空きの一帯」が挿入される。

ビデオや映画といった静止することがない素材では、
この戦法は技術的にほぼ不可能だろう。
消去を逆回しする動画のようなものだ。

二、覆い
（多かれ少なかれ薄っぺらな）素材では、「何もかも」が
暗示される。例えば、濡れた感じや形状の変化で、
期待感を煽ることができる。
このローテクかつ古典的な手法はきわめて効果的なので、
日本人の恋人たちはいつまでも半裸の状態で放っておかれることがよくある。

三、焼損
ビデオでは、被写体が裸になっても、
カメラは肉体の差し障りのない部位に留まり、
そこでの動きが画像の外での活動を伝える。
遠写では、
体は交戦中の部分を隠すように構成される。

あからさまな性描写とはすなわち
画像に焼き付けられた（光の）「穴」——ミニチュアのはずむ「太陽」——
のことであり、それは行為が行われていれば必ずそこにあり、
潜在的に堕落したものにも高尚とも言うべき質を与える。（仏教？）
「オレとカノジョと太陽と」

四、デジタル化
もともと何の変哲もない画像のなかに、
大小サイズの異なる格子状のゾーンが現れ、
それぞれの正方形には色がある——
黒、カフェオレ、ピンク。
互いの関係が絶え間なく変化する、より繊細なモンドリアンといったところ。
配列の具合で、瞬間的に
この部位はあそこだと「なんとなく」わかることもある。

格子状の検閲の雲と、ごく普通の画像のあいだには断層線があり、
そこでは従来の世界——表情、烈しさ、緊張感、愛（？）、必死さ——が

デジタル化に屈し、この世紀末の強力なメタファーとなる。
つまり、現実世界と仮想世界のあいだの
往来のプロトタイプ、そして、
それらがやがて共存するユートピア的モデルかもしれない。

すっかり抽象化された
検閲済みゾーンから現れるのは、
ほとばしる精液――
いくつかの白い正方形が小さな滴に変わり、
本物の皮膚に着地する。

競技
あらゆるコミュニケーションは対決なのだと合点すれば
日本におけるコミュニケーションは愉快な遊びになる――
延々と続けられる腕相撲。

風呂

日本では、裸の西洋人の男は泥にはまったカバの風情だ——
ばかでかくて、無様で、絶滅に向かっている。
だから日本人の男たちは彼らをそこに連れていくのだろう。
尊厳なき死を迎えさせるために。

晩餐

芸者システムは、前《プレ》、現《プレゼント》、後《ポスト》芸者に分類される。
プレ芸者——すばらしき日本版グレース・ケリー。
官能的、控えめ、刺激的なほどイノセント、ノーメーク、
修道士のような粗布の服。
彼女は常時離れたところにいるのに（いるから？）、
宴会の初めには全員が彼女に視線を送る。
やって来ては姿を消すが、どこへ行くのだろうか。
プレゼント芸者——彼女の苦痛か自分の苦痛か、
どちらがひどいのか定かではない。
彼女はいつも同じ歳に見える。

想定三九歳。
白塗りの顔は心労でひび割れ、髪はもろいヘルメット。
どうぞ、いいえどうぞ、どうぞ、いいえどうぞ！

それなのに彼女たちはいきなり逆立ちし、
なまめかしく床に髪を広げ、
めくれた着物から見事な太ももとふくらはぎをさらし、
逆さまになって西洋の民謡を歌う――
どんどん酔いがまわる「さん」たちの注意を引きつけておくには、
過激な芸当が必要というわけなのか。

食事の終わりには、オイディプスよろしくポスト芸者に屈する――
魔女のような、白髪を逆立てた、ほとんど歯がない狂女が
面白おかしい話を語る。「アッそう、アッそう」――
それはとんでもないジョークであるらしく、
年増のオフィーリアが、あられもなく自分の太ももを叩きながら
体を折って笑う……

ついには少年のように振る舞うお母さん。

ミーティング

僕らはこれまで六回日本に行った。
毎回一週間の滞在。
毎日「ミーティング」があった——
朝八時から夜一〇時まで二五人いっしょ。
各ミーティングで、二〇〇〜四〇〇項目。
第一項目、バスルームに使う色を二種類の灰色から選んでください。
第一一三項目、基礎がうまくいきません。
基礎の前にモザイクタイルの話——
日本人はヒエラルキーを明確にできないのか。
それとも外国人に緊張感を持たせるため、
わざと攪乱しているのだろうか。
それよりもエキサイティングな仮定——
日本人にとって

重要な項目とならないものは一つとしてない。
そう考えれば、なぜ彼らが異常なほどディテールに心を砕くのか、
なぜ頻繁に信じがたいクオリティを出せるのか、説明がつく。

ミーティングの規模に関して言えば、
組織の関係者全員と顔を合わせるなど、
非合理的、非効率的だと初めは思えるが、
ミーティングが終わったあとは
全員がすべてを知っている――
ねじれも、逸脱も、破綻もない。

僕らはいま、ロッテルダムで
「日本式ミーティング」をやっている――
無数のチャート、全員にスケジュール、自由時間なし。
三〇〇の項目が決まるまで、一人として退室しない。
僕らはみな、このやり方が気に入っている。

（一九九三年）

CITIES

都市

ユートピアの駅

ユートピアとは一つの状態をいう。芸術家村のことではない。それはすべての建築がもつ汚らわしい、いや最も卑しくさえある秘密だ。どんなにあどけない建築も、どんなにそれらしくない建築も、本当は世界をより良い場所にしたいと願っている。ユートピア主義に手を触れられた者がみなそうなるように、建築家たちもこれまで厳しく罰せられてきた。ユートピアの成果が測られる場合は必ず、ほんの一握りのひ弱なプロトタイプと、ユートピアが引き起こした大惨事とが秤にかけられる。後者の死者数はたえず変動しており、二〇世紀だけで約一億人の犠牲者を数える。

ことユートピアに関しては、建築家ほど無理な状況に置かれている人種はいない。ユートピアに関わりのない作品に真の価値はあり得ない。が、ユートピアを思わせる作品は、ほぼ間違いなく相当重大な犯罪に加担している。われわれは（ここでのわれわれはすべての建築家を指す）せいぜい良い心がけをもって臨むことはできても、国民を代表する国家、いや現代なら企業のような、われわれよりも大きな存在がなければ公益を代表することはできない。さらに始末の悪いことには、われわれの思いがラディカルであればあるほど、革新的であればあるほど、思いやりがあればあるほど、われわれ建築家には強力なスポンサーが必要となるのだ。

ナルコムフィン

僕が初めてモスクワを訪ねた一九六九年、最初に見るべき建築はギンズブルク[1]のナルコムフィンだった。あちこち探しまわってガイドをヘトヘトにさせた挙句に見つけたのは（彼女が見せたかったのはソビエト政権の偉業だけだったのに）、小さくてボロボロの、黄土色のスラブ（厚板状の建物）だった……。「なんでこの建物?!」僕たちの妄想の対象を最初に発見したガイドは、声を上げた。広大なモスクワの海で見失われた微細なプランクトン。僕は心底彼女に同情した。たしかにツアーの訪問先としては完全に気まぐれなデタラメに見えただろう。ほとんど聖書的な意味で見てはならない別種の建築[2]に圧倒されすぎたゆえの判断ミス？　マニアックな歴史作家か？

「なんでこの建物?!」――ツアーガイドの戦慄の声は、三〇年たったいまも強く耳に残っている。数あるソビエト建築のなかで、なんでこの脆そうで見栄えのしない、ちっぽけな幼虫を見たがるのだろう？　それが赤ん坊だったら、保育器に入れなくてはと思っただろう。その後登場したたくさんの建物が、構造物が、社会インフラが、状況が、特徴が、歴史が、同じくらい関心を持てよと僕たちに要求したとしても不思議はない。あの建物が傑作だった理由は、初めて建てられたコミューンの一つだったからだろうか？　共同のキッチンと洗濯場があったから？　ピロティのあるソビエト建築の初期のものだから？　プラネタリウムが素晴らしいのは構造が薄いから？　そういう判断基準は誰が設定したんだろう？　建築としての野心が異常なまでに巨大な周辺の建物を、僕たちはどうして見てはならなかったんだろう？　建築史をまるごとつぎ込んだような、つまり建築史を再構成し、拡大し、組み替え、加速させ、対立させ、圧縮したような、想像を絶するスペクタクルをなぜ？　この小さな傑作を誕生させたのと同じ政治体制が見せびらかしているものをどうして？　それはどう見てももう寿命が来ていた。内部の一部空き家となったアパートは、壁紙の貼り重ねだけで支えられているかのようだった。

ナルコムフィンの屋根

屋根の上では最近、大盛況のパーティが行われたらしかった。新作家具の発表会……。イタリアンワインの空き瓶がていねいに積み重ねられ、あらゆる隙間を埋めていた。このお祝いの残滓が、社会主義の廃墟に小さな崩壊を起こさせることになるのかもしれない……。

ギンズブルクのナルコムフィンは、均一の部屋がずらっと並ぶフロアと、特別に広い「共用」廊下と、食堂・洗濯場が入った別の立方体からなり、それ自体が解放の図式になっている。

ナルコムフィン（2002年2月）

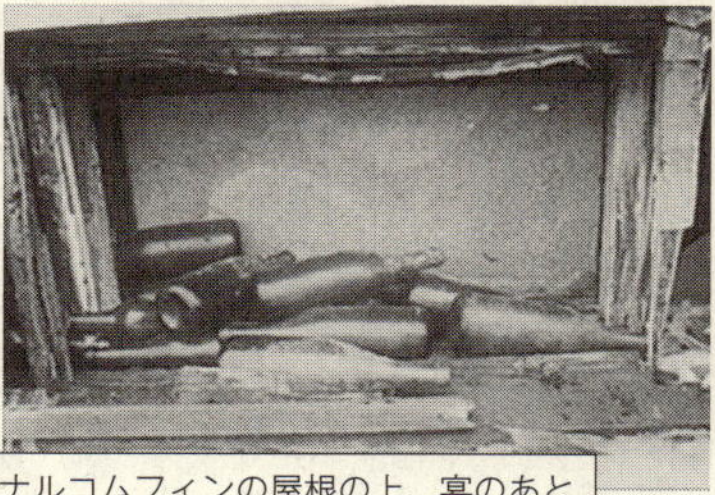

ナルコムフィンの屋根の上、宴のあと

ナルコムフィンの屋根2

「ペントハウスもあるんですよ」と僕たちを迎えてくれた人は言った……。二つの小さな部屋に案内された。「直線都市」(3)の生みの親、ミリューティンがそこに住んでいたという。ペンキは当時のままだ。

カビに覆われた天井や壁に、僕たちは鮮やかなブルーの薄片をたくさん見つけた。もう一つの部屋は反転していて、単純に白だった。ユートピアがペンキで築かれた時代もあったのだ。

アメリカ大使館

アメリカ大使館はノヴィンスキー大通りに面した居心地の良いスターリン様式の館《パラッツォ》に入っている。その建築様式にもかかわらず、この建物は「自由世界」を代表する施設だという単純な理由で、シンボル的存在となった。そこが手狭になったとき、捻じ曲げられた立方体というか、なんとなくアイゼンマン(4)風の構造物が新築された。長い工事期間を経てついに完成したとき、構造体のなかに夥《おびただ》しい数の盗聴器が埋まっているのを発見したアメリカ人たちは(盗聴器はいたるところに埋め込まれ、コンクリート中の鉄筋とほとんど見分けがつかないほどだった)、それらすべてを取り外すのが不可能だとわかった時点で建物自体を放棄した。同じ頃、(北欧もどきの)新しい住宅群が大使館の裏側に建てられた。大使館員たちは半ば隔離された方法でそこに住んだ。モスクワにありながらモスクワでない場所。9・11の後にセキュリティ問題が切実となり、この住宅群も強化策が施された。いまでは四方を何層もの有刺鉄線で囲まれ、監視塔から周囲が見張られている。それはベルリンの壁をやや小さくしたようにも見える。外から見ると、共産主義崩壊前の時代を風刺しているかのようだ。「自由」はまったく不本意なやり方で守られていた。

プラネタリウム1

モスクワ・プラネタリウムも見るべき傑作建築に入っていた。理由の一つはその実験的工法で、ドーム型天井が薄いコンクリートシェル(5)でつくられていた。まるで工法そのものにもユートピア的な時代があったかのようだ。中にはドイツ製の機械が聳《そび》え立ち、革命が起ころうが政治体制が変わろうが、薄いシェルに向けて天体の動きを、建物の外で歴史が動くのと同じ確実さで、投影していた。

公園に建つこの建物は閉館しており、もうすぐ改修が始まるところだった。もう暗くなっていたがそこを訪ねることはできた。小さな集団が僕たちを待っていて、改修担当の建築家もいた。歳は八〇代、ひょっとして九〇代だろうか。だがとても若々しく、レーニンと同じ屍体保存防腐剤を使っているのかと思ったほどだった。その彼は小脇に昔ながらのポートフォリオ(6)を抱えていた。

古い建物のなかに入りたいと頼みこんだ。明かりはない。入口の場所を知っている人も皆無。と、突然「守衛」なる男が現れた。どの建物にも必ず一人、人間が付いているのだろうか？ 幽閉されたとは言わぬまでも、建物の生存を途方もない圧力から守ることに一生を費やす人間が。こういう人々は構造体のＤＮＡも配線も知り尽くし、その建物の歴史的瞬間のすべてに立ち会っている。

彼は僕たちをなかに入れてくれた。ドームのなかはやはり真っ暗だった。耳で目を懲らそうとしていると、天井から落ちてきた薄片が足の下で潰れた。いきなり明かりが戻る。ドイツ製のプロジェクターはやはり真ん中に聳えていた。巨大な、役立たずの蟻。それは間もなく部屋じゅうを埋める「～体験」(7)的なものに取って代わられる運命だった。

プラネタリウム2

まぶしい光のなかで、屍体保存防腐剤建築家が改修計画を説明した。プラネタリウムは全体を七メートル上に持ち上げる。支持柱を一本ずつジャッキで上げるが、薄いシェルにヒビが入らないよう、作業はコンピュータ制御で行う。次にまったく新しい土台をつくる。まるで小さな卵の下にテーブルを置くような感じで。中身はミュージアムショップ、レストラン、会議センター、教育センターといった、市場経済社会ではおなじみのものばかりだ。最後に、古いゲートから入る道路を拡張し、ブラジル並みに派手な斜路をつけ、車でやってくる人々を送り込む。台座の屋根は駐車場として使う。

ナルコムフィンの屋根の上から
見たアメリカ大使館

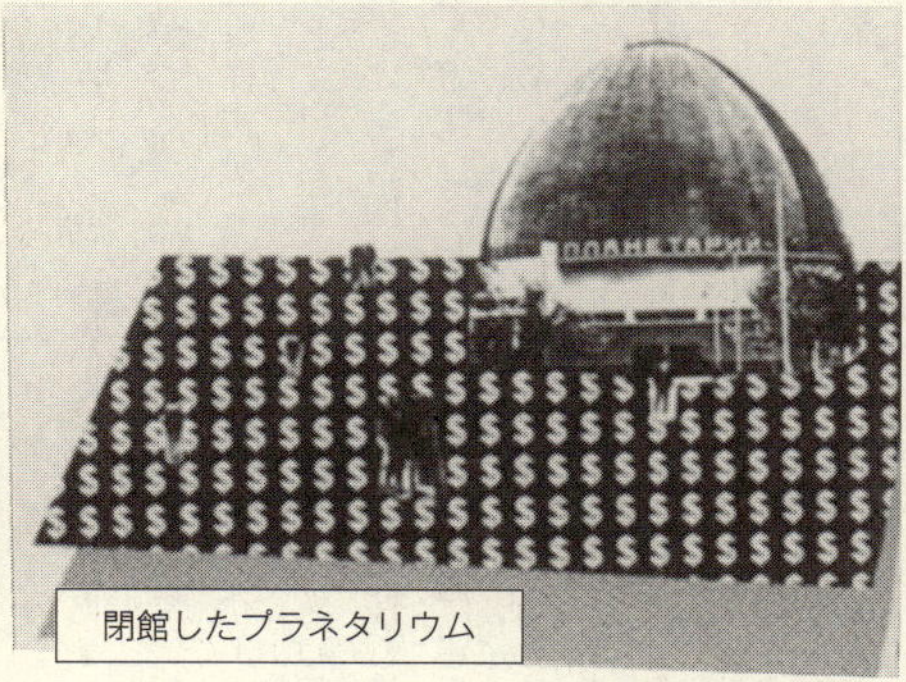

閉館したプラネタリウム

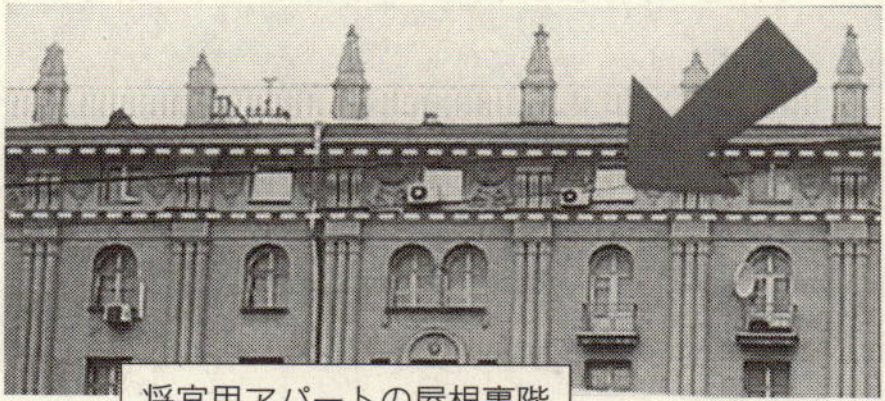

将官用アパートの屋根裏階

将官用アパート

戦場から帰還した建築士たちの大半は、住む家がなかった。彼らが復員して最初に取り組んだ仕事の一つは、スターリンがつくった新大通りに建てる帰還将官用の巨大アパート建築だった。いまやどの建築も古典様式で、屋根裏部屋とマンサード屋根がなくてはならないが、そこは将官のスペースとしては質素すぎる。建築士たちは思いついた。だったら、その階は縦に分割して自分たちの家にすればいい。将官たちが住む建築のてっぺんに、ロシア建築界のエリートたちが人知れず住むことになった。彼らは建物の一方の端を仕事場にしていたので、毎朝、建物から建物へと移動しなくてはならなかったが、屋根裏階だとそれが楽にできた。(8) 建築士の子供たちは毎朝、プロフェッショナルがアパートからアパートへと秘密の通路を縫って仕事場へと行進していく光景を目にした。生きた歴史。アパートの内部はと言えば、ドアノブはドイツ人の強制労働者たちがつくったもので、彼らが知る唯一の美学、ファシスト様式だった。彼らはまるでアルベルト・シュペーア(9)が総統のためにデザインしたものを扱うかのように、一生懸命、錫《すず》クズからドアノブをつくり上げた。そこに住んでいた子供たちの驚くほど多く(九〇パーセント近く)が、後に建築士になった。親たちの苦労を見て育ったにもかかわらず、あるいはだからこそ、急ごしらえの住宅が建築士の保育器《インキュベーター》となったのだ。

バルリカドナヤ地区

二〇年代の建築学校では、重力はやがて克服されるもの、過去の遺物になるものと教えられていた。都市全体が宙に浮いたプロジェクトがデザインされ、宇宙船の村が考えられ、新品の惑星群がマレーヴィチによって構想された。第二次大戦が終わり、重力も生き残りの一つとなる。ソビエト建築はいまやことさら記念碑《モニュメント》として扱われている。モスクワの都市計画者たちはモスクワの未来像として、巨大高層ビルがリング状に立ち並ぶ都市を構想した。(10) その巨大高層ビルはどれもクレムリン門の一つを拡大した、ヴァーチャル・クレムリンだった。その一つがバルリカドナヤ地区で、試験飛行士たちに人気だった。ソ連のずば抜けた飛行機開発頭脳がアメリカのノウハウを即席で応用してつくった重力無視のローテク機を、ここで試すのである。住民の一人は人類初の宇宙飛行士ユーリ・ガガーリンだった。この現代都市に形のはっきりしない、面白みのない高層ビルが寂しげに林立していると感じるなら、この比喩的な縦方向の伸びといい、心を和ませるリングといい、いまから考えれば悪くなかった。

地下鉄

あれほどいろんなことがあったのに、地下鉄駅はやはり圧倒的だった。いや、それ以上だった。こんなにガランとして、コマーシャルな掲示物が一切ない公共空間はよそでは考えられない。畏敬の念を起こさせようとしているのか、自然落下をシミュレートしているのか、ソビエトのエスカレーターはよそより速く、斜角も急だ。西欧ではエスカレーターに乗る最初のところで人が溜まるが、ここではあまりにも速く捌《さば》かれるので下の階に引き込まれる頃には人はまばら、地下の金属的なホワイエに注ぎ出されたとたん左右の壁が途切れ、到着した電車が現れる。天井は二四の天蓋が連なっていて、それぞれがモザイクの浮き彫りで覆われている。装飾に姿を変えた宇宙。テーマは重力と無重力で、すべては幼虫の眼に映った世界だ。青空をバックに飛ぶ飛行機、着陸するパラシュート、強力なアームから発射されたグライダー、かと思えば、細い木の枝から垂れ下がる、熟れすぎた丸い果実。カメラは若い男女たちの強靭な脚を下から見上げ、漠然とした暗さで終わる。絵の並びから伝わってくるのは、われわれはみな重力で下に引っぱられているが、重力を免れる力はだれにもある、ということ。駅の隅で、一人の男がバラの花束を持って立っている。照明は鋼鉄グレーだ。この建築全体が、未来との遭遇の舞台装置になっている。国家提供のロマンティシズムと官能性。思いやり、というわけか？

◎

レオニドフ[11]の生誕百年を祝ったときのこと、彼の友人だった建築家が僕たちにこう話し

クドリンスカヤ広場に建つ
高層建築「文化人アパート」

ゲオルギ・クリュティコフの「浮
遊都市」案

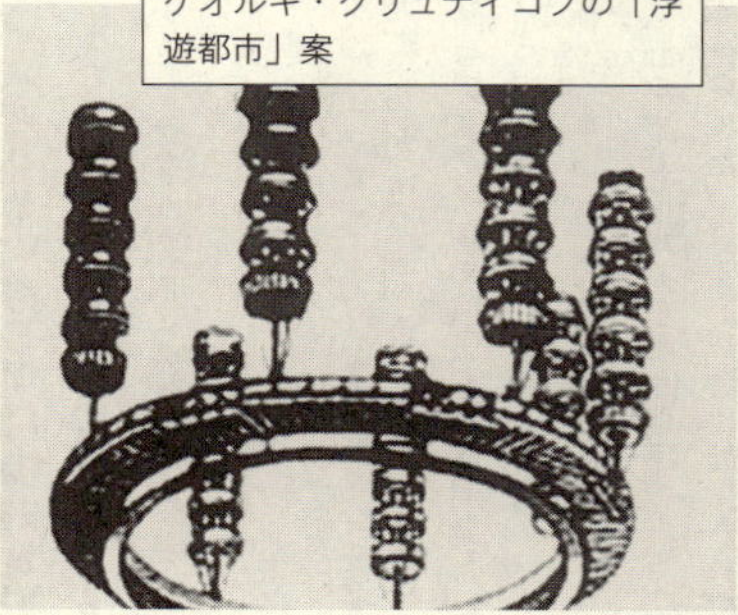

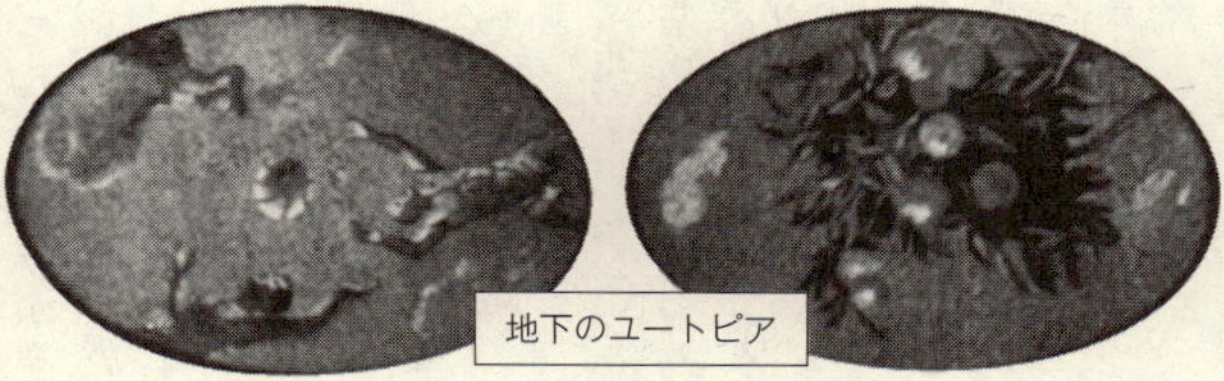

地下のユートピア

てくれた。あるとき二人がこの新しい大通りをいっしょに歩いていると、レオニドフがふと彼を止め、前に立ちはだかるスターリンの新しい巨大建築を見上げて囁《ささや》いた。「彼らがあれと同じ力を優しさに注いだら何が起こるんだろうね……?」
（二〇〇三年）

訳注

（1）モイセイ・ギンズブルク（一八九二～一九四六年）。ロシア構成主義の理論的指導者・代表的建築家。当時の最先端の技術を活用して新しいスタイルの住居を設計開発した。モスクワのナルコムフィン官舎、財務省保健総局官舎、軍事アカデミー食堂などが代表作。

（2）ソビエトの社会主義体制を象徴する「スターリン様式」の巨大建築のことを指している。スターリン様式とは、主に一九三三年から五五年までに建てられた建築で、第二次世界大戦以後のソ連邦内の大規模建築、特に超高層ビルに多く見られた。ロシア革命に鼓舞された創造的で前衛的な建築に代わって、過去の様式（新古典主義建築、帝政様式、ネオ・ルネサンス様式、ネオ・ゴシック建築など）に範をとっている。ウェディングケーキのように細くなりながら上に伸びるスタイルが特徴。

（3）ニコライ・アレクサンドロヴィッチ・ミニューティンがレニングラード都市計画案として構想した。商業施設、オフィス、娯楽施設等を直線形に集積し都市軸を形成、その両側に住宅地を配する。著書『ソツゴロド（社会主義計画都市）』（一九三〇年）で理論化され都市計画に大きな影響を与えた。

（4）ピーター・アイゼンマン（一九三二～）。アメリカの前衛建築家。現代思想との同期を意識しつつ、純粋建築の探求を続けている。幾何学形態のズレを応用した時期もあった。

(5) シェルとは薄い曲面板からなる建築構造のこと。自在な曲面を実現するのに適した鉄筋コンクリートで造られることが多い。薄くても強さを確保できる反面、薄さゆえに曲げには弱い。

(6) 自分の作品を見せるために図面やスケッチなどをまとめたフォルダー。

(7) テーマパークに代表されるヴァーチャル体験。

(8) アパート建築が横一列につながっているが、日本と異なり、外壁と外壁がくっついているため、屋根裏階はその外壁なしで連ならせた。

(9) ドイツの建築家、政治家(一九〇五~八一年)。アドルフ・ヒトラーが最も重用した建築家として知られる。ヒトラー政権で軍需大臣も務めた。一九三七年のパリ万国博覧会で手掛けたドイツ・パビリオンは、スターリン様式を代表する建築家ボリス・イオファンのソ連パビリオンと向かい合って巨大さを競い合った。同年、ベルリン建設総監となり、ベルリンの大改造を目指した「ゲルマニア計画」にも関与した。

(10) ロシア構成主義の建築家ゲオルギ・クリュティコフが一九二八年に発表した「浮遊都市」(Floating City) 構想が有名。

(11) イワン・レオニドフ(一九〇二~五九年)。ロシア構成主義建築家の代表格。実作はほとんどないが、「レーニン研究所」「マグニトゴルスク都市計画」「重工業省ビル」など、多数の魅力的な計画案で後世に大きな影響を与えた。重工業省ビル案はギンズブルク事務所在籍中のもの。三〇年代後半からはスターリン主義体制の批判と抑圧に遭う。

実地調査の旅（最初で最後の……）AA調査報告

ロンドン、AAスクール。[*1] 七〇年代初期。

有名な生徒たちが角砂糖でつくったメガストラクチャーをプレゼンし、ニヤニヤして見ていたアーキグラメスクな教授全員からパスをもらう。[*2]

ピーター・スミッソン[*3]が入ってくる（花柄のシャツを着ている）が、一瞬顔をしかめ、きびすを返す。

セドリック・プライス[*4]はどれを取ってもいいカードから「建築の謙虚さ」を選び、もったいぶって話す。ランダムに構成された初期の講義。

ダンディなジェンクス[*5]は、アマチュア・テロリストの手引きを片手に、意味を爆発させた最初の成分を収集しているところを目撃される。

辛辣モードのボヤースキー[*6]はシカゴの都市インフラ（社会基盤）の泣きどころを暴く。

学校は、乗っ取りの陰謀をめぐる噂でもちきりだった。定理――世界には一定量の知しかない。よって知は分け隔てなくとか、民主的に分け合う、ではいけない。稀薄になりすぎるからだ。知は少数の選ばれた者だけに伝授されるべきである。

エリア・ゼンゲリス[*7]は、俺はもうここから出て行く、と脅しをかけつづける……。

ルイス・カーン[*8]の、奇怪なほど理想主義的な講演。もう決して……。

チュミ[*9]は僕の視界の隅にしょっちゅう入ってくるが、すでに一つの立派なタイプになっている。教師というタイプに……。

スーパースタジオ[*10]が頭角を現しかけていた……。

つまり、ケルト系（いや、単にアングロサクソン系？）野蛮さと知的興奮の、前代未聞のブレンドというわけだ。そこに何か筋書きがあるとすればどの学校にもある永遠不滅の話で（単なるダーウィン的必然か）、教育の一過程を装いつつ、どの世代も次の世代を無能にしてやろうと躍起になる、というやつである。ただ、ここではそれが実にあからさまで、かなり高額だ。（僕自身は映画の脚本を書いて学費を払っていた。）

このアナーキー集団で、卒業に必要なわずかな必修課題として残されていたのが「夏期学習」だった。それは現存する建築の調査記録（測量図面、写真、分析リサーチ）をつくることで、課題とされる建築はたいてい気候のいい場所にあった。パラディオの邸宅。複雑で、形態的にまだ解読され尽くしていないギリシャ山岳都市。ピラミッド。

直感と、知らないことだらけの自分への六〇年代末的鬱憤と、単なるジャーナリスト的興味から僕はベルリンに行き（飛行機、電車、車、徒歩のどれで？　記憶では、僕は突然そこにいる）、建築としてのベルリンの壁を調査記録することにする。

その年、壁は一〇歳の誕生日を祝う。暑い八月に訪ねた僕の第一印象――都市《まち》はほぼ完全に打ち捨てられたかのように人気《ひとけ》がなく、むしろ僕が壁の反対側にずっと思い描いていた光景がそこに広がっていた。別のショック――幽閉されているのは東ベルリンでなく、西のほう、「開かれた社会」のほうだということ。浅はかにも僕の想像では、壁は単純な、南北に伸びた威厳ある仕切りだった。混じり気なしの哲学的境界線。整然とした近代的「嘆きの壁」。本当は、壁は都市《まち》を取り囲むことで逆に「自由」をもたらしているんだということが、いまなら分かる。全長一六五キロ。壁は湖、林、周辺地帯を含め、ベルリンのあらゆる状態とぶつかる。その一部は強烈な大都会、それ以外は郊外だ。

しかも壁は安定していないし、一つづきの物体でもない――僕の想像に反して。

壁はむしろ一つの情況であり、永久にスローモーションで展開する進化現象である。いかにも計画されたものが唐突に現れるところもあれば、単に場当たり的につくられたところもある。

まるで時間をアコーディオンにしたみたいに（これこそディズニー考古学[*11]）、壁が次から次へと物理的につくり出していったものすべてが、この無人の町（休暇中？　逃亡？

原子爆弾の脅威?)に同時に存在しているかのようだ。「揺籃期」の壁は意思決定そのものであり、断固、建築的ミニマリズムによってつくられている。コンクリートブロック、レンガで埋められた窓や扉。手前に木がまだ残っているところもある(しかもなんと青々している)。

この段階の壁はスケールが勇ましい。つまり、四〇メートルもの高さになるなど、都会的だ。

次の段階では、二つ目の壁(粗いコンクリート板で、焦って積み重ねられたと思われる──強制労働?)が、最初の壁のすぐ後ろに計画される。この壁が完成してはじめて最初の壁(古い住宅群)が取り壊される。ときには傷口に侮辱を擦り込むかのように、路上の屋根つき玄関《ポーティコ》、永遠に空っぽのウィンドウ、だれもいない理髪店のストライプのポールなどが、「壁以前」を伝える装飾として残されている場合もある。

この二番目の壁も安定していない。こちらは建設技術によってたえず「完璧にされて」いき(プレハブ部分がどんどん増え)、ついに究極のフォルムに達する。スムーズで、機械的で、デザインされた壁──二〇年後には取り壊されるのだが。てっぺんには空洞のコンクリートの筒が無限に連なっているため、逃げようとする人が手で摑むことはできない。

二番目の壁のすぐ後ろ──日本庭園風につくられた砂地。

砂地の下──目に見えない地雷。砂地の上──戦車よけの十字形物体(コンクリート製で、三次元の十字体が一つの軸で交差する)。ソル・ルウィットの物体が無限に続く一本[*12]のライン。このゾーンの向こう――アスファルトの通路で、ジープ一台がかろうじて通れる幅(地雷ゾーンでの離合は可能なのか?)。その向こう――余った細長い地帯で、何頭かのジャーマンシェパード犬が行ったり来たりしながら「公園」をパトロールし、どうでもいいことで吠えまくる。その向こう――ゲーリー風[*13]の金網フェンス。

これらが線的要素である。至近に配置されているのはナトリウム街灯で、オレンジ色の光は西側に向けられている。もう少し離れたところ――規格化された犬小屋建築。もっと離れたところ――監視塔。明らかに中にだれもいなくても軍の存在感をアピールしており、細い隙間から銃を突き出している。最後に、間隔は不規則にならざるを得ないが――越境行為によって露わになる、システム全体の断層。

以上が状況のスケッチである。が、現実として当然のことだが、壁が都市《まち》じゅう一貫した方法で設置されていたわけではない。壁は可能な場合は必ず膨らみ、最大限の存在感を示していたが、全長の半分以上においては前からあった都市的事情や寸法の違いに譲歩し、一定の法則によってさまざまな例外をつくり出していた。平行して走る二つの壁が突如分離し、例えば教会を呑み込んでいる場合もある。サーカスの虎の檻のように、ぽつんと離れた西側っぽいエリアをフェンスが取り囲み、九歳の子供が毎朝そこを自転車で通学でき

staurant

るようにしてあるところもある。

それだけではなかった。壁には「高級な壁《ハイ》」（「高級文化」と同じ）と「低級な壁《ロー》」があった。前者は（たいていかつての中心地を二分する線上の）最も「都会的な」場所で見られた。その類の壁は、人間生活を象徴するどんなものよりも遥かに胸を打つ線状の廃墟を——見せかけの活気が張る《みなぎる》西側の陸の孤島に——図々しく押し付けるという点においてきわめて対決的であり、自らの象徴作用をきわめて強く意図していた。一方、それとは別の、忘れられた（忘れていい？）場所では、壁はカジュアルで平凡な性質（ハンナ・アーレント[*14]の影？）を纏っていた。そこでの建築は緊張を解いていた。あれほど教科書的な弁証法の実演を見たのは、赤の広場にあるレーニン廟の衛兵たちの演習を眺めて以来である。そこでは、見事なほど威嚇的なガチョウ足行進（脚をコーラスガールより高く上げる）[*15]が、クレムリン門の何メートルも前で分散し、足が自由になったペトルーシュカの群れに変貌した。

壁は自力で両側に余興／ガラクタをつくり出してもいた。西側では展望台（ヘイダック[*16]の仮面の初期モデル？）が等間隔でできていて、一般人が壁に最も近づけるところになっている。都市の檜舞台だった場所の名残が、アレキサンダー広場のように木でできたグラグラする構造物だけ、という場合もあったし、位置がまったくデタラメで、かつての都市の面影が残る場所と何の関係もない場合もあった。

反対側では、壁は都市《まち》の（東側の）大部分が壊疽《えそ》のようにゆっくりと腐っていく、その最前線に見えた。

だが、一九七一年というこの散漫な年に壁はノーマルなものと化し、その安定感から観光的魅力は萎えはじめた。展望台という、イデオロギー的ご満悦のために突き出された覗き場は、たいてい空っぽだった。

最大の驚き――壁は息を呑むほどに美しかった。おそらくポンペイ遺跡、ヘルクラネウム、フォロ・ロマーノ〔古代ローマ遺跡〕の次に最も純粋な美しさを湛《たた》える都市遺跡であり、その徹底した二重性が見る者を圧倒する。一六五キロ以上続く同一の現象が、極端に異なる意味、光景、解釈、現実をもたらしていた。近年の造作物でここまで強力な意味作用をもつものは、ほかにはとうてい思い浮かばなかった。

もっとある。プログラムはないはずなのに、壁は――比較的短い生涯のなかで――信じられないほど多くの事件、振舞い、効果を挑発し、支えてきた。（東側では軍の、西側では観光のために）行われる視察の日課は、それ自体が壮大な儀式のシステムだが、この日課を除いても、壁は悲劇、喜劇、メロドラマの境をいとも簡単に消してしまう、一本の脚本だった。

壁がもたらす最もシリアスな次元の「事件」は、命を奪うことである。数え切れない人々（大半が若い男性）が、どちらかと言えば要領のよくない方法で逃亡を企て、命を落

とした。例えば有刺鉄線、砂地、地雷畑の向こうまで行ったところで撃たれ、あるいは壁のてっぺんで演劇的に捕まえられ、といった具合に。

壁が線から面へと変容していくことが特に残酷なのは、越境の距離がどんどん伸びてリスクが跳ね上がり、逃亡の企てをますます早まらせてしまうことだった。それは札付きの検問所《チェックポイント》で（不より計画的な次元では、もっと型破りな企てもあった。気味な話、チェックポイント・チャーリーのように有名な検問所が、最も見つかりたくない人々を最も惹きつけるらしかった）、乗り物に身を隠して壁を通過する方法、あるいは壁を伝っていく方法（空中か、あるいはもっと伝統的な脱獄用語を使えば、地下で——第三帝国時代のまま残らしいリビングルームから出発してトンネルを掘り、下水道のなかを進む方法）である。

（どんなにバタイユ漬け[*17]の建築家でも、自分の越境行為を、自らの存在の過激さを、自慢できる者がいるだろうか？）

壁はあらゆる越境行為を終らせるための越境だった。

裏返しの考察

これが実地の魅力台なしの実地調査の旅《フィールド・トリップ》の記録である。焦土を後に残すかのような観光旅行。まるで建築の本性と直接対峙するような体験だった。

一

七〇年代初期、建築の無能さ加減（残酷で疲弊しきった振舞い）を示す新たな証拠が日々積み重なっていくなか、建築に対する膨大な量の憤りが溜まっているのを感じずにはいられなかった。壁を建築として見ていると、そこから沸き起こる絶望、憎しみ、不満を建築に置き換えないわけにはいかなかった。

そしてそれらの表徴すべて――トンネルを掘り進む者たちの昂奮、残された者たちの諦め、分断された者どうしで結婚式などの冠婚葬祭をしようとする必死の試み――が結局、あまりにも建築に当てはまることに気付かないわけにはいかなかった。ベルリンの壁は建築の力、そしてそれがもたらす不愉快な結果を、きわめて視覚的に示しているのだった。

壁の働きを決定し、その効率性を示す、分断、包囲（＝幽閉）、排除こそは、あらゆる建築の基本的な計略ではなかったか？　それに較べ、建築がものごとを解放するという六〇年代の夢は（そのなかに学生の僕は何年も漬かっていた）、虚しい言葉の戯れに思えた。それは一瞬にして消えた。

二

建築の美しさはその恐ろしさにそのまま比例することを、壁は物語っていた。地図では見えない線が、兵士たちの（描き出す）実線となり、その線上に落とされた有刺鉄線となり、セメントの塊が登場し、という壁の規則立った変貌には、恐るべき「連続」の美があった。それは「発展」の宿命であって、例えばグリーニケ宮殿の建築的主題を用いたシンケル[*18]のバリエーションが洗練されていくさまを、邪悪にも連想させた。

三

同様にネガティブな発見だったのは、形態と意味を鎖と鉄球のごとく退行的に結びつけようとしたとたん、壁が完全に嘲笑うかのように、僕の目には映ったことだ。それは明らかにコミュニケーションの問題であり、意味論的なものだったのかもしれないが、壁の意味はほぼ毎日、ときには時間単位で変化していた。物質的外見よりも、何千マイルも離れた場所での出来事や決定に左右されていた。「壁」としての意味——物体としての意味——は微々たるものだし、そのインパクトは外見とはまったく無関係だった。どんなに軽いものでも腕力、念力によってとてつもなく重い意味と偶然結びつくこともあるらしい。

この新しい現象について、その文法を構築しようとしても無駄だった。たしかに、完成した壁の最初の断面を見て、そこに何らかの様式や言語を読み取ることも可能ではある。一種のオリベッティ美学[*19]に沿ってそうした断面をモダニズムと結びつけ、退屈だと断定し、

類似の層が何重にもできているのはその補充だと想像するわけだ。だが、時はポストモダ

ニズム前夜である。これこそは「レス・イズ・モア」の教義の正しさを示す（最後の、と

は言わないまでも）忘れ難い証なのだった……

形態が意味作用の主たる容器だなどと、僕にはもう決して思えない。

四

壁は「重要性」と「量塊」の関係を完全に断ち切った、と僕の目には映った。

物体としての壁は冴えないし、ほとんど非物質的存在になりつつあった。だがそれゆえ

に、壁のパワーは衰えなかったのである。

事実、狭義の建築的解釈で言えば、壁は実体ではなく抹消されたもの、できたての不在

だった。僕からすれば、壁は空洞《ヴォイド》――無――の力を初めて示したのだと思う。そこにどん

なものをつくるよりもっと効率よく、巧妙に、柔軟に「機能」する力を。それは――建築

においては――不在は実在との勝負には必ず勝つ、という教訓だった。

五

壁は実際に生じ得る変化の様相をずらりと網羅していた。都市《まち》でいちばん見事な（見事

だった）地域を、新しい物体／ゾーンが容赦なく切り裂いていたところもあった。必ずし

も正体のわからない、何やら優勢な圧力に屈していたケースもあった。

絶対的なもの、規則的なものから、変形したものまで、その幅の広さは意外にもかたちのない「近代性」の表徴であった。強弱が入れ替わり、設置されたところとそうでないところがあり、デカルト的な場所とカオスな場所がありと、表面上異なって見えるあらゆる状態は、実はみな根本的に同じプロジェクトのさまざまな位相であったに過ぎない。

この旅が実際どんなものになるのか、最初は知る由もなかった。壁は一日で「やって」しまい、あとは（両方の）都市を見てまわろうと思っていた。言ってみれば、壁はあまりにも際限がなく、測量など不可能だった。だが、催眠術にかけられるような魅力があった。僕は真面目な学生になっていた。

三か月後。僕の初めての公開プレゼン。みんな揃っていた。二、三、四、五、六、七人が、お祭り気分半分、シニカルな期待半分で待ち構えている（この学校は楽しいだけが取り柄だった）。スクリーンに映る画像——以前の状態、コンセプト、メカニズム、進化の具合、「プロット」——は、僕が何もしなくても勝手に位置が決まっていき、説得力ある順番に並んでいった。言葉は余計だった。

長い沈黙があった。やがてボヤースキーが険悪な質問をした。「で、ここからどこへ行くんだい？」

（一九九三年）

原注

＊1　Architectural Association School of Architecture（一八四八年創立）＝イギリス「最古にして最大の」建築大学。その旺盛な自主性は札付きのもの。学生数四五〇人（うち七六パーセントは五〇か国以上からの留学生）、スタッフ数一二五人。

＊2　アーキグラム（一九六一年ロンドンで結成）＝イギリス人の前衛建築家集団（ピーター・クック、ロン・ヘロン、デニス・クロンプトン、マイケル・ウェブ、ウォーレン・チョーク、デイヴィッド・グリーン）。

＊3　ピーター・スミッソン（一九二三〜二〇〇三年）とアリソン・スミッソン（一九二八〜九三年）＝AAスクール教授を経てチームX《テン》を共同設立。当時二人は *Action and Plan*（行動と計画）（ロンドン・スタジオビスタ刊）を上梓したばかりだった。

＊4　セドリック・プライス（一九三四〜二〇〇三年）＝ビクトリア時代の都市インフラが要らなくなり、放置されたままの地域を新しい大学の敷地として考えた「ポタリーズ・シンクベルト」の設計者。「無計画（No Plan）」も彼の作。

＊5　チャールズ・ジェンクス（一九三九年生まれ）＝ロンドン大学で博士号取得。ジョージ・ベアードとの共著 *Meaning in Architecture*（建築の意味）は、建築と記号論の関係をいちはやく考察したもので、どの執筆者も他の執筆者の思索について欄外でコメントしていいという本の構成が素晴しく、いまも記憶に残る。

＊6　アルヴィン・ボヤースキー（一九二八〜九〇年）＝AAスクールの「革命」後、一九七一年から亡

くなるまで校長（チェアマン）を務めた。この大学の傑出ぶりは彼に負うところが大きい。

＊7　エリア・ゼンゲリス（一九三七年生まれ）＝ＡＡスクール教授、後にＯＭＡのパートナー（一九八五年まで）。

＊8　ルイス・Ｉ・カーン（一九〇一年バルト海サーレマー島生まれ、一九〇五年フィラデルフィアに移住、一九七四年ニューヨークのペンシルバニア駅で死去）＝アメリカの建築家・教育者。イェール大学教授を経てペンシルバニア大学教授。当時はフィリップス・エクセター・アカデミーの図書館とキンベル美術館が完成した直後だった。

＊9　ベルナール・チュミ（一九四四年生まれ）＝パリのラ・ヴィレット公園を設計したスイス系フランス人建築家。コロンビア大学建築学部長（本稿執筆当時）。

＊10　スーパースタジオ（一九六六年結成）＝イタリアの前衛建築家集団。（僕自身は「コンティニュアス・モニュメント（Continuous Monument）」に感銘を受け、ＡＡスクールでアドルフォ・ナタリーニのレクチャーを何度か企画した。）

＊11　ウォルター・イライアス・ディズニー（一九〇一～六六年）＝二〇世紀の天才。ミッキーマウス、ドナルドダックなどの作者。カリフォルニア州アナハイムのディズニーランド（一九五五年オープン）、フロリダ州オーランドのウォルト・ディズニー・ワールド・リゾート（一九七一年オープン）の計画者。

＊12　ソル・ルウィット（一九二八～二〇〇七年）＝壁を使ったドローイングや構造物で知られるアメリカのコンセプチュアル・アーティスト。Ｉ・Ｍ・ペイのもとで図面を引いていたこともある。

＊13　フランク・Ｏ・ゲーリー（一九二九年カナダ、オンタリオ州トロント生まれ）＝ロサンゼルスの自邸をフェンスで囲み、コンセプチュアルな包囲網のなかで解体する、という作品で世界的に有名になっ

たカリフォルニアの建築家。

＊14 ハンナ・アーレント（一九〇六〜七五年）＝ドイツ生まれのアメリカの政治学者・哲学者。世に知られる著作『全体主義の起源（The Origins of Totalitarianism）』（一九五一年）では、全体主義の発達と一九世紀反ユダヤ主義・帝国主義を関係づけ、『イエルサレムのアイヒマン（Eichmann in Jerusalem）』（一九六三年）では、第二次世界大戦中、ユダヤ人社会のリーダーたちがナチスによるユダヤ人殲滅の手助けをしたという独自の見解を訴えた。

＊15 ペトルーシュカ＝ストラヴィンスキーのバレエ曲（一九一一年）に登場するロシアの操り人形で、やがて人形師の手を離れ、自由に生きる。

＊16 ジョン・Q・ヘイダック（一九二九〜二〇〇〇年）＝「ニューヨーク・ファイブ」と称された建築家の一人で、寓話（アレゴリー）への関心を強めていった。〔AAスクールに比肩される〕「もう一つの」建築大学、クーパー・ユニオンの学長（ディレクター）。

＊17 ジョルジュ・バタイユ（一八九七〜一九六二年）＝シュールレアリスト、アステカ文化、ニーチェに影響を受けたフランスの哲学者、小説家、詩人、評論家。秩序ある「世俗的」人間社会と、無秩序・残虐性・過剰の上に成り立つ「神聖な」動物社会を対立させた理論を発展させた。

＊18 カール・フリードリッヒ・シンケル（一七八一〜一八四一年）＝折衷主義に厳格な知性をもたらしたドイツの建築家。同じ能力は後の建築家O・M・ウンガースにも宿っていた。

＊19 オリベッティ社（一九〇八年創立）＝一九六〇年代、圧倒的魅力をもつデザインで有名になった、イタリアのタイプライターやコンピュータのメーカー。

（以下の写真は著者撮影　一七九ページ下、一八三ページ上、一八七ページ上下、一八九ページ）

ベルリン——建築家のノート

一九七一年夏、壁が築かれてから一〇年後のベルリンでO・M・ウンガース(1)の仕事を発見する興奮は、だれにも想像できまい。とある書店で、私は一五〜二〇冊の小冊子を見つけた。モノクロの実に慎ましい出版物で、ベルリン工科大学でのマティアス・ウンガース講義録の一部として出版されたものだ。ウンガースがやったのは、当時東ドイツに埋め込まれ、壁に包囲されて孤立していたこの都市を取り上げて、私の教え子はこれを唯一の課題とし、徹底して追求すべし、と長年にわたって言いつづけたことだった。その何かに突き動かされた結果としての限定ぶりは、今日では想像もできないほどだ。ウンガースは仕事/検討課題を、「公園と広場」、「建築と高速道路」といった単純そうなテーマに分け、教え子たちがつくる建築を今後使えるアイデアとしてストックし、活用した。建築は公園とどんな関係を持てるか。建築は高速道路とどう関係づけられるか。損傷を受けた既存の壁に現代建築を入れ込むにはどうしたらいいか。「平均的な」現代建築とナチ時代の廃墟を共存させるにはどうしたらいいか。

講義録の残りはベルリンの目立たない特徴の記録で、ロサンゼルスを写したエド・ルシェの本を思わせる淡々としたものだった。かつてミーツカゼルネを分離し、この都市が受けた戦争の傷跡をさらしつづけていた、並外れて長く高い、行き止まりの防火壁。この壁は、ウンガースのレパートリーには現れなかった。彼はそれをあっさり無視し、東も西と等しく研究対象としたのである。最も興奮させられる小冊子の一つに、ライプチヒ広場の一連のデザインがあった。そこでは、かつての八角形の形態に従うのではなく、息を呑むような形状の建物をいくつも素直に構想していた。ごく薄いスラブや、非常に複雑な住宅群など。最も驚いたのは、高速道路についての小冊子だ。スピードと騒音まみれのインフラストラクチャーの傍らに、その生徒——すでに伝説的「天才」と言われていたクリスチャン・マイヤー(?)——は、複雑きわまりない一連のアパートを考えた。ディテールは途方もなく入り組み、すぐそばの怪物的なインフラストラクチャーなど歯牙にもかけない。建築はこういうことを成し得るのだと人を鼓舞する「道徳的勝利」だった。

当時として決定的に異例だったのは、贖罪の念もしくは戦争への言及がいっさいなかったことだ。その頃はまだモニュメントや記憶の創作の痕跡はない。講義ではこの都市を、そのぞっとするような歴史的証拠も含めて、ただただありのままに受け止めていた。その仕事は非常にドイツ的であるように見受けられた。というか、その仕事を通して、再び(初めて?)ドイツ人たちに胸を躍らすということができるようになった。ある種の柔らかさがシステムと理論への情熱と結びつき、たちまち途方もないロマンティシズムに移行し、厳格なまでの精巧さが秘めた執着を浮かび上がらせ、苦痛は快楽すれすれ、前に進むしかない職業における「荒廃」に対して自虐的なほど心を砕く……。この都市が持つ詩的な可能性と、それに対して建築がもたらしていたわずかな貢献もついに底をつくと、ウンガースの講義はビジョナリーな空想のトップギアに入り、ベルリンを未来都市への大改造モデルとして扱うようになる。そこではどんな敷地にも重要性が認められ、増殖性のメガストラクチャー、とてつもなく大がかりな施設、誇大妄想的大学キャンパス、巨大なオフィス、住宅群、娯楽センター等々をどんなに建てても建てすぎることはない。プロジェクトは完全に度を超してはいたが、それでもベルリンが、おそらくはその性格を変えられないがゆえに、未来を構想するにふさわしい土地であることを示していた。ウンガースが歴史の重みに抵抗するのはすなわち、彼が歴史の魅力に敏感であるという証左だった。いや、より正確には、彼にとっては、歴史と現代建築との結びつきが、十分に機能的な命綱だったということだ。

ロンドンへ戻り、予期せず見つけたこの謎めいた宝物を友人たちに見せると、彼らは驚いた。私は、この建築家についてさらに調べることにした。コーリン・ロウ[4]に近い人たち以外、だれも彼のことを知らなかった。知っている人たちの話によれば、「コーリン」はまた「マティアス」を見出した人物でもあり、彼をイサカのコーネル大学の学科長にするべく尽力していたが、ウンガースが米国に到着する直前に気が変わった。というのも、この形式主義《フォルマリズム》の巨匠が、ボンに建つ正式な国会議事堂のコンペで、突如「コンピュータに飛びついた」からだったという。どうやら、そのアメリカの片田舎では、「英国人の師匠」と「発見されたドイツ人」は、ほとんど口もきかない間柄だったようだ。

一九七二年、私は研究フェローに選ばれ、米国で学べることになった。行き先を決める前にイサカを検討することにし、まずコーリン・ロウ、次にウンガースと面会した……。前者のときは刺激的な独白に耳を傾け、後者とは最初の瞬間から刺激的な対話が始まり、以来ずっと、彼に会うたびその対話は中断もなかったかのように続いた。ウンガースは建築についての話し手／思索家として、最高に魅力的な人だった。それは頭脳的な鍛錬というよりは、肉体として感じられた。彼の肉体全体が、建築を考え、感じ、吸収し、想像し、伝え、それはわかりやすく、伝染しやすく、官能的ですらあった……。

一九七二年九月から一九七三年にかけて、私は一年間イサカで過ごした。ベトナム、ウォーターゲート、ダミッシュ、ジェンクス、フーコー等々の解明。だが何といっても、ウンガース。毎週行われる彼の講義は、スライド、関連づけ、直観、フラッシュバック、推測の絨毯爆撃で、それが極度の興奮状態でプレゼンされるため、学生たちは息つくひまもなかった。だが、ロウの否定的姿勢が学問上の闘争にまでエスカレートすると、攻撃にさらされた兵卒ウンガースは、不信と疑念をあらわにした――これから先、建築でどこへ向かえばいいのだろう、と。

私はだれかの下で働いたことはなかったが、数か月間、マティアス・ウンガースのコンペの仕事をしていたことはある。たいていは、西ドイツの小さな田舎町のものだった……。ウンガースの形式主義、響き、韻律、対比、反復といったものに対する繊細な探求への理解を深め、彼のこれまでの仕事を眺め直し、彼のキャリアについて本人に訊ねる。六〇年代にドイツ人の建築家であったということについて詳しく聞かせてもらう。CIAM[5]やチームX《テン》[6]に対しては、自分の国籍ゆえに「完全にはそこに属さない」という立場。ベルリンでのキャリアは、六八年の学生運動の屈辱のなかで終わる。ウンガースは、陰謀に巻き込むような調子で、コンピュータに屈したことを私に打ち明けた。ボンのコンペのときの話だ。ランダムに配置された、奇妙で常軌を逸したスタディ——中心を希求する、あるいは中心の向こうに広がる、オレンジ色粒子の民主的フィールド……。

短いあいだではあったが、私はウンガースに自分を取り戻してもらおうと、あらんかぎりの共感と熱意を傾注して再生のために奮闘した。その年の終わりには、短期間、共にベルリン研究に取り組みもした——分割されたままの、断片化されたメトロポリスの研究。ウンガースは、五つのランドマークのシークエンスを提案した。それらは現代の要塞であり、地下鉄路線の個々の駅のように新しい秩序を打ち立てているが、表からは見えない……。疑念を抱いて生きる一年は終わりを告げたようだった……。

七〇年代後半にヨーロッパへ戻ると、私は再びベルリンに関する遡及的ともいえるセミナーに参加した。それはウンガースがかつて構想したことを「帳消しにする」ことのように見えた。ユートピア的な建設が終わったいま、ベルリンをどうやって「消去」するかが課題となった……。

私たちは「緑の群島」プロジェクトで、美学的、政治的、社会的な価値判断をありのままに素直に行い、「都市の衰退をデザインする」戦略を考案した。ヨーロッパの大部分同様、深刻な人口減少に直面する都市のなかで、どの建築ブロックを維持し、どの部分を不要として抹消するかを考えつつ、都市全体を一面緑が広がるなかに生き残りの建築が点在する牧歌的な風景に変え、そこには現代生活を成り立たせるインフラストラクチャーが潜んでいる、といったことを想定した……。シンケルのグリーニケ宮殿を巨大に膨らませたベルリン……。

（二〇〇六年三月）

訳注

（1）二〇世紀後半に活躍したドイツの代表的建築家（一九二六～二〇〇七年）。建築教育にも情熱を注ぎ、一九六五年にベルリン工科大学の建築学部長となったが、三年後、このエッセイの通りコーリン・ロウの招きでアメリカのコーネル大学に渡り、七六年突如ヨーロッパに戻るまでの七年間は建築学部長を務めた。このコーネルでコールハースはウンガースに出会い、薫陶を受けた。

(2) ベルリンでは一九世紀後半から第一次大戦にかけて工業人口が急増したため、需要を満たす都市型の賃貸集合住宅のフォーマットが誕生した。市の高さ制限一杯を使った五階建てで、中に一つか二つ、消防車が入れる大きさの中庭があるのが特徴。工場も低層部に入っていたため、住環境としての質は低かった。

(3) コンクリートの板(スラブ)を縦に積み重ねただけの、単純きわまりない直方体のビルを指す。

(4) 一九六二年から約三〇年間、アメリカのコーネル大学で建築を教え、ピーター・アイゼンマンやリチャード・マイヤーにも影響を与えたイギリスの建築史家。六〇年代までは建築の形式性を中心的テーマに据え、近代主義の王道を行くかに見えたが、一九七八年にフレッド・コッターと出版した『コラージュ・シティ』では古今東西の都市の多様な豊かさを力強いビジュアルによって伝え、かつての信奉者を驚かせた。

(5) 近代建築国際会議(Congrès International d'Architecture Moderne)。近代建築の原理を世界に行き渡らせ、社会を良質な都市計画と建築によって改善しようと、一九二八年から五九年まで一一回開かれた。ル・コルビュジエらが創設。戦後の都市計画に影響を与えたが次世代との衝突により解体。

(6) CIAMの教条的な機能主義に不満を抱く、CIAM内部の抵抗勢力としてできた若手建築家グループ。バケマ、スミッソン夫妻、キャンディリス、ファン・アイクらが五六年あたりから会議を開催し、社会学的な視点なども取り入れつつ、都市問題の解決に取り組んだ。日本からは丹下健三、槇文彦、黒川紀章が招待参加した。

無を思い描く

何もないところ、すべてが可能である。
建築があるところ、(それ以外には) 何ひとつ可能ではない。

道化

わずか一五年前、手がつけられないほど深刻とされる都市部に一つ残らず非を鳴らし(それとももとどのつまり、そこを解放し、だろうか)、運命をすっかり変え、笑止千万なグラフを持ち出して真顔で未来を予測し、黒板に書かれたイタズラ書きに息巻いて講義室から退出し、荒っぽい統計データで政治家を操ることができた、ただ一つ目に見える狂気のしるしは蝶ネクタイというたぐいの人間たちに、まだ思想家とやらが存在した時代に、だれが激しい郷愁をかき立てられずにいられるだろう。

哀れにも度胸だけはある道化のようにこちらの崖あちらの崖を飛び跳ね、不向きな羽で飛翔せんと羽ばたくが、何はともあれ純然たる思索の自由落下を楽しむ、この職業の芝居がかった連中を、だれが懐かしく思わずにいられるだろう。

そのような郷愁が追い求めているのは、かつてこの職業にあった権威ではなく（建築がこれまでより権威主義的でなくなったなどと真面目に信じる者はいない）、単なる幻想なのかもしれない。

皮肉にも建築においては、「舗石の下は砂浜[1]」をスローガンに掲げた一九六八年のパリ五月革命は、舗石を増やし砂浜を減らす結果に終わった。

建築家の狂信、つまり建築は善きものすべてのための手段であるのみならず、悪しきもののすべてを説明するものだと信じるようになった近視眼的な見方は、単なる職業上の歪みではなく、建築に相対するものへの嫌悪、空洞《ヴォイド》に対する本能的な畏縮、無に対する恐怖の表れでもあるだろう。

ベルリン

ベルリンは実験室だ。その領土は未来永劫定められているが、政治的な理由から縮小できない。だが、壁が築かれて以来、人口は減少しつづけている。つまり、住む人は減っていても、これまでと変わらぬ大都市圏《メトロポリス》の物理的な実体は維持しなければならないということだ。率直に言えば、この都市の広大な地域が荒廃したのは、必要がなくなったためと考えられる。

このような状況では、都市全体を一様に再建しようとすることは、脳死患者を医療器械につないで生かしておくほどに虚しいかもしれない。

代わりに必要なのは、実体に頼らなくても密度が保たれ、建築に煩わされずに強度が保たれる方法を考えることだ。

一九七六年、O・M・ウンガースが指導する設計セミナー／スタジオで、重要性を孕んだ一つの構想が立ち上がった。「緑の群島」というベルリンの理論的プロポーザルで、正反対の二つのアクションによってベルリンの未来を構想するものだった。すなわち、都市の強化に値する部分は強化し、そうでない部分は解体する。この仮説には、ヨーロッパの大都市論を描く青写真も含まれていて、その本質的な曖昧さにも言及していた。つまり、ヨーロッパ都市の古い中心部（旧市街区）は、大都市圏のなかにぽかりと浮かんでいる場合が多いこと、そして、都市の歴史的なファサードは、非都市《アン・シティ》が勢力をふるう現実を隠しているだけということだ。

都市部は稠密《ちゅうみつ》、大都市圏は空洞、というモデルでは、安定性への希求と不安定性の必要性は、もはや無関係ではない。この二つは互いに独立した企てとして推進し、見えないところで連携させればよいのではないか。そのような都市は、再建と解体を平行して行うことで、ポスト建築的な消去の風景のなかに浮かぶ建築の群島となる。かつては都市だったがいまはテンションの高い無の状態であるような、そんな風景だ。

大都市圏の一貫性は、均質に計画された構成によってではなく、せいぜい断片を組み合わせた程度のシステムによって実現できる。ヨーロッパでは、歴史的中心部の生き残りも、多様な現実の一つになる。

この理論的ベルリン計画では、点在する緑地が、手を加えられた、ときに人工的でもある自然のシステムを成している——郊外ゾーン、公園、森、禁猟区、住宅地、農地。この「自然の」グリッドは、科学技術時代のどんな産物も喜んで受け入れる——高速道路、スーパーマーケット、ドライブイン・シアター、滑走路、膨張を続けるビデオ宇宙。ここでの無は、修正版カスパー・ダーヴィト・フリードリッヒ的風景となるだろう。ゲルマンの森をアリゾナのハイウェイが横切る。事実上の、スイス。

ネヴァダ

都市計画者は計画を立てるだけ、建築家は建物をデザインするだけというのは、不幸なことだ。都市をデザインするよりも、都市の衰退をデザインするほうが重要である。革命的に消去を推し進め、「解放区」を設定すること、建築に関わるあらゆる法則が一時停止した思考モデルとしてのネヴァダを設定することによってのみ、都市生活に固有の苦悶も、つまり、計画と抑制の軋轢も、部分的にせよ停止させられるはずだ。

ごく最近、歴史のぼた山に加わったものがいくつかあるが、そこに着地したのは、スタイルが醜悪なために真の中身が見えなくなったからだ。無を探究しそれをはぐくめば、隠れた伝統が浮かび上がるだろう。以前ヒッピーたちがここにいたことがある。六〇年代アングロサクソン・カウンターカルチャーの有象無象――アーキグラムのバブル、ドーム、あぶく、「鳥」。セドリック・プライスの素人を装った勇気。（自分自身の過去が記憶喪失に呑み込まれた瞬間に再発見されるとは、なんと冷酷なのだろう！）

無を思い描く、それは――

ポンペイ――絶対最小限の壁と屋根でつくられた都市……
マンハッタンのグリッド――あそこには一世紀前「あそこ」があった……
セントラル・パーク――いまは空洞《ヴォイド》を明確に規定している絶壁群をもともと誘発した空洞……
ブロードエーカー・シティ(2)……
グッゲンハイム美術館……
零度の建築が続く広大な平原となった、ヒルベルザイマーの「中西部」……
ベルリンの壁……

これらすべてが明らかにしているのは、大都市圏における空無の状態は空虚ではないということ、空洞《ヴォイド》はどれも、いまある組織《テクスチャー》に強引にはめ込もうとすれば活動・組織ともに損なうことになるようなプログラムに使える、ということである。（一九八五年）

訳注

（1）「都市計画に何があったのか」訳注（2）参照。

（2）都市の機能を広大な土地に分散し、自然とともにある民主主義的な都市生活を提唱した、フランク・ロイド・ライトの都市計画。独創的な自動車や交通システムまでデザインされていた。この計画は一九三五年、ニューヨークのロックフェラーセンターで模型が展示され、話題を呼んだ。

二〇世紀の恐ろしき美

ヨーロッパの大都会

これまでの建築の歴史において、古代ローマ都市の公共広場《フォーラム》は別としても、フォーラム・デ・アール[1]とボブール[2]を含むその一帯より豊かなエリアがかつてあっただろうか。現在はこの街区全域にわたり、破壊、キッチュの復活、真正な歴史のかけら、錯綜したインフラストラクチャーが、バビロンにも匹敵するほど切れ目なく一体化しており、現実とは別の進化の過程で蹴り落とされた種のごとく穴から這い出してくる善と悪の目論みを葬った、巨大な墓になっている。

この実験はいったいどういう類のガラパゴス諸島に属するのか?

ラ・デファンス[3]が極めたことといったらどうだ。都市の厳密な幾何学性は総崩れ。無作為・不統一の大渦巻きは、おびただしい数の道路、斜路、あるいは風洞実験装置をうっかりコンクリートでつくってしまったように見える「連結装置」のせいで、いっそう無残なものとなった。なのに、不思議なことにそれはうまくいっており、少なくとも人であふれかえっている。

フロン・ド・セーヌ[4]の豊かさも言うに及ばず。同じテーマに数限りないバリエーションがある！

では、なにが原因でこれらの宝は目に見えず、寄り付きにくく、消化しにくいのだろう。なぜわれわれはみな、人類が達成した最高峰のものについて、ヒューマニティの名において不満をかこつこの虚しい大合唱に参加するのだろう。二〇世紀はこういう調子で終わらねばならぬのか？　そうなのだ！　秩序、テイスト、統一性という勝手な妄想を（一瞬でも）忘れられる人たちから見れば、ヨーロッパは現在、ほとんどの場所が滅茶苦茶美しい。イデオロギー的にやりそこねるという客観的手法により、ヨーロッパの諸都市は、いまや徹底した「欠陥の教科書」となっている。ヨーロッパの大都市は暗礁のようなもので、そこに、一つひとつの意図、野心、解決法、問い、答えが、どっかりと乗り上げている。

だが、雲のなかに何かの形を発見できるように、この風景を創造力が生み出す驚くべき光景として捉えることはできる。宝島の地図を読むように集中してこの風景を読み込めば、大きな成果が得られよう。

二〇世紀特有の不可思議な美しさは、いつの間にか進化してゆく一つ二つの建築理論の成果の現れではもはやなく、例えば全く別の考古学的地層が同時に形成されていくさまとして現れる。それは、どの建築理論も他と相いれず、それどころか、昇る太陽が必ず沈むように、前世代の理論を間違いなく根本的に覆すといった、果てしない振り子運動なのである。

こうして出来上がった景観のもつれをほどくには、シャンポリオン、シュリーマン、ダーウィン、フロイトの解釈力と、分類に精を出す一九世紀的な根気よさの両方が必要だ。

ベルリン／ロッテルダム

ロッテルダムとベルリンには、多くの共通点がある。

どちらも歴史的な中心地である。どちらも大戦間には固有のモダニティが繁栄する場所だった。どちらも第二次世界大戦で破壊された。カインとアベルのように、一方は善で一方は悪。どちらも楽観的な気分と薄っぺらなモダニティのなかで再建され、そのモダニティはその都市特有のスタイルになるほどすっかり浸透した。どちらも現在は極度の修正主義に支配されている。

ベルリンはまず爆撃され、次に分割されて、中心がない。正確には中心の集合であり、その一部は空洞《ヴォイド》である。

ロッテルダムでは中心部が爆撃で空洞となり、それに取って代わったのは、芯が空っぽの人工心臓[5]だった。

どちらの場合も、現在行われている修正は否定に基づくものである。

ベルリンが豊かなのは、次から次へと驚くほどに姿を変えてきたためだ。新古典主義都市、初期メトロポリス、ナチスの首都、モダニストの実験台、戦争の犠牲者、ラザロ、冷戦の英雄、等々。現在はＩＢＡ[*1]が、歴史の名においてこの証拠を抹消しているところだ。（ベルリンの美はもとより、ベルリンの歴史における最も重要な事実である）破壊の証拠までをも抹消しているのだ。

ロッテルダムは五〇年代のモデル都市で、整然と立ち並ぶ平べったいビル《スラブ》群とラインバーン通りから広がる結合組織によって、模範的な地位を獲得した。六〇年代には人気が急落し、しまいには、訪れるのは東洋と発展途上国から派遣される都市計画の視察団だけになった。

七〇年代には、新世代の都市計画者が台頭した。旧世代は単に「都市を建設して」いるだけだったが、いまやその都市は「正真正銘の大問題」と断じられている。

ロッテルダムのいちばんの特徴は、中心地区全体をオープンな状態で実現できたことだ。（スラブのまわりの空間のように）期せずしてできてしまった部分もあるこのオープンスペースは、攻撃にさらされた。この空っぽ状態の大本営においても、そこを強化し、「コンパクトな都市」を実現する計画が立てられた。その強化とは物量で満たすことであり、それができるのは建築家以外にない。

都市計画者たちは、この空洞とされるものが持つ謎めいた特質、なかでもその限りない

自
者
尽
わ
る
い

都市のイデオロギーの変化にともない、彼らは新種の疎外者となった。自分たちの現代的な居住地から追い立てられたのである。

この先の数十年には、その数が限られていることを願う。

方法

この仕事に方法があるとするなら、それは系統立てて理想化するという方法である。すなわち、すでに存在するものを系統立てて過大評価する。きわめて凡庸な事柄にまで遡及的なコンセプトとイデオロギーを詰め込み、推測による仮説を立てまくる。私生児のそれぞれに家系図があるというわけで、ささいな手がかりであっても、扇情的な不倫の一件を調べる探偵のごとく執拗に追跡する。

われわれは密かにこう信じているのだろうか——自分たちの仕事が、知的レベルが高く、芸術性に優れ、そしてこれが肝心だが、厳粛なものであるという理想的な世界に根を張っているものであるならば、それはおのずとその世界と同じ特質を獲得し、「作者」という解釈的な足場をはずされて長いこと経っても、完璧な理論をはっきりと体現したまま残っているだろう、と?

そうなのだ。なかには、遡及的なコンセプトとして威厳を与えている場合すらある。

こういう行為と対極的なのは、いかに退屈であろうと、それぞれの現場の実際の状況を徹底して冷静に調査し、客観的に捉えた現場の可能性を熟慮の上で活用するという行為である。加えて、大胆不敵とも言える（まったくもって信じがたいほどの）単純さに、気まぐれに固執すること。その単純さというのは、状況の解釈が複雑であることを隠しつつ、きわめてデリケートな側面もきちんと扱うというものだ。このようにして、ベルリンの壁を禅的な彫刻作品が活気を添える公園として解釈することで、壁に沿った住宅を構想することが可能となった。ロッテルダムでは、水と交通というごくありふれたものが、現代的表象の項目を減らしたことと相まって、想像力を喚起したのである。

だが、結局こういった議論はすべて、アスファルト、車の往来、ネオン、群衆、緊張感、さらには他者の建築までもが好まれる、という素朴な事実を正当化しているに過ぎないのかもしれない。

（一九八五年）

原注

＊1　Internationale Bauausstellung の略称〔日本では通称「インターバウ」〕。フリードリッヒ大通りをもとの形態に復元するための都市計画。

訳注

(1)　一二世紀から続くパリの中央卸売市場が一九七九年、ポストモダンなショッピングセンターに改築されたもので、一般に「レアール」と呼ばれる。卸売市場時代は「パリの胃袋」と呼ばれ、食文化の心臓部をなしていた。パリ中心部に位置し、数本の地下鉄と郊外線の鉄道ハブ駅にもなっている。現在再び改築が行われており、二〇一六年完成予定。

(2)　ポンピドゥー・センターのこと。「ビッグネス」訳注(4)参照。

(3)　パリの中心軸であるシャンゼリゼ通りの西端が、市の境界線とぶつかった外側に広がる近代的ビジネス街区。都市再開発は五〇年代に始まっていたが、八〇年代のミッテラン政権が推進したビッグプロジェクトの一つとして「グランダルシュ」が建設された頃から開発は加速した。パリの街並みではつくれない最新建築を集積した高性能都市。

(4)　パリのエッフェル塔を起点に、セーヌ川沿いに高層ビルが立ち並ぶ。「ボーグルネル」とも呼ばれる夜景の美しいウォーターフロントで、一九七〇年代に再開発が始まった。

(5)　第二次大戦の空爆で壊滅したロッテルダムの中心部に、新品の都会的街区がすっぽりつくりこまれたが、本来の都市の心臓部として周辺部に血液を送り出しているような機能をもっているわけではない。

アトランタ

ときには、その都市の現在の姿を知ることのほうが、過去の姿やあるべき姿を探ることよりも重要だ。私をアトランタへ向かわせたのはそのことだった。二〇世紀が終わろうとしているいま、そこにリアルな都市があるのではないかという直観があった……。

・アトランタにはCNNとコカ・コーラの本社がある。

・アトランタ市長は黒人。オリンピックが開催される予定。

・アトランタには文化がある。少なくとも、(ウルム、バルセロナ、フランクフルト、ハーグなどのように) リチャード・マイヤー(1)設計の美術館がある。

・アトランタには空港があり、その数は四〇にのぼる。その一つは世界最大の空港だが、だれもがそこに行きたいわけではなく、一つのハブ、スポーク、乗り換え空港に過ぎない。どこにあってもかまわない。

・アトランタには歴史がある、というより、あった。現在では、毎正時に南北戦争の戦闘を再生する歴史マシンがある。真の歴史は消し去られ、もしくは取り去られ、もしくは意図的に回復された。

・アトランタにはほかにも、見た目は薄っぺらだが中身は濃いものがある。ある建物など、外から見るかぎりごくふつうのスーパーマーケットのように何の変哲もないが、中は世界最大規模の最も洗練された食品売り場になっている。そこには毎日、生鮮食料品を積んだ貨物輸送機がオランダから三機、パリから四機、東南アジアから二機到着する。アトランタに数十万人どころか数百万人のグルメがいる証拠だ。

・アトランタには、都市の典型的な特徴が見られない。そこには密度がない。居住地はまばらで薄いカーペットを思わせ、小さな区画をシュプレマティスト風に構成したような印象だ。そこで最も際立ったコンテクストをなしているのは植生とインフラ基盤、つまり森と道。アトランタは都市ではなく、風景である。

・アトランタの基本形態（といっても形ではない）である無定形性を生み出しているのは高速道路網であり、伸びたXをOが囲む。各支線が都市を横切り、外辺となる一本の高速道路につながる。Xは人々を出入りさせる。Oは、ターンテーブルのようにどこへでも人々を運ぶ。その向こうのどこかに、スーパーOが計画されつつある。

・アトランタには、もともとある自然のほかに、手を加えられた自然がある。葉が枯れ落ちることのない、生き生きとした完全無欠の自然。そういう人工的な環境にあると、自分が外にいるのか中にいるのかわからなくなるときがある。なんとなく、常に自然のなかに身を置いているようなのだ。

・アトランタには厳密な意味での都市計画はないが、ゾーニングと呼ばれるものは行われている。アトランタのゾーニング法は大変興味深い。その一行目で、規制に例外を求めようとする場合どうすべきかが示されている。規制は非常にゆるいので、例外であるのがふつうになっている。ほかの場所では、ゾーニングは評判が悪い。仕事、睡眠、買い物、娯楽などを、しかるべき場所に単純に振り分けてしまうからだ。アトランタには逆ゾーニングのようなものがある。それは物事を決めないでおく手段としてのゾーニングで、場所を問わずどんなことも可能にする。

アトランタは、自然の記録映画で木が五秒で育つように、信じがたいスピードで変貌した。そこから浮かび上がるのは、過去一五年間の建築／都市開発《アーバニズム》*1におけるいくつかの重大な変化《シフト》で、そのなかでも最も重要なのは、中心から周縁、そのまた向こうへの移動《シフト》だ。アトランタほど、この変移《シフト》の理由と可能性がはっきりしている都市はない。そのうえ、アトランタは猛スピードでかつ完全に変移したので、中心／周縁の対立はもはや問題ではなくなった。中心はない。だから周縁もない。いまではアトランタは中心部のない都市、もしくは無数の中心部が現れてもおかしくない都市だ。その点ではロサンゼルスに似ているが、ロサンゼルスが常に都会的であるのに対し、アトランタはポスト都会的な場合もある。

私が初めてそこへ赴いた一九七三年、アメリカではダウンタウン〔繁華街〕という概念が危機に瀕していた。ダウンタウン・マンハッタン、ダウンタウン・ボストン、ダウンタウン・サンフランシスコといったアメリカのほとんどの都心部で犯罪が横行し、インフラが朽ちかけ、徴税の基盤が脆弱化するなど、全体に荒廃が進んでいるのが明らかだった。そこにはダウンタウンが衰退していく終末的雰囲気が漂い、救いの手を差しのべることは不可能と思われた。

しかし、アトランタは例外だった。かつての被災地で建設が再開されていた。一区画また一区画とダウンタウンは回復し（ダウンタウンの一部は偶然できたチェッカー盤よろしく半分は埋まり半分は空っぽ）、現に再建された。アトランタは、アメリカのルネサンスの、アメリカのダウンタウン再生のテストケースだった。そして、ジョン・ポートマンを語らずしてアトランタの再生は語れないのである。

芸術家であり建築家であるジョン・ポートマンは、大富豪と言われている。彼の物語には、破産の噂がつきまとう。彼は、ポロック風の自作の絵がところ狭しと掛けられたオフイスで仕事をする。

自分では正真正銘の天才だと思っている。

ジョン・ポートマンが著したジョン・ポートマンの本のなかでジョン・ポートマンは書いている。「建築は凍れる音楽であると私は考える」と。

ダウンタウンにあるポートマンの最新ビルのロビーは、彼の手になる彫刻を展示するための個人美術館で、デュビュッフェ、ブランクーシ、ステラといった芸術家仲間への大々的なオマージュとなっている。誇大妄想で歓迎、というわけだ。

ジョン・ポートマンはハイブリッドだ。建築家かつデベロッパーという一人二役。だからこそ強大な力を持っているのであり、その組み合わせゆえに彼は神話となる。理論的には、彼の案は一つ残らず実現され、自分の建築で金儲けができ、建築家とデベロッパーそれぞれの役割が未来永劫互いを勢いづけるということになる。

一九七〇年代初期、力を渇仰していた職業にとって、この組み合わせは革命的に思えた。自分が仕切るファウスト的な契約のように見えた。

だが、これら二つのアイデンティティが一人の人間のなかで合体すると、クライアントと建築家という火花を散らす二つの石、そのあいだに生まれるお決まりの対立はなくなる。建築家のヴィジョンは反対もされず、影響も受けず、妨げられもせずに実現される。

ポートマンは一つの街区を足がかりに金を儲けて次の街区を開発し、このサイクルがアトランタ再生の引き金となった。だが新生アトランタは、新品モノの再生だった。すべてがクローンでできた都市だったのだ。ポートマンは、自分の建築物で（たいていはさほど興味深いプログラムもなく）次々と街区を埋めていくだけでは物足りず、さらに統合を強化しようと、自分がつくった建物すべてと自分がつくった別の建物すべてをブリッジでつなぎ、自分を中心に据えて精巧なクモの巣のようなスカイウォークを張りめぐらせた。ひとたびその網《システム》に思いきって足を踏み入れれば、ダウンタウンのほかの場所を訪れようという気はほとんど起こらない。逃げ道がないのだ。

　また、ジョン・ポートマンその人こそ、ある装置を独力で完成させた人物だった。それはアトランタからアメリカ中の都市へ、アメリカから世界中の都市へと（ヨーロッパにまで）普及する。彼はアトリウムを（再）発明したのだ。

　アトリウムは、古代ローマ以来、光と空気、つまり屋外を建築の中心部に取り入れる、住宅や大きな建物にあけられた穴だった。ポートマンの手にかかると、それは真逆のものになった。それは人工的なものだけでできた容れ物で、そこにいればいつまでも日光から遮断されつづける――現実《リアル》の世界に対して閉じた、密閉された内部空間。事実、アトリウムのように中心部を空にし、続いて穴を覆い、周囲にホテルの客室やオフィス・ルームといった主として細胞状の収容設備を配すると、現代の監獄《パノプティコン》が出来上がる。立方体がくり抜かれたそこは、侵略的ですべてを呑み込み明るみに出す透明性をつくり出し、その透明性のなかではだれもが他者すべての看守となる。サルトルの『出口なし』の建築版であり、「地獄とは他人のこと……」。

ダウンタウンは空洞パノプティコンの集積となり、そこに自発的な囚人を招き寄せる――都心部は監獄システムとして機能する。

ポートマンのアトリウムのなかでも飛び抜けて常軌を逸した存在が、アトランタ・マリオットである。民主的で、ニュートラルで、個性のない直方体のビルを力業で変形させた――二つに裂き、内臓を抜き、その屍をコンクリートが許すかぎり曲げて球面にする。

この内部空間は、「凍れる音楽」ではなく、「動きを止められた大渦巻き」だ。そこに蓄積された建築としての稠密さは、ひと目見ただけでは捉えきれない。この無我夢中の奮闘によってもたらされたものは、美なのだろうか。そのことは重要だろうか。

新しいアトリウムは、ダウンタウンと同等にすべてを取り込んだレプリカ、ダウンタウンのようなものとなった。ダウンタウンのビルが補い合うことはもうない。互いを必要としない。敵対するようになる。競合する。ダウンタウンは分解して複数のダウンタウンに、自治区のクラスターになる。これらの自治区は、意欲的になればなるほど、本来のダウンタウンにある乱雑さ、複雑さ、不規則性、密度、多民族性を失っていく。アトリウムを専用のミニ中心部とする建物は、もはや特定の場所にある必要がない。どこにあってもかまわない。

どこにあってもかまわないなら、ダウンタウンになる必要もないじゃないか。

当初アトリウムは、アトランタのダウンタウンを再活性化し、安定をもたらすのに役立つかに見えたが、実際にはその崩壊を加速させた。

それが「ポートマンのパラドクス」だった。

ダウンタウンの再発見はたちまちダウンタウンもどきの増殖に堕し、それらがいっしょになって都心部の肝を抹殺したのである。

八〇年代までには、活況を呈する建設の波は、ポートマンが仕切る都市の一帯から、都市の外周である高速道路に向かって北へ、そしてその向こう側へと移っていた……。

アトランタは、分散型ダウンタウンの発射台だった。ダウンタウンは爆裂した。ひとたび分裂すると、その自律的な粒子はどこへでも赴くことができた。粒子は機に乗じて、自由で、安くて、容易にアクセスできて、厄介事が少ない地点へと導かれていった。数百万の破片が、ときに高速道路に通じる、ときに何とも通じていない原生林に着地した。インフラ基盤はほとんど無関係か（なかには完全に孤立した状態で生い茂った破片もある）、逆効果ですらあるようだった。地下鉄網のMARTA《マータ》とつながっていないということはすなわち、口にするのも恐ろしいダウンタウンの「諸問題」から身を守れるということなのだと、中産階級は想像した。

新しいプログラムは、たいてい抽象的なものだった。というのも、もはや立地条件に縛られない、天井知らずの保険需要で勢いづいた企業のオフィスが対象だったからだ（残酷な等式が成立する。保険加入者の地獄＝アトランタ以外、保険会社の天国＝アトランタ）。

あるエリアが急に人気が出ることがある。人を魅きつける要素が出現する。それは、新しい高速道路の出現ないしその噂だったり、美しい自然だったり、暮らしやすい界隈だったりする。そうした魅力は建物に反映されるが、何が魅力なのかわからない場合もある。そこには何もなさそう（それが魅力なのかも！）だが、建物そのものが魅力なのかもしれない。突如、オフィス・住宅の高層ビル群が、続いて教会、ショッピングモール、ハイアット、複合型映画館《シネプレックス》が出現する。いままでとは違う「都心部」が生まれ、都市が延々と拡大していくような印象を与える。

ダウンタウンの北には、ダウンタウンを背にして高速道路が分岐しはじめる地点がある。何もない一帯、その無の向こうには、ダウンタウンの密度を備えながらもダウンタウンではない、新築ビルの集まる飛び地がある。ダウンタウンとはまったくの別物だ。

一九八七年、この近くに、二棟の超高層ビルが向かい合わせに建てられた。一方は超《ハイパー》モダン（すなわち外壁がミラーガラス）、もう一方はほとんどスターリン様式（外壁がプレキャスト・コンクリート）[2]。それぞれ、つかみどころのないアイデンティティを模索する別々の企業のために、同じ設計事務所がつくったのだった。

一つの設計事務所により、まったく異なる言語で、至近距離に建てられた二棟の建物……。アトランタでは新種の美学がはたらいている。共存していることを除けば何の共通点もない存在のでたらめな並置、あるいは――シュルレアリストお気に入りの表現を使えば――「解剖台の上のミシンとこうもり傘の偶然の出会い」[*2]。

私は突き止めたかった。これほど平然と設計できるのは、いったいどんな設計事務所なのか、どんなに異なる建築物でも変わらぬ熱意をもって取り組めるのは、いったいどんな会社なのか。そこで、アトランタの設計事務所を見てまわることにした。

それらはたいてい、鬱蒼《うつそう》とした森、丘、湖畔といった、田園風景のなかにあった。企業の邸宅《ヴィラ》として設計されており、大きかった。なかには二五〇人から三〇〇人が働く大規模なものもあった。南部人、二六歳、アイビーリーグ校で洗浄されたのちアトランタに戻り、先に述べた二つの高層ビルのような建物をつくるというのが、そこの建築士の典型だった。

彼らは電話で指示を受け、一日の午後だけで作品を仕上げることができた。却下されてもすんなり受け入れる。例えば左右対称のプロジェクトを計画したのに、経済的理由で一夜にして変更され（失敗すれば縮小、成功すれば拡張）、まるで野戦病院のようなあわただしさで臨機応変に切断手術をしたり、足を追加縫合しなければならない。建築パニックの最前線に配置された歩兵隊といったところだ。

幹部《パートナーズ》たちは非常に気さくで、アトランタのこと、自分たちの仕事、現在の状況、直面するジレンマについて語りたがった。さまざまな話を総合すると、それは、クライアントのニーズを満足させるスピードでつくることができる唯一の建築であるらしいポストモダン建築の出現と発展を裏付けるに足るものだった。

建築がもはや都市を建設することではなく、物理学の新しい支流のような、すなわち、絶え間なく移動する磁場に働く力学の結果であるような状況では、インスピレーションの霊妙な「ひらめき」などという、建築家が尊ぶ職業上のアリバイなど明らかに時代遅れだ。そんなものはだれも、とりわけ建築家は待っていられない。強度を増していく変動を安定した手段で表現するなど、まったくもって不可能だ。

建築はこれまで、ルールを破ることを偉大なことと見なしてきた。いまでは、ルールを楽々と適用することで偉大になれる。

いつ何どきでも、大規模で複雑な建設プロポーザルを一日で作成できるのは、ポストモダンの建築家だけだ。ポストモダニズムは建築運動ではない。それは新しいかたちのプロフェッショナリズムであり、建築教育であって、知識や文化をつくり出すものではなく、能率化された新しい教義を用いて、新たな絶対性、新たな有効性を生み出す技術的な訓練方式なのである。

ポスト・インスピレーション的、学識教養はパス、迅速を旨とし、未来主義に突然変異したポストモダニズムは、今後実践されていく建築、いわば前進あるのみの建築の一環となるだろう。

訪れたある事務所の一室は、鍵がかけられていた。部屋のなかにはアトランタの広大な一画を再現した模型があったが、特徴的な部分はゼロ。一二人で四つの案に取り組んでおり、どれもロックフェラーセンターのように巨大で、どれも超《ハイパー》対称的な構成だが、巨大な敷地図の上にランダムに配置され、いずれも戸建て住宅で取り囲まれている。高速道路は見当たらない……。最後になってテーブルが拡張され、ロックフェラーセンターがもう一つ追加されていた。

模型は、周知のメトロポリスとは正反対のものだった。最適なボリューム《クリティカル・マス》の系統立った集まりではなく、系統立った分解であって、集中していたものを分散させるとは、明らかに奇異だった。憂慮すべきことに、かつて都市を形作っていた要素が、いまは互いに接近しすぎると機能しなくなることが見て取れた。距離が取られ、遠くに引き離されたそれらの要素は、さらに互いの不介入を盤石にするため、自然、それが無理ならせめて戸建て住宅くらいのニュートラルな媒介物を必要とした。

なぜこの部屋が秘密にされているかというと（全体がオープンなオフィス空間のなかにあって、そこだけが個室になっていた）、これら五つのセンターのどのクライアントにも、ほかのプロジェクトが進行中であることを知られないようにするためだった。ここの建築家たちは、よその建築家たちも近隣地域で似たようなプロジェクトに（似たような部屋で）関わっているのだろうと思ってはいたが、だれにも本当のところはわからなかった。

このように故意に情報を得ない、調整をしないとなると、建築家の従来の役割は根本から覆されることになる。建築家はもはや秩序を生み出さず、混沌に抗わず、統一性を思い描かず、実物をつくらない。彼らは形を与える者《デザイナー》から進行管理者に変わったのだ。アトランタでは、建築家は制御できないものと手を結んでその公式の代理人となり、予測できないものの手先となった。一世代で、押しつける側から従う側へと立場を移したのである。

新しい都市形態の現出に取り組む建築家《アーバニズム》たちは、潜在的可能性と自由にあふれる広大な新領域を発見した。つまり、建築／都市開発を成りゆきまかせの営みと捉え、流れにどーんと身をまかせるのだ……。
アトランタは創造的な実験ではあるが、知的でも批評的でもない。議論されることなく生じた現象だ。それは、プログラム、マニフェスト、イデオロギーをいっさい押しつけることのない現在の状況を表徴している。

推論すれば、アトランタのどの場所も、いわば「センター」の絨毯爆撃に晒されており、さまざまな可能性がどこかに漂ったまま、少なくとも建築家にはまだ確立されていない法則に従い、（漠然とだが金に絡んだ）謎めいた経緯で活性化されるのを待っている。いまや、アトランタのどの地点でも（そしてアトランタは世界のメタファーに過ぎない）、ありとあらゆる都市もどきの営みを取り込んだ、粗野でたいてい醜悪な容れ物をつくれるし、どこであれ、野蛮な能力を発揮して、密度のある一帯、いわば都市の亡霊に変えることもできる。

将来は、周縁地帯が建築家の新しい遊び場になるはずだ、一発芸のエリアになるはずだ、といった「現実的な」身震い[*3]どころでは済まされなくなるだろう。絶対的な都心部がなくなれば、周辺部もなくなるということだ。前者の死はすなわち後者の消滅を意味する。いまやあらゆる場所が都市なのだ。自然の風景、公園、工場、さびれた工業地帯、駐車場、団地、戸建て住宅、砂漠、空港、浜辺、川、スキースロープ、そしてダウンタウンまでをも含む、新しい広汎性が台頭したのである。

アトランタの建築は発作的なものであって、そのうち美を獲得するようになるだろう。ときに、先行形態が現れることもある。新しい自由を知的に導き出すような計画がときどき出てくる。I・M・ペイのプロジェクトでは、高速道路のすぐそばの超高層ビル群が、時速九〇キロで走り過ぎる車にもストロボ閃光のような感覚《センセーション》をもたらす。

逆説的に、こうした建築の潜在的可能性が将来的に意味するものとしてもっと説得力のあるヒントは、建築の受け皿としてのランドスケープがプレハブ生産されつつあることだ。アトランタの気候は理想的だ。ジャングルの状態に近いため、ベトナム戦争の教練場として使われていた。そこではすべてがたちまち力強く育つ。ランドスケープが支配力を発揮し、植物は構造物より強靭なほどである。田園風景の分厚いタペストリーがどの建物の外観をもしっかり包摂し、建築の唯一のコンテクストとなる。植生が都市的なものに取って代わってゆく。継ぎ目のない人工物のパノラマがあまりにも整然とした佇まいで青々と茂り、人を招き寄せるので、ときに新しいインテリア空間、流動的な共同体のドメインに見えたりもする。ただし、孤立した建築の色ガラス、ブラインドなど、他を隔てる装置を通して覗いての話だが。魅惑的なおとぎ話のように、入れそうで入れない状態。

アトランタを新しいローマ帝国と考えてみよう。大きな都市形態の数々をつなぎ合わせているのはもはやセメントとしての小ぶりな都市的要素ではなく、森である。木々のあいだから断片が見え隠れするのだ[*4]。

中心部を救った後のジョン・ポートマンは、この都市爆裂に対しては、デベロッパーの任務として「需要」に対応するのみだった。都市の遠心分離現象に先手を打って、北の、しかも周縁地域の向こうにまったく新しい都市を提案し、ノースパークと名付けた。ノースパークは、意識的にファジーにつくられた印象的なパンフレットに紹介されている（近年の科学の飛躍的な発展が成せるわざか）。

写真の説明文にはこうある――「第一段階は漠然とした着手の段階であり、ほんの少し構造がわかる程度です。第二段階ではアイデアが固まり、形が現れます。最後に、陰影、形態、構造を与え、ノースパークを現実のものにしていきます」。

ノースパークの完成予想図を見て笑う人もいるかもしれないが、一方で、「どこかでこういう形を見たことがあったな」とも思うだろう。その絵は醜いのだろうか、それとも、はからずも信じがたいほどに美しいのだろうか。崇高なる美の再現なのだろうか。マレーヴィチ(3)が今世紀初めに手がけた造形物、アーキテクトンがようやく姿を現したのだろうか。抽象的な前《プレ》建築、二〇世紀が無慈悲に進行する過程で生み出すどんなプログラムも収容可能な、空っぽだが利用可能なボリュームなのだろうか。

ノースパークの形態の起源が、モダニズムの最たるものであるマレーヴィチのアーキテクトンに遡るとしたら、アトランタはそれ自体、マレーヴィチとフランク・ロイド・ライトの想像力を併せ持ったものとして説明できる。ライトのブロードエーカー・シティは、アメリカ大陸を、都市的、つまり人工的な状態が連綿と続く地平として表現した。それは均質で、密度が低く、集約的に見える場所がときどき現れる。要するに警告があったのだ。それは突発的な出来事ではなかった。アトランタは預言が実現したものなのだ。生い茂った森のなかの居住空間は、近代化の最後の表れなのだろうか。これは近代性なのだろうか。

近代性は過激な主義だ。破壊的だ。それはわれわれが都市と呼んできたものを破壊した。われわれがいま住んでいるのは、「かつて都市だったところ」だ。ポートマンのノースパーク、いや、実にアトランタ全体が、奇異なかたちでその種の近代性を実現しかけている。それは大変動後の新しい始まりであり、われわれの感覚に訴えるという理由だけでついに正当化された、開放的な関係を持つ革新的な形態が、そこでは称揚されるのである。

ポートマンは、ノースパークの実現に尻込みした。

経済的な理由だったのかもしれないし、そもそもノースパークをよしとしていなかったのかもしれない。彼は都心部へ戻ると、今度は周縁の美学を使いはじめた。個々の高層ビルは、どこかに帰属する気も、クモの巣の一部になる気もなく、ただ自立しているだけだ。それはダウンタウンのなかにあっても、ダウンタウンに属してはいない。

ダウンタウンは不特定の場所《エニウエア》になった。

その裏には、個人的な夢が隠れている。ポートマンの最新の極秘プロジェクトは感動的な遺物で、彼自身の誤読に深いものがあることを示している。

個人的な遺言としてだろうか、彼はいま、ヨーロッパの都市をアトランタの中心部に持ち込みたいと思っている。傲慢それとも感傷か？ レオン・クリエの「コミュニティ」の象徴のパクリ。四つの鉄塔風の建物に支持された歩行者専用の広場に立つ、ガラスのピラミッド。ポートマンのオフィスで、氏はクリエからインスピレーションを得たのだろうかと訊ねたところ、「ポートマンにインスピレーションは必要ありません」と正式に言い渡された。

ポートマンによると、ポートマンには、芸術家、建築家、デベロッパーという三つの肩書きがある。これから四つめを発掘するところで、それは思想家もしくは理論家だという。

シンガポールもパリも、いまやどの都市もアトランタである、と彼なら断言していい。いまのルーブル美術館が、究極のアトリウムでなくて何だろう。ポートマンなら世界の脱・都市開発者になれたかも、いやもうなっているのかもしれない。

（一九八七年／一九九四年）

原注

＊1　無論、「アーバニズム」という言葉（どこか最小限の舵取りをすることを連想させる）は当てはまらない。ここでの場合、「非アーバニズム」（disurbanism）という言葉がふさわしいだろう。それは、一九二〇年代に都市の解体を標榜した構成主義都市理論の一派を指していた。

＊2　ロートレアモン伯爵『マルドロールの歌』（一八六八～七〇年）の有名なフレーズ。

＊3　八〇年代、アレグザンダー・ツォニスとリアーヌ・ルフェーヴルら批評家が、周縁地帯は、ダーティ・リアリズムの迷いからさめた建築にふさわしい領域かもしれないと提唱しはじめた。「ダーティ・リアリズム」は文学用語に由来する言葉。

＊4　この純粋な対比は、アトランタの贅沢で豪華な住宅建築の狂乱状態が災いして、ほどなく成立しなくなるかもしれない。この狂乱に牽引されて今、植物を犠牲にする可能性をはらみながら、異様なほど肩を寄せ合うようにして巨大な豪邸が建てられている。けれどもそのことによってこの都市は、しまいにはますますローマのようになるのかもしれない。

訳注

（1）白く端正な造形を好んでつくるリチャード・マイヤーは、一九九〇年代に欧米各地で重要な美術館の設計を手がけた。アメリカの建築家（一九三四年〜）。

（2）建築にコンクリートを使う場合、現場で型枠を立ててそこに液体状のコンクリートを流し込む方法と、あらかじめ工場生産して現場に輸送し、組み立てる方法がある。プレキャストは後者で、工事期間とコストが抑えられる、天気に左右されないなどの利点がある。このプレキャスト・コンクリート技術は、急ピッチの工業化や大量住宅供給を進める必要があったソビエトで、スターリンが一九四八年に開発に着手した。スターリン様式は民衆を鼓舞する名目で装飾的で権威的な新古典主義だが、それと相対する単純で無個性のプレハブ建築の技術開発も奨励したのだ。スターリン様式の建築で外壁はプレキャスト・コンクリート、という建築は、スターリン政権の末期、つまりフルシチョフ政権への過渡期に現れたものと思われる。安価でスピーディな建築生産の技術開発は、フルシチョフ政権でピークに達した。

（3）「ヨーロッパ＋アメリカの前衛」訳注（1）参照。

汚れを背にした白いブリーフ　ニューヨークの凋落

一八五〇年〜一九三三年

ニューヨークの建設は、一八五〇年から一九三三年にかけて、想像力とエネルギーをほとばしらせながら一気に進んでいく。近代メトロポリスのプロトタイプ第一号となったマンハッタンは、現代生活の新しい可能性をラディカルかつ集団的に試す実験室に変貌する。デベロッパー、夢想家、文筆家、建築家、ジャーナリストらが自由に連携して、この都市を先端的で人をワクワクさせるような民主主義装置《マシン》に、つまりここにやって来た人全員をニューヨーカーに仕立て上げることのできる装置にすべきだという衆望をになう。ここで凄いのは、この都市建設プロジェクトが、実直で抽象的なヨーロッパのモダニズムに比肩する別の世界《ユニバース》を創り出したことだ。ここではメトロポリスでの生活が、ピカピカの最新テクノロジーを利用して欲望を増大させていく、とてつもなく無分別な経験として描き出されている。

一九〇〇年から一九三二年まで、建設のスピードは一気に加速する。フラットアイアンビル、クライスラービル、エンパイアステートビル、とどめはロックフェラーセンター。ニューヨークは、優れた建築のみならず、都市生活を描き直すための仕掛けをも手段として使う。その仕掛けが生み出すのは、一つにはプログラム、イベント、ものの重複を天文学的規模で広げる密度、もう一つは都市生活にかつてなかった滑らかさである。

世界大恐慌で、この熱狂的ともいうべき建築体制は勢いを弱める。一九三三年、キングコングがエンパイアステートビルのてっぺんでもがき苦しむ姿は、一つのクライマックスを象徴していたかもしれない。ニューヨークの革命的時代は、トーキーの時代が来る前に終わりを告げる。

一九五〇年代〜六〇年代

第二次世界大戦後、建築物は「重要」になる。どれも設計事務所ではなく、個人建築家の作品だ。続く二〇年間に建設が実現するのはほんの一握りで、レバーハウス（五二年）、国連ビル（五三年）、シーグラムビル（五八年）、パンナムビル（六三年）。同時期、ロバート・モーゼズが手がける高速道路、橋、トンネルのおかげで、それまでに増えつづけた住民が郊外へ脱出できるようになる。モーゼズはまた、一九六四年のニューヨーク万国博覧会を開催するが、どこにでもありそうな冴えない博覧会となる。

一九七〇年代

一九七二年（大統領＝ニクソン、市長＝リンゼー）、世界貿易センターが完成する。だれも気に入らない。二棟の超高層は抽象的で、構造的には大胆。内部には一本の柱もなく、延床面積一、〇〇〇万平方フィートの不動産物件が、二つのコアと二枚の外壁に支えられている。二棟の超高層はマンハッタンのスカイラインを支配してはいるが、厳密には参画していない。ツインであることだけが取り柄なのである。一九七二年がターニングポイントだ。新しいものを求めてやまないニューヨークの情熱が尽きるまさにその瞬間に、この二棟のタワーは生まれた。コンコルドとともに、ツインタワーはモダニズムの極致であると同時に幻滅の始まりでもあった。二度と達成し得ない、非現実的な完璧さ。(1)

ニューヨークは不調だ。いまや老いている。長い歴史がある。もう装置《マシン》でいたくない。気にかかるのはコンテクストとヒューマニズム。マルコムXの暗殺が六五年、アンディ・ウォーホルの銃撃が六八年――六〇年代を引きずるこの都市は、ずっと危険のオーラに浸っている。

もはや統制は不可能だ。禁じられた事柄だけがもっぱらうまくやっていて、街のレパートリーは行き過ぎたものだけになる。ニューヨークは狩り場となり、金融、社交、麻薬といった別々の危機が混じり合い、快楽主義者だけが味わえるカクテルが出来上がる。一九七三年には、ロックフェラー州知事が厳しい麻薬取締法を制定し、マクドナルドがマンハッタンに最初のチェーン店を開店する。一九七四年にはGap《ギャップ》[2]一号店、七五年にはプレイトーズ・リトリート[3]が開店し、続いて七七年にオープンしたスタジオ54[4]は、マンハッタンの震源地となる。メトロポリスの輝きと悲惨が、ディスコ一つの大きさに圧縮される。また、市は破産寸前となる。

一九七七年（大統領＝フォード／カーター、市長＝ビーム）は、ニューヨークの厄年だ。停電、「サムの息子」の夏、パンナムビルの屋上からヘリコプターの回転翼が路上に激突。だがこの年は、市の完全復活の年でもある。自己愛の爆発が、街をスランプから引っ張り出す。ニューヨークは「ノー！」を突きつけるダブルパンチ、英雄的だがなんの脈絡もない出来事によって救われる。「I♥NY」キャンペーン（ウェルズ・リッチ・グリーン社創案、ミルトン・グレイザーがデザイン）、そして、ライザ・ミネリの「ニューヨーク・ニューヨーク」（エッブとカンダー作詞・作曲）。このキャンペーンは、不信感と戦うために不信感を動員する。歌は大音量で流されて都市の不安を押さえつけ、陶酔感をもたらす軍隊行進歩調としてのハイキックが取り入れられる。

「I♥NY」は牢獄だ。そのロゴはブランドのように市のヴァーチャルな空間を減らし、それが意味し得るものを矮小化してしまう。エド・コッチが新市長に就任すると、ニューヨークの萎縮はますます進む。市長のキャッチフレーズ「オレ、調子どう？《How'm I doin》」は、脅迫的に自分の脈を測る都市の姿を反映する。危険は脈動となる。グローバルな都市が「世界レベル」の都市になる。

このようなナルシシズムの状態にあって、マンハッタンの建築家とデベロッパーたちは、第二次大戦前から市にあった建築のきわめてわかりやすい特徴をコピーし、盗用しにかかる。箱は尖塔を生やし、アールデコは最新の新潮流《ザ・ニュー・ニュー》になる。それらが演じる建築ポルノはデカデカと興奮状態をさらし、それぞれに絶頂を極めようとひたすら励む。出血大サービスの建築。

弁護士、ディールメーカー[5]、ゾーニングのプロ、陰の助力者《イネイブラー》からなる生態系が、マンハッタンで「物事をやり遂げる」ことをグロテスクなほど複雑怪奇なものにするので、部外者はみな威圧されて複雑なシニシズムに屈してしまう。「組むべきか組まざるべきか」。それが問題だ、マフィア版ハムレットでは。

一九八〇年代~九〇年代

さあ、今度は大衆紙とアメリカ政府が国連に敵対する。国連は、駐車違反呼び出し状に応じず何百万ドルもの罰金を払わずに貯め込み、娼婦に乱暴してもおとがめなし、サングラスの奥で無実を主張する、灰色外交官たちの陰謀集団として語られるようになる。一九八四年、ワシントンはスラム街の悪徳家主よろしく、国連の維持費の支払いを停止する。ニューヨークのコスモポリタニズムの礎《いしずえ》は、政治のサンドバッグとなる。レーガノミクスと歩調をそろえて進むうち、外側からボコボコにされなかったものも、内側から腐食しはじめる。正統性（そしてのちには「エッジの効いたもの」）に旺盛な食欲をもつアートシステムが地区をまるごと平らげ、何エーカー分ものギャラリースペースをつくり出すが、それはあっさりとショッピング街や大学キャンパス地区に変身する。

何がアート作品のサイズを決めるのだろうか。絵画の平均サイズが一九四〇年には六平方フィートだったのが、八〇年代には四〇平方フィートに拡大した。彫刻のサイズも同じペースでふくらむ。インスタレーションの規模は、部屋単位、ときには建物単位に及ぶ。すでに存在するものは、最近つくられたものよりも本質的にセクシーだ。（ニューヨークの）建築家は偉大であればあるほど、改修の仕事の比率が小さい。建築家のもろい自尊心は、企業＋文化の枢軸という、アート世界のひたむきさと企業の整合性とが密接に結びついた、非常に現代的な組み合わせによって高められる。

一九八二年、世界初の大型広告掲示板に股間ショットが掲示され、タイムズ・スクエアが去勢されたことを告げる――汚れを背にした白いブリーフ[6]。浄化キャンペーンの第一弾だ。続く一九八五年には、四二番街開発プロジェクトが始動。フィリップ・ジョンソンによる都市計画《マスタープラン》がしばらく生きつづけるが、ベルリンの壁が崩壊して四年後の一九九三年（大統領＝クリントン、市長＝ディンキンズ）、その構想が「四二番街、ナウ！」として甦り、ディズニーがニュー・アムステルダム・シアターの修復を発表する。

一九九四年、ジュリアーニが市長となる。市長はウォールストリート・バブル、メディア・バブル、インターネット・バブル、アート・バブルを牽引し、自らも法律バブルを煽る。ジュリアーニ市政は、クオリティ・オブ・ライフを強制する。警察は、犯罪者が犠牲者に近づけないよう、不意打ちを食らいそうな道を除去し、適当にぶらつくだけのコンピュータ化された怠惰な一団と化す。市は、一部の者にはより安全に、しかし大半にとってはいっそう危険な場所となる。「ゼロ・トレランス〔許すまじ〕」というスローガンは、メトロポリスにとっては命取りだ。スペースに最大限の自由が与えられないのなら、都市とは何なのか。

一九九六年、新たにゾーニング法が制定され、タイムズ・スクエアから性風俗関連業者が一掃されることになる。安らぎが最後の人権となり、治安はファウストの一手となって、確実性という幻想を手に入れるために自由を手放す。リベラル派は、ニューヨークの郊外化を黙認する。

9・11

ここからは、世界で最も重要な都市が、かつて類人猿がぶら下がったタワーに支配される。ゼロ・トレランス政策とグラウンド・ゼロ信仰との関係はなんだろう。いずれにせよ、この惨禍によって、イメージダウンしていたジュリアーニは復活する。

ニューヨーカーはすっかり感情移入する。9・11の悲劇に触発されて、高揚感、安堵感にも似た、優しいムードが人々のあいだに広がる。誇大宣伝の呪縛は解体し、市はそれ自身の現実原則を取り戻し、想像も及ばない事態にさらされた状態のなかから、新思考をたずさえて浮上する。だが、政治が介入する。ブルームバーグが現実主義的に節制を心がけてはいても、この多国籍メトロポリスは国家十字軍に加わっている。ワシントンはニューヨークを（再び）手中に収める。9・11の錬金術によって、権威主義者はいつのまにか全体主義者に変わる。グラウンド・ゼロ再建のコンペが行われるが、それは都市の活力を取り戻すためでも重心を移すためでもなく、（スターリン政権下を別にすれば）モニュメントがかつて経験したことのないスケールで、モニュメントをつくるためである。コンペに勝利した建築家は移民で、初めて自由と出会ったときのことを感動的に述懐するが、あとに残してきたもの、すなわち、一九五七年のスターリン主義のポーランドについては語ろうとしない。崇高なる二棟の超高層なきいま、ニューヨークはこの建築家の大鎌の一振りで傷をつけられ、二つの黒い穴《ブラックホール》を取り囲む五棟の超高層とともに生きることになる。ニューヨークには痛苦を象徴する巨大な傷跡が残り、そこからは権力者が居丈高に誇示する自己憐憫が伝わってくるばかりだ。この計画は次の章の自信に満ちた書き出しであるどころか、この超大国の閉塞した原理主義を描くに過ぎない。一巻の終わり、と言うもよし。

（二〇〇三年）

訳注

(1) 建物を垂直方向に繋ぐ階段やエレベーター、給排水や空調の配管設備を集めた建物の核心部で、建物を支持する役割をもつ。

(2) デザイン・製造・販売をすべて自社で行う、ベーシックでスタンダード、手頃な価格の若者・子供向けアパレルチェーン。一九六九年サンフランシスコで創業。一九八〇年代にはファストファッションの経営形態を確立し、H&Mなどが後に続いている。

(3) 世界で最も過激と言われたセックスクラブ。一九七七年(原文には七五年とある)、マンハッタンにオープンし、全盛期には有名人も多数出入りした。ルールは厳しく、入れるのはストレートのカップルとバイセクシャルの女性だけ。八〇年代に入り、エイズ感染が急速に広まるとコッチ市長が同性愛者のヘルスクラブを閉鎖、八五年にはこのクラブも閉鎖した。

(4) 伝説的ナイトクラブ。二〇年代に建てられた劇場を四〇年代にはCBSがラジオ放送局として使い、一九七七年、イアン・シュレーガーとスティーブ・ルベルがナイトクラブに改装。ウォーホル、ミック・ジャガーをはじめアメリカといわず世界のスターが出入りし、伝説的な音楽セッションも行われた。一九八一年、二人のオーナーはクラブを売却、八五年にはパレイディアム劇場を買い取り、磯崎新の設計でナイトクラブに改装し、ここも大人気のクラブとなった。

(5) 取引の交渉を進め、成立させるプロ。

(6) 一九八二年、カルヴァン・クラインがタイムズ・スクエアに掲げた広告看板は、白いブリーフ姿で立つ男性モデルを大写しし(ブルース・ウェーバー撮影)、大評判となる。

二つの新しい東京

アジアの諸都市は、近代化によってどのような運命をたどるだろうか。

そこにはそれぞれの「特色」があるが、やがて希薄になっていくと思われる。何かが失われて空になった「空間」には次なる状況が入り込むが、その消失の残像、不在の力に代わって、次にやって来たもの——新しいもの——が認識されるようになるには、何年もかかる。無論そのときには新しくはなくなっているわけだが、今度は新たな不可視性を纏い、何かにカモフラージュされているかもしれない。新しさはもう人を驚かすこともなく、何もないところから生まれることもなく、むしろこっそりと忍び込む。気がつけばそこに在る。

アラキ〔荒木経惟〕は、無作為に、選択も価値判断もせずに写真を撮ると言う。また、自分は東京の囚人だとも言う。彼が生み出す量たるや凄まじく、取り憑かれたように自分の牢獄を撮る。単に記録しているだけというのが本当なら、「新しい東京」も（それがあるとすればだが）、彼の作品のなかに見つかるはずだ。いわば偶然に写しているはずなのだ、たとえ彼が絶対見たくないものだったとしても。

一九九五年夏、アラキは、その年に撮った東京の写真すべてのコンタクト・プリントが入った箱を貸してくれた。これといった出来事のない年だった。毒ガス事件、東京の野心を減速させようとする新都知事、サラリーマンのリズムを鎮静化する不況の長期化、建設工事はほぼ皆無。ここを数回訪れた私は、この都市に静かに取りついた、ある情況を感じ取るようになった。その情況はもう日常化していて意識されることもない。私はコンタクト・プリントをつぶさにチェックし、「新しい東京」の証を探し求めた。アラキがこの都市の変貌をうっかり記録してはいないか、ひょっとしてその変貌がアラキを変えてはいないか確かめようと。

一九八七年に初めて東京を訪れたとき、私はこの都市が重要なプロトタイプだ、未来に向かう都市だと思い、*S,M,L,XL* のなかでそれについて書こうと考えた。軽々しく不用意に行なった講演や会話のなかで、東京独特のカオスと無秩序について語った。しばらくして変だなと思いはじめ、ちょっと用心するようにもなった。私の言葉がいかなるときも熱狂的に受け入れられたからだ。「それそれ！　カオス！」「そう、無秩序！」「秩序に欠ける？　そのとおり！」明らかに、私の言葉は意外なものでも迷惑なものでもなく、クリシェだったのだ。

当時私は、東京の状況を魅力的と思いこそすれ、混沌としているとは思わなかった。むしろ、暫定的な適応と近代化が起こっている都市だと思った。西洋では何もかもが同時に近代化されるのに対し、東京では、消滅しなかったものはすべてもとのまま残り、最小限の適応をしているだけだったが、緊急のニーズがあると極端に変化する。重要なのは、東京の魅力は中間的な状態に在ることだった。味も素っ気もない近代的な巨塊と、東京の「典型的な」パーツが持つ中世的とも言える溌溂さと親密さとが共存している。この上なく不毛な容れ物に「生気」を吹き込めるかに見える真正性の、勇ましき優勢ぶり。東京は、同時に存在する多様なアイデンティティのストップモーションだった……。

しかし、にらみ合い状態に見えるものも本当は動いている。東京は陳腐なものに侵食されまいとうまく抵抗しているかに見えるが、実は新たな不毛状態に、対称性に、公共空間に、パブリックアートに、秩序に、当世風のものに、密かに侵略されつつある。異質なものは当たりさわりのないものに、繊細なものは粗野なものに、趣のある風景は現代的なものに、取って代わられているのである。

もうひとつの東京、「新しい東京」がある。それはいま、古い東京を消し去り、そこに入れ替わりつつある。

実のところ、「新しい東京」は二種類ある。ひとつは真正なもので、生気を欠いた真新しい容れ物的風景の集積だ。そこでは完全に三次元の、無味乾燥で本質的に思慮を欠き、どう見ても無計画で、どう見ても指針がない、整備したてのインフラストラクチャーがセットになっている。パッと出来たサービス都市。ロボット的。それを最も強烈に体験させられるのは、千葉県から羽田空港へ車で移動するときだ。輸送、製造、再組立、流通にフォーカスした、まれに居住や取引もあるにはある、機能性最優先ゾーン。

もうひとつは、一つめを補ってもいるのだが、公共領域の構築である。歴史保存に始まって歩行者専用道路の整備を経てパブリックアートに至り、それらが一体となって、新札のような小ぎれいでぱりっとした新しい公共空間を生み出す「西洋スタイル」。

アラキの写真は両方とも捉えている。それに東京の究極の真正性にとっては、一つめよりも二つめ、つまり東京の美化のほうが危険であることも、彼の写真からすでに明らかだ。一つめの近代化は、徹底して人工的ではあるが、それなりの妥当性を生んでいる。二つめの近代化は、郷愁を誘うタペストリーを次々と掛けて、実存しないコミュニティの存在を宣言している――夢で妄想された秩序。一つめは新しい秩序の原理を示し、二つめは、すでに消滅した現実の残骸に防腐処理をほどこすものだ。

アラキのこれらの写真が、もはや手持ちで撮影されたものではないことと、新しい事前決定性を伝えていることは、偶然の一致ではない。彼は位置を計算して三脚を据え、英雄的なものをフレームに招き入れる適切な光を待った。何枚かはほとんど構成主義的だ。そこにはロトチェンコのようなアラキがいる。アラキは、よりタフな実体に対峙させられてもいる。柔らかく官能的な古い東京は、どんなときもアラキにタフガイ的にまさぐられるのに身をまかせていたが、いまでは彼自身が自分よりも粗暴で無神経な何ものかに向き合わされている。あの実体を欠いた女性――「福岡から来た女の子」――はアラキの撮影の連れだというが、もはや欲望の「対象」とか小道具として作品に挿入されているのではない。彼女はアラキの代理なのだ。彼女が彼の視点を伝えている。生命の宿らない深淵を覗くその一瞬を記録している。

この新しい東京は、アラキの現在の条件反射と無意識的動作を超えた次元で、彼に挑んでいる。二つめの新しい東京の不合理とはまだアイロニーで距離をとることができても、一つめの新しい東京は、この東京の囚人を無表情ににらみ倒す。新しい東京とのにらめっこでは、アラキが先にまばたきし、「女」にさえなる。（一九九五年）

ピクセル東京

東京は、歴史の偶然により、世界中の大都市を均質化させていったものをどこまでも受けつけない。土地が粒子のように細分化されているため、その無数の所有者が裏返し的にひとつの傑作を生み出すこととなった。新しい秩序（今日ではデベロッパーの秩序）を押しつけることのできない都市。よそでは建設規模がますます巨大化している（グローバル的には、床面積二〇万平方メートル、高さ三〇〇メートルの超高層ビルが当たり前の発注になっている）のに、東京はひたすらわが道を行く。その結果、てんでばらばらの原子カプセルがピクセル状に積み重なっていく。決して一定の形にまとまることのない粒子都市。成功している少数のプロジェクトは、ありきたりとはいえ、何の変哲もない構造物の破片がひしめく海を統治する、サムライの城のように読める。いまのマンハッタンは最近のデベロッパー建築（八〇年代、九〇年代）が中心で、どれもこれも同一のありふれた材料から独自性を出そうとして結局は普遍的に退屈な代物となっているのだが、東京のデベロッパー建築は、高度にニュートラルで抽象的な域に達している。その特色のなさは芸術的なほどで、ステルス戦闘機と同じくらい目に映らない。都市という都市が執拗にアイコンを求め、どれもこれも魅力のないモノマネに堕していくなか、東京に出現した新しい量塊の不活性ぶりこそは、新たなる風格の誕生を告げているのかもしれない。（二〇〇七年）

最前線

湾岸地帯[1]が、見さかいなき近代化の目下の最前線だ。熱狂的な都市製造が、たった半世紀前には遊牧民が自由に放浪していたところで行われている。

湾岸地帯は、もともと石油の発見がきっかけで開発が始まったのだが、その石油がやがて枯渇したときのために備え、今は過剰な開発が進行中だ。

ここが最大規模の都市製造の場所であり、また、かつて（都市として）何もなかった地域であることから、湾岸地帯は純粋形態の現代都市を本質的に表徴していると言える。

湾岸都市は今まさに複数箇所で建設中だ。どの都市も（テーマ化された、ゲートで囲まれた[2]）コミュニティ、（テーマ化された）ホテル、（世界一高い）超高層ビル、（世界一大きい）ショッピングセンター、（ダブルサイズの）空港といった、今日の都市プロトタイプが必然的にその下敷きとなっていて、互いにパブリックスペースでセメント付けされており、じきブティック・ホテル[3]やフランチャイズ美術館[4]や建築の傑作も足されることになるだろう。

現状から言えば、この壮大な手段と野望が渦巻く一帯は、とてつもない努力が投じられながらも、どこもパッとしない、ときにはがっかりするような結果に終わっている。新たな工夫もなく、年老いてみすぼらしくなった「都会《アーバン》」のサヨナラ公演を見ているみたいだ。終末論を好む向きには、ドバイはわれわれが考える建築と都市の終末を体現しているように映るのだろう。より楽観的には、いまの湾岸地帯に出現しはじめた（建設ないし構想された）もののなかに、新しい建築と新しい都市の萌芽を見ることもできる。湾岸開発にはやはり湾岸でしかあり得ないものもある一方、大半は、都市のあり方そのものがいずれ変容することを告げている。

湾岸地帯を読み取るかぎり、いずれ次のような状況が訪れざるを得ないだろう……。

1 都市が一枚の設計図から生まれることはもうない。いまの都市は開発業者《デベロッパー》による増殖エリアのパッチワークになっている。

都市はもはや強度を上げるのではなく、人を癒し、リラックスさせるためにつくられている。都市増殖の究極的カテゴリーになったのが、リゾートだ。厳格性の美学たる軸線は有機性の美学に、幾何学の美学は曖昧性の美学に打ち負かされた……。ものを区別するのに唯一有効な手段はテーマである。「規則性」「実用的」「ユートピア的」の未来は、テーマとしてのみあり得る。

2　インフラ基盤[5]はもはや計画概念ではなく、実用的な後知恵となった。

3　都市人口はもはや自然のものではなく、合成されたものになった。人口を構成しているのは、種々のインセンティブに惹きつけられた人々（観光客、在留外国人《エクスパット》）と、その吸引力を支える人々（建設労働者、料理人、マッサージ師）だ。都市住民は、甘やかされた者か甘やかす者のどちらか、というわけだ。

4　人口密度はヴァーチャルである。ドバイに住むほとんどの人間が、別のどこかにも住んでいる……。この都市の本当の人口は、現実に居住する人口に比べ、ほんの僅かでしかない。（エンジニアたちが弾き出すあり得ない数字が、実際に彼らに付きまとうことがないのも、これで合点がいく。）

在外主義の定着とともに、公共性の空々しさも地球上に広がっていく。公共領域は「パブリックスペース」というデザインされた政治に取って代わられた……。

5　暫定的な居住者に過ぎないのだから、その都市の未来への関わり方も大きく異なってくる。正式な市民には決してなることのない暫定居住者は、忠誠心も暫定的となる。彼らがなすのは都市国家ではなく、公民権を持たない者たちの暫定的コミュニティだ……。何か問題が起これば、彼らは真っ先にいなくなるだろう。

6　建築に関しては、湾岸地帯はアイコンの神格化と究極の民主化を同時に象徴している。機能性、効率性、構成力、独自性のすべてが大あくびの領域に追いやられた場合、つまり以前、建築の正統性をなしていた一連のものが崩壊した場合、目に見えないほどちっぽけになった戦場で激しい戦いを強いられる、ということになる。どこもかしこも華麗になれば、ものの見分けがどんどんつかなくなる。一流、二流、三流の差もなくなるだろう……。

この戦場からいちばん先に立ち去った者が勝ちだ。

7　湾岸地帯で行われている都市開発も建築も、明らかに維持不可能《アンサステイナブル》だ。この「サステイナビリティ」こそは、都市生活の真新しいモデルにラディカルな変化と修正を課す支配体制となるだろう。

歴史的必然でも単なる偶然のタイミングでもいいが、まさにこの（サステイナビリティという）理由から、大都市が現在直面している危機に立ち向かう場が、この湾岸地帯となるだろう。現代建築のレパートリーが徹底して乏しく、ゆえに破壊的であるため、未来へのツールボックスとして頼ることなどもはや考えられない。

8　やがて湾岸地帯は公的《パブリック》なものと私的《プライベート》なものの意味を書き換えるだろう。一部を優先するのでなく全体を促進するようなインフラ基盤の可能性。ランドスケープの利用と乱用――ゴルフか環境か？　西洋近代を初期設定としない新しい信頼性における、多様な文化の共存。「エクスペリエンス™」ではなく、本当の体験。都市かリゾートか？

（二〇〇七年）

訳注

（1）アラビア湾（ペルシャ湾）岸の都市、アラブ首長国連邦のドバイやアブダビ、カタールのドーハなど。

（2）いわゆるゲーティッド・コミュニティ。周囲を高い塀で囲った高級住宅地のことで、出入り口のゲートで住民以外の出入りを制限し治安を維持している。

（3）デザイナーズ・ホテルとも。著名な建築家やインテリアデザイナーが手掛けたスタイリッシュな建築デザイン、インテリアデザイン、上質なサービスの提供を謳った、高級ホテルをさす。

（4）世界的に有名な美術館との契約により、その名を一部冠し、別の地域に建設された美術館。いわば美術館のフランチャイズだが、一面、現地へのブランドの輸出ともいえる。たとえばニューヨークを本拠とするグッゲンハイム美術館は、いまや世界各地にその「支店」を展開している（設計は、ビルバオはフランク・O・ゲーリー、台中はザハ・ハディド）。またルーヴル美術館はアラブ首長国連邦と共同でアブダビに別館を建設中で二〇一五年完成予定（設計＝ジャン・ヌーヴェル）。このルーヴル・アブダビには「ルーヴル」の名が三〇年間貸与され、ルーヴル美術館のほか、ポンピドゥー、オルセー、ギメなど、フランスの複数の著名な美術館の収蔵品が貸与され展示される予定。アブダビにはまた、グッゲンハイム別館（設計＝フランク・O・ゲーリー）、パフォーミングアーツセンター（設計＝ザハ・ハディド）、海洋博物館（設計＝安藤忠雄）も計画されている。

（5）インフラストラクチャー。「ジェネリック・シティ」訳注（2）参照。

シンガポール・ソングライン(1)

ポチョムキン・メトロポリス(2)の肖像……あるいは白紙状態《タブラ・ラサ》の三〇年

風水――元の敷地にとどまれば施主の繁栄は続くという、古くから中国に伝わる信仰……

正しい場所へとブルドーザーを導きたい。――シンガポール・グリーン計画

シンガポールは、とてつもなく広く多様で変わりゆく世界のなかの実に小さな場所ですから、機敏に対応しなければ、すみやかに調整していかなければ消え去るしかなく、人々もそれを心得ています。――リー・クアンユー

(「ストレーツ・タイムズ」紙一九九〇年五月二七日)

私はシンガポール港で八歳になった。上陸はしなかった。だが、匂いはおぼえている。

圧倒されるような、甘い香りと腐臭。

昨年再び訪れた。匂いは消えていた。というよりも、シンガポールが消え、削り取られ、建て直されていた。そこにあったのは、まったく新しい街だった。

シンガポールにあるものは、そのほとんどが三〇年を経ていない。この都市は、過去三〇年間のイデオロギーの成果がそのまま形になったものであり、残存するかつての要素に汚されていない。偶発と無作為を許さない体制下で管理されている。自然すら完全につくり変えられているのだ。それは純粋に意志の産物である。混沌とした場所があるならそれはつくられた混沌であり、醜悪な場所があるならそれはそのようにデザインされた醜悪さであり、不合理な場所があるならそれはそうなるよう仕向けられた不合理だ。シンガポールは、ほかに類を見ない「現代性の生態系」である。

新しいものの常で、シンガポールは嘲笑されてきた。西欧的な考え方がどんどん衰えていくとしても、「われわれ」は自らの究極の武器、アイロニーの力を手放すことはない。その力が、領土の大きさからすれば取るに足りないこのミニ・スパルタに過剰なほど向けられている。ウィリアム・ギブソンはここを「死刑のあるディズニーランド」[*1]と呼び、デイヤン・スジッチは「仮想都市」[*2]と呼ぶ。

われわれがシンガポールをありのままに読み取ろうとしないのは、根拠があってのことではない。都市の現状についてわれわれがどんなに高尚な思索をめぐらしたところで、運営能力の話とはまったく無縁だ。われわれには都市を「創る」能力がつくづく欠けていて、都市が実際どこかにできたとしても、とうてい疑わしく信用ならないとはねつけてしまう。シンガポールは運営能力の高さが発作的に生んだものだから、われわれの想像や解釈が及ばないのだ。

シンガポールはアジアの都市としてはとてつもなく「西欧的」であり、歯止めのきかない近代化プロセスの犠牲者であるのは明らかだ。われわれは、相手がアジア人ないしは中国人だからというだけで、植民地主義最後のちょっとした発作を遠慮がちに起こして、シンガポールを解明されることのない謎の一つとして済ますということをやりがちだ。

こういう受け止め方は、西欧中心主義的な誤読である。「西欧」はもはやわれわれだけのものではない。それはいまや発祥地以外の場所があまねく目標としている一つの状態なのだ。それはもう「われわれ」が解き放ったものとは別物だから、われわれにはその成り行きについて嘆く権利はない。この自立した過程を自らのものとして久しい「他者」に対し、それをあれこれ感傷的になって否定する権利などないのである。せいぜい、子供に遣《や》ったものをめちゃくちゃにされて嘆く、いまは亡き親といった役回りだ。

シンガポールは着々と拡大していく島であり、北緯一度一七分、インド洋と太平洋を結ぶ最重要航路に位置する。面積は六五〇平方キロメートル。海岸線は一四〇キロで、ベルリンの壁の全長より二〇キロ短い。「ユニークな多民族性」[*3]を有し、中国系七五パーセント、マレー系一五パーセント、インド系九パーセントから成る。シンガポールはひとりの男の着想から生まれた。リー・クアンユーである。一つの島ゆえに――領域は明確だ――ここには神話を形成するのに不可欠な要素が揃っている。小さい、脅威にさらされている、護られねばならない、飛び地だから限定されている、ユニークである。

シンガポールには不可思議な部分もある。五年前、観光客数の上昇曲線が歴史的建造物数の下降曲線と交差しかけていることが明らかになった。急ピッチで開発が進む一方、歴史はほぼ完全に消し去られていたのだ。かつて、よりどりみどり、さまざまな性的嗜好――そこのドラァグ・クイーンは見事だった――に対応することで知られていたが、いまでは過去を洗い清めたまさにその場所ブギスに、国が出資した。二本の「伝統的な」通りが交わる新品の交差点である。両側には真新しい中国系のショップが立ち並ぶ。一方の通りは「マーケット」とされ、もう一方の通りには多種多様なレストランがバランスよく並んでいる。上の階はクラブが占めており、その一つ「ブーム・ブーム・クラブ」は、女が女装者をまねるという形でドラァグ・クイーンを復活させようと、ひそかに狙っている。

この街区は過剰にモダンだ。別々に見える屋台のそれぞれが、一台の巨大な皿洗いコンベアーでつながれている。最初の訪問時、私たちは制御室に通された。壁一面に掛けられたモニターはカメラにつながれており、監視員たちがすべての屋台のテーブルにズームインして、行われている取引の一つひとつを見張れる仕組みになっている。恥じるどころか、誇らしげにそれを見せる。

犯罪は起こらない、と彼らは考える。

何の面白味もないのでは、とこちらは思う。

シンガポールが自由でないのは明らかだが、では具体的に何が自由ではないのか、どこでどのように抑圧が起こっているのか、どの程度までその磁場は——住民たちの並外れた結束ぶりは——押しつけられたものなのか、あるいはもっと曖昧に言えば「取引」つまり共通の利害認識の結果なのか、といったことは、なかなか見極めにくい。三〇年間ひたすら上に向かうジェットコースターのような開発がもたらした無限の恩恵を享受する見返りに、自由を取り上げられたということなのか。

未来は築き得るものという考えに対してほぼ全面的に悲観的な世界の状況にあって、シンガポールは機能性の高い、これまでと違うタイプの存在として際立っている。明確な目標を掲げ、長期戦略を立て、民主主義の萌芽期に生じがちな瓦礫《がれき》や混沌を断じて避けるという非情の決意で動く、時宜にかなった「為せば成る」世界なのだ。

東西緊張の次なるラウンドは、以下の問いをめぐる戦いとなるだろう——民主主義は社会の安定を促すのか、阻害するのか。言論の自由は文化的なゴミも生み出すが、それでも価値があるのか。集団の健全性は、個人の自由が束縛されないことよりも大事なのか。こうした権威主義は規範からの一時的な逸脱、偏向であると西欧人の目には映るのだが、シンガポールでは、ハードコアな儒教主義に裏打ちされた厚顔無恥、アジアの近代化の動力源となる究極の高効率性パワーのようなものが合成されて、新しい規範が形成されつつあるようだといったらいいのか。「論争を通してこそ、思想・信条の衝突を通してこそ、良い政府と健全な経済が生まれるというアメリカ的な考えは……アジアにはない」[*4]。シンガポールは、独自のやり方を育んできた。「儒教の強靭な活力は、封建主義の垢と民主主義の華の結合に宿る」[*5]。

シンガポールは、最も信頼できる材料から無味乾燥で無益なものをつくり出す坩堝《るつぼ》のように見える。私はシンガポールの錬金術を逆から読み解き、シンガポールの系譜をたどり、建築としての「ゲノム・プロジェクト」を遂行し、建築の視点からシンガポールの歌の道《ソングライン》を再現しようと試みた。

シンガポールの分析は、必然的に一九六〇年代中盤をクローズアップすることでもあり、疑う余地なく差し迫った状況にあった当時の人口動態を浮かび上がらせることにもなる。情け容赦ない数字によって、すべての大陸において前例のない量の都市建造物をつくらなければならなかった圧倒的な必要性が示され、それまでの三〇年間にすっかりおとなしくなっていた（もしくはうまく封じ込められていた）都市計画学や都市更新《アーバン・リニューアル》という概念に説得力のある論拠が提供されることになる。

全世界であたかもシンガポールだけがこの警鐘に注意を払い、しかもそれに対処し、解決策を考え出してきたかのように見える。シンガポールは、都市更新の究極の姿である。田舎から都市への転換という課題を建設によって示したのだ。三〇年前、それにはアジアに二〇年で西ヨーロッパ全域の量に相当する都市建造物をつくる以外ないと考えられていたのだが。

誕生したばかりのシンガポールの真新しい考古学の現場を発掘するにあたって最も不安にかられる疑問——その必然性はどこに埋まっているのだ?

間奏曲

一九五九年、英国領シンガポールは自治権を得る。初めての総選挙で人民行動党(PAP《パップ》——サブリミナル的にはPAPA《パパ》とかDAD《父さん》に近いか)を率いるリー・クアンユーが統治者の座に押し出される。ニクソンはリーを「左に語りかけながら右を歩く」*6アジアのチャーチルと呼ぶ。三五歳にして手中に収めていた際立った戦術の数々は、のちに新儒教主義というイデオロギーの傘の下で一つになる。

一四〇年間にわたる英国支配ののちにリー率いる党が受け継いだこの島は、惨憺《さんたん》たる有りさまだった。しゃれたコロニアル様式の飛び地群(一八一九年、スタンフォード・ラッフルズ卿がそこに入植した)、みすぼらしい軍事基地、港。港は巨大な過密チャイナタウンに取り囲まれ、背後には放置された湿地やジャングルが広がり、まれに農地があっても大部分は不法占拠者の小屋で埋まっているという具合だ。

「五〇年代にここを訪れた者はみな、住環境が危険きわまりないこと、住民の大半が悲惨な状況に置かれていることに衝撃を受けた……。そのうえ状況は悪化の一途をたどっていた。人口の急増、結核の蔓延、失業者の増大、居住可能な場所の過密化――これらすべてが、経済不況を背景に起きていた……」[*7]。

この暗澹たる状況そのもの、つまり情けない材料ばかり揃っていること自体が、紛れもなく危機に瀕した都市国家第一号の新建設構想の土台となる。「PAPのイデオロギー体系の全般的な特徴は、最重要課題に根ざしている……。それは独立した島国としてサバイバルすることである。サバイバルは、シンガポールが一九五九年に自治権を得て以来、統治政策を構築し正当化する上で中核としてきたものだ……。その結果、多国籍資本に大きく依存する輸出中心の工業化政策の基盤として、科学・技術・中央集権行政に重点を置いた、精力的な開発主義志向を打ち出すイデオロギーが生まれ、いまに続いている」[*8]。

ハーマン・『未来への確信』・カーンやアルヴィン・『未来の衝撃』・トフラーといった西欧第一線の思想家・未来学者をアドバイザーに持つリーにとって、ポストコロニアル期とはあらゆる意味において新しい始まりであり、過剰なまでに新しさを取り込むことにほかならない。リー政権は、比類なき熱意をもって近代化運動に乗り出してゆく。すぐさま島のかなりの部分が「脱自然化」され、工業のプラットフォームとなった。南西に位置するジュロンでは、「平べったくつくられた」（多層階の）工場が林立する巨大工業都市の準備が進められ、新設の広大な港湾施設と結ばれた。*9

一九六〇年、住宅開発庁（ＨＤＢ）が設立される。ここがシンガポールの未来整備作業の主要機関となる。数か月のうちに、市街地の外の（不法占拠者たちから解放された）「処女」地で、クイーンズタウン（計画人口一六万人）の建設が始まる。それは見たところ建築的には何の取り柄もない、熱帯気候に配慮した点といえば連続するバルコニーのみというとてつもない数の四角いビル群で、軍隊風に整列している（ところどころに不可解な例外があり、気絶した兵士のように目を引く）。それらは、「興味を起こさせる」「生活を満たす」という、なおざりにされ、意味論的でしかない任務を死に物狂いで果たそうとする公共エリア、つまり、ショッピングセンター、遊び場、宗教施設を冷ややかに取り囲んでいる。

クイーンズタウンは「いわゆる「総合環境」……政策を反映し……各「地域《ネイバーフッド》」には……ショッピングセンターがあり……「タウンセンター」には、映画館、デパート、レストラン、ナイトクラブ、日本庭園が揃い……第六地域では複合スポーツ施設を建設中……住宅ブロック周辺の主要エリアや空地《くうち》は造園整備され……高層棟が……小中学校の近くに配置され……バスが頻繁にかつ効率よく、地域を縦横に走っている……。活気にあふれた社会の空気が早くもはっきりと感じられる……。クイーンズタウンにはすでに「暮らしが定着している」と言えるだろう」[*10]。

後年（一九八五年）、住宅開発庁は認める。「公営住宅開発の第一段階では、シンガポールの住宅不足問題を解決することが急務だったから、リサーチする時間はなかった。プラグマティズムが優先されていた……」[*11]と。

プラグマティズムに外見があるとすれば、それは実用本位のアングロ・サクソン風だ。四角いビル《スラブ》は純粋に量の象徴であり、悪名高いイングランドの公営住宅団地のような、イデオロギーを剥ぎ取られた近代性である。イングランドのスラムから団地へ移されることがトラウマになるのだとすれば、中国風店舗付き住宅（中庭を囲んで店舗と工場と居住空間がワンブロックにまとまったタイプ）からシンガポールの高層コンテナへ移されるのは輪をかけて無慈悲な仕打ちだ。それは素材がアジアから西欧のものに変わるからだけではない。新しい住民たちは、家族関係、伝統、習慣などとのさまざまなつながりから切り離され、いきなり別の文明に押し込まれるのである。スラブはタイムマシンなのだ。

一九六六年の完成をめざし、第二のニュータウン、トア・パヨーの建設がはじまる。「敷地が処女地同然だったため、道路網、居住地域、商業施設、タウンセンター、複合スポーツ施設、公園《タウンパーク》など、街全体が一体的に構想された」[*12]。

六〇年代中頃には、こうした自信は当たり前になっていた。シンガポールの場合、当たり前でないのは事業規模だ。脆弱な新興国が、今度は一八万人のための都市をつくろうというのである。しかし、またしても完璧ではない。「「トア・パヨー・ニュータウン土地利用計画」を見れば、住宅開発庁が試行錯誤を繰り返して相変わらず苦闘していたことは容易に察しがつき……それは施設配分のばらつきに表れている……」[*13]。こうして、激烈な建設と、「改良の余地」ありとわかってきた役人の認識との、抜きつ抜かれつのレースが続いていく。

国連使節団

このヘラクレス的大技でありながら構想は明確にならない状況のなか、一九六三年、国連使節団がやって来る。

三人の専門家――アメリカ人チャールズ・エイブラムズ、日本人ススム・コウベ[3]、そして当時は無国籍、その前はドイツ国籍だったオットー・ケーニヒスベルガー――が、シンガポール政府に向けた報告書を作成し、それに『シンガポールの成長と都市更新』というマニフェスト風タイトルをつけた。当使節団のテーマは「島全体の開発であり……「都市更新」に関する正しい戦略を提言するという具体的な目的を持って……」いた。

報告書は、当時もいまも「部外秘」だ。

使節団のシンガポール訪問時、「都市更新《アーバン・リニューアル》」は比較的新しい造語だった。「都市更新とは、一九四九年にアメリカで名づけられ、盛んに使われるようになった一般用語である[14]……」。「都市」と「更新」という何の変哲もない二つの言葉の組み合わせ――建築家や都市計画家の耳には快い――には、解釈の余地が残されていた。それは「古いものの」更新なのか、それとも「すっかり新しくする」更新なのか。貧困や病気や人口過密をなくすといった、紛れもなく「良い」役割を果たすものなのか、それとも、情け容赦なく状況を不安定にするものなのか。

三人の専門家はこう説明した――「都市更新には、(1)保存、(2)再生、(3)再建という三つの不可欠な要素があることが、現在一般に認められている」。ついで彼らはシンガポールのジレンマを明らかにする――事実、一九六四年の時点ですでにジレンマがあったのだ。「こうした目標に照らしたとき、都市更新計画が向き合い、解決しなければならない問題とは、その地域の一部を維持するよう努めるのか、あるいはすべて取り壊して別のものをつくるのか、である。われわれの提案は、シンガポールの一部の既存地域が持つ長所と短所を洗い出し、長所を伸ばして強化しながら、短所は取り除くよう努めることである[15]」。保存維持への配慮はリップサービスだろうか、それとも専門家たちは、自分たちが仕掛けようとしている変化がこの島の運命を決めることになるのを知っていたのだろうか。

彼らは第一に、シンガポールを「都市更新計画に乗り出すアジア初の都市」として位置づけた。この過激な野望がくじかれる恐れがある場合に備えて、彼らはこうも明言しておく――「この計画は、保存や修復の実践を意図したものではなく、今後シンガポールが果たすべき役割に備えて都心部を近代化し、開発しようとする果敢な試みである……」。(この時点で、島全体の人口は一六〇万人、シンガポール市の人口は九〇万人。)

賭け金を積み上げようと、国連の専門家たちはまず、人口問題が切迫していることを強調する。「人口は一九八二年までに三四〇万人以上に達し、**一九九〇年を待たずして四〇〇万人を突破する見通しである……**」[*16]。つまり、毎年天文学的な数の住戸を新設する必要があるということだ。

彼らは淡々と続ける。「急成長都市シンガポールには、住宅の改修ではなく新設が、再開発ではなく新規開発が必要である。都市更新に力を入れたいのは山々だが」――これは明らかに都市の既存部分の更新を指す――「古い住戸を一つ壊すごとに、新しい住戸を五つつくらねばならないのである」。

国連使節団は、来るべきこの大変動を促すため、英国が一九五五年に最終修正した既存のマスタープランはビジョンに欠けると非難する。「これは片田舎の中規模都市の計画であり、大都市《メトロポリス》向けの計画ではない」。

彼ら都市計画家たちは書く――マスタープランのご多分に洩れず、英国のこの計画も

「将来への展望において根本的に保守的で、過去の偉業や諸制度の保存を計画全体の主目標とする点でほぼ一致している社会を想定したものだ……。シンガポールには「より柔軟な計画……より前向きな取り組み」が必要だと、われわれ使節団は聞いている」[*17]。

島が変貌するには、マニフェストが必要だ。厳正な手続きを要し、建造物の規制に重点を置くこうしたマスタープランの代わりとして、国連の専門家たちはもっとファジーな指針のもとで「公共開発を導き、加速させ、調整する」ことを提案する。これは「雇用、住居、コミュニケーション、交通、教育、福祉、資本形成、貯蓄促進、コミュニティ開発、広報活動など、都市生活のあらゆる面を扱うという意味で包括的な」[*18]行動計画に組み込まれ、最終的には「全島をカバーすることになるモザイク状の行動マップ……」に移される。

指針、行動計画、行動マップ――計画達成のためのこの三本柱を明確にした専門家たちは、ターゲットを探しはじめる。「都心のビジネス街区は、超高密度の商住混成地区に隣接している」。商住混成地区とは、都市の実質の大部分を占める中国風店舗付き住宅のことだ。「建物と街路の過密ぶりは、世界の都市のなかでもまれに見るレベルに達している……」。使節団の専門家の一人が先にまとめた報告書にもあるように、相当数のセクションは取り壊しと建て替えの時期に来ている」。

専門家たちは、自らが共産主義に近い絶大な権限を持つ官僚体制を実現させようとしていることを自覚したためか、その体制が民間企業によって歯止めをかけられ補完されていくよう気を配る――「デベロッパーの牽引力や設計者の創意を押さえつけることなく……全シンガポール人に健全で快適な都市環境を確保するには、達成基準や社会原則が必要である……」。

次に彼らは指針の適用範囲を全島に広げる。「第一の原則、それは、シンガポール島とシンガポール市を一つの単位として受け入れることだ。われわれはこの島を、一つの街と背後の田舎という二つの要素を持つ地方ないし地域としてではなく、欠くことのできない空地《くうち》を含む一つの都市複合体として見るべきである」[*19]。

続いて彼らは新たに用意された計画カンバスの上に――何もない状態の上に――大胆にもオランダ・モデルである「環状都市構想《リング・シティ》」を描く。「中央のオープンエリアのまわりにチェーン状ないしネックレス状に連なる居住地帯は「リング・シティ」と呼ばれてきた。この考え方はオランダのもので、アムステルダム、ハーレム、ユトレヒト、デルフト、ハーグ、ライデン、ドードレヒト、ロッテルダムといった主要な街の一群が、中央に広がる田舎のまわりに大きな円をつくっている。この配置は、周到な計画というより、歴史的なさまざまな力が働いた結果もたらされたものだが、ほかの形態の広域都市圏にはない利点があることがわかっている。リング上の街はいずれもコンパクトですべてを備えていながら、それぞれの特色と独自性を保持している。しかも、どの街の住民も、何もない田舎やそう建て込んでいない都市部を縫う道路を使ってほかのどの街にもすばやく移動でき、そこの施設を利用することができる。つまり、中小規模コミュニティの社会生活の利点を享受しながら（子どもの教育面では大きなプラスとなる）、広域都市圏の商業的な利点も享受できるというわけだ。「リング・シティ」を成す八つのオランダの街が、中央のオープンスペースに位置する国際空港一つで事足り、そこからどの街へも容易にアクセスできるという点が優れている」[*20]。

役人の文章は退屈なことが多く、この報告書も例外ではない。それなのに力があるのは、のちにこの報告書がもたらした結果をわれわれが知っているからだ。報告書は、政権がそれまであまり明らかにしなかった願望を解き放ち、正当化し、激化させ、増強し、鼓舞し、未来を想定してみせる。

国連の専門家たちは、都市更新における革命扇動者となった。彼らの報告書はもっと過激になれと囁き、誇大妄想への近道を指し示す。（二〇年後、彼らが描いた図が現実のものとなる。縮んだ保存地域を囲んで、島全体が一大ニュータウンと化した。）

タブラ・ラサ

国連の報告書が承認されると、シンガポールの官僚組織はいよいよプロメテウス的大事業に着手する。障壁は島の大きさのみ。シンガポールは白紙状態《タブラ・ラサ》の極致として生まれることになった。「純粋に新しい始まり」の土台となる、すべてが消し去られた平面。

いまだまったく未開発状態のまま取り残されているシンガポールには、自らの体という資源しかない。土地、住民、地理的ポジション。貧困が売春につながることもあるように、シンガポールの変化は、島という肉体に加えられる行為として繰り返し着想される。その国土――地面――がいちばん自由に操れる素材だ。それは国の住宅計画と国連のビジョンによってインフラ基盤というマニフェストとなり、その上にシンガポールの政治的進化が上書きされつづけることになる。やはり自ら国土をつくり上げたオランダ人のように、シンガポールも売ることと操作が身上だ――イデオロギー、住民、島。このプロセスは「ニュータウン」建設でさりげなく始まり、国連の報告書でペースを上げ、一九六五年の独立、つまりシンガポール共和国の公式なスタートを期に激化する。

徹底的な抹消や変容のなかには、目に見えないものもあった。英国の土地収用法の改正により、「政府は、民間デベロッパーのための取得も含め、国家の発展のために必要と見なされれば、いかなる土地でも収用できるようになった……。補償金の額は国が自ら決めることになっていた……。この法令は、所有権を規定している判例法に明らかに違反するものである……」。

だが、住宅開発庁の言い分はこうだ――「取得された私有地の大部分は、荒れ果てた土地や放置された土地であり、不法占拠者がはびこっていた……。地主がなんの努力もせずに……大幅に上昇した地価を享受してよい理由などないと政府は考えた……」[*21]。これだけ乱暴な収用が行われれば、どんな所有権もカッコつきのものとなり、どんな土地でも理由をつけて国に奪われてしまう。（ここ三〇年間に二度ならず三度まで接収された敷地もある。）「一九六五年から一九八八年までの二〇年強のあいだに、一、二〇〇カ所を優に超える敷地が収用の対象となり、国の人口の約三分の一にあたるおよそ二七万世帯が移転させられた」。

容赦ない変貌のさらなる証は、新たにつくられた生存圏《レーベンスラウム》だ。「一九五九年には、国土の全面積は五八一平方キロだった。一九六五年まで変化はなかったが、それ以降は着実に増え、一九八八年には六二六平方キロに達した。一九九一年には六四〇平方キロを超えるだろう。国家開発大臣の宣言によると、国土は引き続き拡張され、二〇〇〇年にはシンガポールの面積は七三〇平方キロに達する見込みである……」[*22]（三五年間で二五パーセント増というのは、アメリカなら、テキサス州、ジョージア州、カリフォルニア州を合わせた面積が増えたことに相当する）。

この拡張は埋め立てによって行われたため、島の地形は大きく変わっていく。海岸線が延び、丘が消え[*23]、シンガポールはより広く、その代わりより平坦に、より抽象的になっていった。（のちに、インドネシアから買収した島々をすべて吸収し、移植して、シンガポールの一部として地図上に再登場させることになる。）

住民を再配置し、島全体を現代的なチャイナタウンにする計画も予定通りに進む。「一九五九年に公営住宅に住んでいたのは人口の九パーセントに満たなかったのに対し、一九七四年には人口の四三パーセント近くが住宅開発庁のアパートに住むようになり、一九八九年には八七パーセントである二三〇万人に達した。もとの都心部を囲む二〇のニュータウンが占める面積は一六、〇〇〇ヘクタール、国土の四分の一に及ぶ」[*24]。農地はお払い箱となり、宅地がそれに取って代わる。農民は海へ追い立てられ、漁民となる。

ニュータウンにおける低コストの住宅供給と、旧市街地――というかその残骸――における都市更新は、いわば連通管(4)のようなものだ。膨大な量の建物を新たに建てれば、その分、古いものを破壊するゆとりが生まれる。一九六五年に政府が打ち出した都市更新計画どおりなら、島全体がやがてニュータウンで埋め尽くされ、シンガポール市はもとの姿をとどめないほど更新されることになる。

シンガポールでは、まさにこの一九六五年が行動対思考の最終決戦の時であり、行動が圧勝した。公務員(シンガポールの官僚組織)は取り憑かれたかのように精力的で、黙示録の騎士のように、島が隅々まで掘り返され、もとの姿をとどめなくなるまで、片時も休もうとはしなかった。

彼らは、自分たち以外のあらゆる人々、とりわけ物事を深く考えずにはいられないというハンデを負った人々(つまりシンガポールの知識人たち)を、少なからず屈辱的な受け身の立場もしくは共犯者の立場に追い込んだ。

若手の建築家たちは欧米で教育を受けたのにイデオロギー的にはいまだ第三世界／発展途上国の段階にあるために、政権の決意も能力も過小評価してしまい、奇跡が目の前で起きているのに気づかない上、いま懐疑的だと、将来、政権のやり方に従って何らかのかたちで関与することができなくなる、ということも分からない。彼らの六〇年代的な感性がそれを受けつけないのだ。

六〇年代半ば、都市更新の暗黒面は広く知られるところとなっていた。モダニズムの英雄たちによる、タブラ・ラサを拠り所とした戦前の都市計画はすでに信用を失っている。戦争で無に帰した都市はみな一から再建されていたが、結果は複雑だった。「まったくの無表情」になっていたからだ。アメリカでは、スラム街を撤去しても変えられるのは物理的な状態だけで、貧しさから抜けられないことに変わりはないではないかという疑いが強まっていた。にもかかわらず、衰退する植民地支配体制のもとで顧みられなかったアジアの諸都市は、今度は、耐えがたい状況で暮らしている都市居住者と地方から侵入してくる人々の両方を収容するため、巨大規模の更新に備えなくてはならなかった。

「都市人口が途方もなく増大している現状を見ると、大都市の開発計画こそが、世界平和の維持に次ぐ、二〇世紀後半に人類が立ち向かうべき最重要課題であるという警告はもっともである」と、世界保健機構（ＷＨＯ）は主張する。[*25]「向こう四〇年のあいだに、われわれは合衆国の都市部すべてを建て直さなくてはならない」と、リンドン・ジョンソン大統領も力説する。[*26]

人口数の威力に比べれば、シンガポールにいま何があろうが、あらゆる意味で取るに足りない。未来予測された数量と、いまあるものをどう発展させていくか、この二者のあいだには鋭い緊張状態がある。

このとき、あいまいなコンセンサスが形成されつつあった——都市更新はするがタブラ・ラサにはしない、新たに出発するがゼロからではない。「世界主義に立った融和を目指すとき、機械的な順序で除去し、破壊し、置き換えるといった露骨な更新ほど、非都会的で非生産的なものはない」[*27]と槇文彦は一九六四年の*Investigations in Collective Form*(集合体の研究)で書いている。この小さくも影響力をもつ書物は、それまでもっぱら西欧が行なってきた議論に対して発せられた、アジアからの声として初期のものである。

だがシンガポールでは、逆に槇の診断があたかもモットーのように扱われ、新生共和国の青写真、新生共和国のディストピア計画となる——「除去し、破壊し、置き換える」。島は変貌への興奮状態のなかで、一枚のシャーレと化す。大々的な撤去、地ならし、拡張、接収によって実験室的状態が生まれた。あらかじめ何もない状態の場所に、ある実験要領のもとで成長し得る社会文化・建築文化を持ち込むのである。シンガポールは、タブラ・ラサの実験台と化した。

終末的な人口推移を仮定して島を丸ごとつくり変えてしまうことは、島の小ささや恒久的な土地不足に明らかに相反するもので、本来なら、土地を無駄なく慎重に活用したり、時間をかけて達成すべき長期目標――指針――を定めたりするところだろう。だが、このヘラクレス的猛進が真に意味するのは、島を丸ごと変えられると考えられているのだから最終形は存在しない、ということだ。変化の第一波が去ったあともさらに改変され、またしても破壊され、第二波が来て、第三波が……。

シンガポールの現政権のような政体は、ラディカルな運動体だ。それは、儒教の精神、国連の支援、経済的野望、切迫した人口問題を行き当たりばったりに合体させた「つぎはぎマニフェスト」を基に、「都市更新」という言葉を道徳的な意味で「戦争」にも等しいものに変えた。それは「構成はゆるやかだが複雑に絡み合うコンセプトの体系であり、支配集団が国家の諸問題の解決に取り組むあいだ、時とともにコンセプトのネットワークを広げつつ発展していく。しかしながら、この拡大するコンセプト・ネットワークは、まったく無作為というわけではない。むしろ、少数の中核コンセプトに導かれて拡大していく[*28]」。

シンガポール政権は、永久的な不安定という状態を設定する。それは一九六八年の五月革命で学生たちが宣言した「永久革命」に似ていなくもないが、儒教的なアジェンダが付随している。「大衆に道をたどらせることはできても、理解させることはできない[*29]」。人間が必要とする基本的なニーズは満たしつつ、伝統、不変性、連続性といったものは計画的に浸食していくという、全体としてあいまいな統治が行われる。それは、与えては発作的に根こそぎ取り上げ、永久に方向を変えつづけるという、いわば永久機関(5)のような状態だ。

空も地平線も隠しつつ肩を並べて建ち、モダニズムの遠心ベクトルがまったくない高層建築に収められた新しい住宅のすべてが、逃げ道をはばむ。シンガポールでは、どっちを向いても視野はことごとく善意にさえぎられるのだ。

「完成した五〇万戸強の住居が放つ圧倒的な存在感が絶えず再認識させるのは……政府の功績である。広範囲にわたる公営住宅供給計画は、現政権に国全体の住環境を改善するという公約を果たす能力があることを、象徴的に、よってイデオロギー的に、強烈に見せつけるものである」[*30]。

いまでは究極の資本主義環境を確立したことで知られる共和国が、全国土を社会主義もどきの体制に変えるところから始めた、とはどういうことなのか。島全体を一つの壮大な住宅建設計画にすることが、国家が国民の「面倒を見る」何よりの証となるのであり、「人民に広く施し、大勢の人に手を差し伸べる」[*31]という儒教の格言を地で行くかたちとなる。

シンガポールよりはるかに条件が整っていると思われる状況でも失敗に終わった近代住宅供給の戦略が、もとの地理的環境とはほとんど正反対になった島で、そこで本来あり得たシナリオからまったく切り離された人々を相手に、どうしていきなり「うまくいく」のかは謎である。より強大な権威主義のなせる業かもしれないし、不可解なアジア的メンタリティのためかもしれないが、明確な答えは出ないままだ。

バルト風の出直し

一九六七年、ロラン・バルトは『モードの体系』を出版する。丈を詰める・伸ばす、ウエストを絞る・絞らない、高級生地を使う・使わないなど、ファッションデザイナーの一見根拠のない操作が生み出す意味作用の体系を分析した著書である。一九七〇年には『表徴の帝国』を出版。ここでは、日本文化の記号を解読している。どちらも一見不可解なものを暴く作業——というより、最終的には不可解さそれ自体をひとつの記号として記述するのがバルトの手法だ。

シンガポールは、おそらく最初の記号論的国家であり、まっさらな状態からのバルト的な出直しであり、合成されたツルツルのスレート[6]であり、活発かつ中和されたフィールドであり、そこに政治的なテーマやごく小さな意味のかけらが持ち出されたり引っ込められたりして、探測気球のように試される。シンガポールは、既存のものを解読するのではなく、将来を見越して政治的な意味を構築していこうとする、マキアヴェリ主義的意味論にしたがって運営されている。その結果出来上がるのは「表徴の帝国」ではなく、「意味論の帝国」だ。

アメリカは自らに「坩堝《るつぼ》」という形容を使ったが、シンガポールの場合は、食材は分けたままにしておき、混じり合わないようにするというエスニック「料理」だ。そこではアイデンティティの操作が行われており、各構成文化の民族的・宗教的な伝統に敬意を払うことが、シリアスな要求——自由への希求の増大——を回避するアリバイになっている。

それぞれのアイデンティティは、既存文化が根こぎにされたときと同じ手際のよさで、慎重に空にされた器である。(圧倒的量の「清潔な新しさ」のなかにかろうじて残るチャイナタウンの「ブルドーザーが忘れていった道路」にたたずみ、まごうかたなき生の破壊——最も堕落したシニフィアンの一つで、ここでは新しい文脈への乱暴な置き換えによって意味を変えられている——を実感させられるのは、ショッキングな体験だ。つくり込みすぎた映画のセットのように、汚くて無精で堕落してどんよりしているという意味で、それは「トロピカル」に見える。絶対的他者に見えるのだ。)

教育も意味的な孤児《みなしご》を生み出すのに一役買っている。言語にさえタブラ・ラサ的なものがあるのだ(「私は、英語ほどには母国語を話せないと思うと、情けなくなります……」)。[32]つまり、シンガポールではだれひとりいかなる言語も完璧に話せる者はいないということになる。だが、世界とコミュニケーションをはかるため、抹消は続けられる。「一九八七年以降、英語はすべての学校で第一言語となっており、中国語その他の母語が第二言語となっている……」。[*33]

シリアスでない禁止令（チューインガム）に始まりシリアスな刑罰（死、鞭打ち）まであるシンガポールの悪名高い制度も、記号として見る必要がある。かつてネヴァダ州が法律の適用を最大限停止し、放埒《ほうらつ》な風土を定着させて独自性を獲得したのに対し、シンガポールは厳格さという正反対の方向で法律をデザインし直し、それがきわめて安価かつ効果的な全世界向けの広告の役割を果たしている。

近代化《モダニゼーション》の純粋形態であるシンガポールにおいては、近代性《モダニティ》のさまざまな力が近代主義《モダニズム》の要請に逆らうよう動員されている。シンガポールの近代主義はロボトミー手術をほどこされている。つまり、近代主義の全テーマのなかから機械的で合理的なプログラムだけが選ばれ、芸術的で、非合理で、制御不能で、破壊的な近代主義の願望をそぎ落として生まれたすっきりした「なめらかさ」のなかで、前人未到の完成度にまで高められたのである。苦悩なき革命。

建築的背景

六〇年代半ばは、建築が自信を持っていた最後の時代かもしれない。ピークに達したかに見える都市更新によって、都市計画家の業務範囲は飛躍的に拡大していた。一般的見解によれば、都市デザイナーは「形をつくり、秩序を把握し寄与するのがその業務[*34]」である。

だが同時に、都市更新が前提としているものに対する痛烈な不信も生まれている。都市更新を推し進めることがそっくり間違いとなるのではないかという感触がある。クリストファー・アレグザンダーの言葉を借りれば、「このままだとわれわれはこの世界をガラスとコンクリートの小さな箱だけに人が住んでいるような場所にしてしまうのではないか、という思いから、多くの建築家は危機感を持つようになった……」。[*35]

チームX《テン》[7]が、近代建築国際会議（ＣＩＡＭ）[8]の中心的ビジョン／モデルを人間的なものにしようと努め、その手段の一つとして、アフリカの村やイエメンの砂漠の町といった非西欧のものや、その他外国に関するものを導入する。エジプトからざわめきが聞こえ、クリストファー・アレグザンダーはインドの村々で自分の理論を試した。[*36]

批判的に理想を反転させるためのイデオロギー的基盤が用意され、そこでは第三世界の不明瞭な集塊が、近代化の不毛さに対する解毒剤になると思われていた。未開発の「価値」は反物質主義的なイデオロギーを具現化するものと考えられ、中国、ベトナム、インド、アフリカといった「まだ無傷の」土地——個人主義的で細分化された西欧よりも集合的な文化圏——から教訓が導き出される。新しい発想は、はるかに繊細で不可思議でストイックと思われるアジアから取り入れられた。

六〇年代半ばはまた、白人男性主導の戦前の近代主義が続くなかにあって、初めて「エキゾチックな」文化から「異質な」建築家たちが出現し、近代主義の中心的教義から発展したエディプス的小競り合いに参入した時代でもあった。グローバル化の頂点に向かう途上で、西欧文明は周縁に思想家たちを生み出すことになり、その存在を認めざるを得なくなる。

六〇年代前半に起こった運動で最も胸躍るものは、日本の運動である。スピードが加速し不安定な状況のなかで膨大な量をこなす責務があると気づいたことが、メタボリズム運動を後押しする。丹下、黒川、槇、磯崎ら日本の知的エリートがゆるやかに連携し、有機的、科学的、物理的、生物学的、ロマン主義的な（崇高な）語彙を融合した。丹下健三の「東京計画1960」は、あたかもまったくの新説が即座に説得力を持つかのような衝撃を与えた。三千年以上にわたる建築史で初めて、非白人の前衛が現れたのだ。

これらの建築家たちがエキサイティングなのは、そしていかにもアジア人らしいと思える理由は、ヨーロッパの同時代の建築家と異なり、戦前の近代主義者たちを動かしていた中心課題である量――量塊――の問題を回避しないからだ。

ヨーロッパの同胞が小さなスケールに磨きをかけ再発見するのに対し、メタボリストのアジア人たちは――逼迫する人口問題を意識するのみならず、それに触発すらされて――より豊かに、より自発的かつ自由に、密集状態を組織する別の方法を考える。（逆説的に言えば、実用本位で思慮を欠いたシンガポールのHDBニュータウンは、細部をないがしろにし数を増やしていくだけで、生物学で言えば甲状腺機能亢進症を起こしているも同然の政権が生み出した、頽廃的モダニズムとも原《プロト》メタボリズムとも解釈できる。）

アメリカで教育を受け、その地で頻繁に教鞭を執っていた槇だが、*Investigations in Collective Form* ではアジア的存在感をはっきりと示した。当時出版された数多くの建築書籍と同様、槇の小冊子もある程度一貫性のある理論的な洞察をまとめ、ある程度理論的なプロジェクトを通して解説するという体裁を取っている。理論と実例のどちらが先にあったのかははっきりしない。

槇は日本人のハーバード大出身者として、二つの世界にまたがっている。彼の論考は二者の狭間を巧みに突いた洞察だ。彼はこう述べる――「CIAMを立ち上げた理論家たち」とは異なり、「いまやわれわれは、都市社会をさまざまな力が関わり合うダイナミックなフィールドとして捉えなくてはならない。都市社会とは、独立した変数のセットが急速かつ無限に拡大していく状態を指す。作用する力のパターンの裡《うち》に入れられたいかなる秩序も動的な平衡状態を導くが、その平衡状態は時間とともに性質を変えてゆく……」。「われわれの都市はみな流動し、変化する。なかには、言葉本来の意味での「場所」としては認識しがたいものもある。ここが始まりでここが終わりだとはっきり言えないものが、一体、一つの場所であり得るだろうか。都市の特定の部分を「場所」と考えるほうが当然ながら妥当だ。都市の各部分をより適切に分節し、形の定まらない集塊に縁《ふち》と結節点としてのクオリティを与えることができれば、われわれは大都市複合体を「イメージできる」

とまではいかなくとも、理解し得るものにし始めることができたはずだ」。

初期近代主義《モダニズム》の硬直性は、いまや自らが警告していた不安定性によって土台を揺るがされていた。「現代都市に新しい形態概念を探し求める理由は……まさにそうした問題において、近年重大な変化が起きているためだ。現代の都市社会の特徴は、(1)驚くほどの違いがある組織や個人の共存と対立、(2)社会の物理的構造のかつてないほど急速で広範な変化、(3)コミュニケーション手段の高速化、(4)テクノロジーの進歩とそれが地域文化に与える影響、である」。

このような状況にあっては、不変性に固執する都市開発の手段は時代にそぐわぬものであり、国連の専門家たちも次のように指摘した[9]——「そうであれば、われわれの関心は「マスタープラン」ではなく「マスタープログラム」にある……。マスタープログラムを物理的に示すものとして「マスターフォーム」があるが、それは……時間の命に従うという点で建物と異なる」。

このような解釈から、槇は「集合体《コレクティブフォーム》」という概念を生み出す。この名称自体が、西欧的実践である個人主義への密かな反駁だ。「集合体とは、建物やそれに類するものの集まり、つまり都市の一部分を指す。ただし集合体は、相互に関連を持たないばらばらの建物の集まりではなく、ひとまとまりになる理由を持った建物の集まりである」。

槇によれば、集合体にはコンポジショナルフォーム、メガフォーム、グループフォームという三つの型がある。

槇が(「昔もいまも広く受け入れられ実践されている」)コンポジショナルフォームに飽き飽きしているのは明らかで、興味を惹かれているのはメガフォームとグループフォームだ。「メガフォームとは、都市全体もしくは都市の一部が有するあらゆる機能を収容する大きなフレームである……。それは人為的につくられたランドスケープだ……。都市デザイナーがメガフォームに惹きつけられる理由は……寄り集まった大量の諸機能に秩序を与えるもっともな手法を提供するからだ」。しかし槇は懐疑的でもある。「メガフォームが急速に廃れてしまえば……都市社会にとってとてつもない重荷になってしまう」[*37]。

槇が本当に親和性を持っているのは、グループフォームだ。そこでは「各要素が極度に差異化された形態的、機能的な共通因子をつくり出し、続いてそれが連結装置のなかで発達していく。要素は骨格には従属せず、むしろ要素と骨格のあいだに有機的な相互依存性が存在するような、一つの集合体を成立させる……」[*38]。

この種のものが共存することが、新しい都市開発、新しい都市と見なされる。「常に新たな平衡状態へと移行しながら、しかも長期にわたって視覚的な一貫性を保ち、継続的に秩序が保たれているという感覚を維持できるマスターフォームのようなものが理想である」。

チームX同様、槇も連結《リンケージ》にこだわる。マスターフォーム(結合力が「弱い」形態)を実現するため、こう提案する——「つなぎ手《リンク》——個別の要素の集まりであれ、関連する要素の集まりであれ、集合体を形成する際には必ず、つなげること、あるいはつなぎ手を明らかにすることが必要となる。操作の違いにより、つなぎ手にはいくつかの形がある——直接的なつなぎ手、間接的なつなぎ手、組み込まれたつなぎ手……。さらには、都市システムが拡張する速さを見れば、できたばかりの部分とまだ構想されていない部分とをつなげる何らかの手段がなければならない。つまり、「オープンなつなぎ手」とでも呼ぶべきものが必要になる」[*39]。

槇の考えでは、「グループフォームで最も重要なファクターは……公共空間を媒介するという処置であり」——鍼《はり》療法に似ている——「都市全域の交通の要所に有機的な公共の場をつくり、都心部のリハビリを大いに促進させるようにすることである……。都市デザインの面では、戦略的に場所を選んで、「都市の回廊《シティコリドー》」、「都市の部屋《シティルーム》」、交通機関の乗り換え地点を創出する。次に、これらの新しい拠点が都市エネルギーの発生装置になることを認識する。建築家はシティコリドーやシティルームの実際の使われ方には関わらない[*40]……」。

続いて槇の小冊子は、現代のさまざまなプロトタイプをリストアップする。それらはすべて、拡散したアイデンティティの集積としての建築であり、都市が物体で構成された存在である以上に「出来事が起こるひとつのパターン」であることを、総合的に説明している。

プロトタイプの規模はさまざまで、プログラムを詰め込んだ「ショッピングウォール」もあれば、「地域ショッピングセンター」（数フロアをショッピングにあて、公共サービスの機能を加えた、半固定的な基盤）、さらには大阪の堂島再開発計画もある。堂島計画では、巨大な基壇《ソークル》になった公共スペース／ショッピングセンターのなかに二つの大きな空洞——シティルーム——があり、その上にオフィス、住宅、アートセンターなど、プログラムとしての「容れ物」が乗っている。図ではこれを、人々が「血液のように押し出されていく……」都市の新しい「器官」の一つとして描いている。

最後に登場する「K計画」は、「東京都心に近い高速鉄道のターミナルに沿った」一〇〇メートル×一〇〇〇メートルの敷地に、「中小規模の店舗、路線バスと急行バスのターミナル、卸売りデパート（シカゴのマーチャンダイズ・マート風）、教育施設と公共施設を複合させた建築群の提案である……。全体構想が提起するのは、デザイン原理の本質的なコンセプトを保ちつつ、ある程度の柔軟性をもたせた「マスターフォーム」である」。

槇の理論にも増して重要なのは、建築についての議論が地域ごとに異なっていくだろうことを彼が見越しているという点である。議論が世界に広がれば、逆説的にそのようになっていく。槇は慎重に指摘する——「今後は地域性の表現が集合的スケールで探求され、一〇年後にはそれが建築と都市計画にとって最も重要かつ魅力あるテーマの一つとなっているだろう」。そのような地域性の表現として、槇の作品は堂々と「ショッピング」に関心を寄せている。アジアでは、ショッピングは単純な大量消費主義の狂騒ではなく、都市生活に欠くべからざる正統なものであり、その装置はアゴラのアジア版であり、国際的建築の新たな礎となる記号の一つである。槇は淡々と記す——「ル・コルビュジエは、都市建築において人間的クオリティを生成する要素を「空気」と「緑」と「太陽」に限定しているのに対し、グループフォームの推進者たちは、そこに無数の営みを加えられると考えている」[*41]。

SPUR

一九六五年、ウィリアム・リムとタイ・ケン・スーンによってSPUR（シンガポール国土計画・都市調査グループ）が結成される。この二人は、「人間居住科学」を意味するエキスティクスを確立したコンスタンティノス・ドクシアディスに影響を受け、また、リムがハーバード大学で教えを受けたジャクリーン・ティルウィットに勇気づけられて、こう考えるようになる。「シンガポールの開発計画を進めるにあたり、関心を持つ国民もいっしょに参加することができれば、目的意識も一層高まるはずだ」と。

SPURという名称は、やる気と刺激を新たにもたらしたいという熱意と同時に、本流とは別の視点——劣等感にはあらず——もあるのだという認識を示唆してもいる。

シンガポール建築界の知識人を集めたSPURの立場は、最初から悩ましかった。進行中の大掛かりな変革の実験には関わりたいものの、批判的な立ち位置は棄てたくない。SPURは、自分たちがその代弁者を自認する「自らの生活環境について受け身で、表現手段をもたない人々」と、「辣腕で積極果敢な官僚機構……」との板挟みになっていた。

破壊と建設という政府の行いははっきりと目には見えても、青写真はこれまで秘密にされてきたし、意図するところも内部の人間にしかわからなかった。SPURはこれに抗議する――「国連の報告書は一般人に公開されなかった……計画が……承認されて公表されたときには……時すでに遅く、参加できなかった」。

このように情報ゼロの状況のなか、固定メンバー二〇名と折々の参加者二〇名から成るSPURは、自主的に調査を行い、公の討論会、講演会、フォーラムに参加し、シンポジウムを企画し、報道機関に書簡を送り、政府機関にさまざまな提案書を提出し、政策の代案を作成するなどして、シンガポールという都市更新の実験に深く関与し、盛んに直接参加を求めていく。

彼らは『SPUR 65―67』『SPUR 68―71』の二冊を出版する。いずれも、データ、議論、分析、批評、インパクト評価を網羅した見事なもので、全一八〇ページのうち図版はわずか三点と、建築雑誌としてはシリアスなおもむきだ。

SPUR――ときとして第二の政府のように響く――を拠点に、タイとリムはイデオロギー的にはパブリックセクターに腰を据え、いや増す苛立ちを礼儀正しく抑えつつ参加を要求し、政府に対し、「一般市民の批評を請い……市民がいっそう誇りと責任感を持てるよう……」促す。しかし運命は残酷で、政府は断固として、彼らを活気づくピッチのサイドラインの外から審判する副審に留め置くとして譲らない。

海沿いの新しい高速道路のデザインについて彼らが意見を述べれば、住宅開発庁の次官補チュー・ロイ・クーンは尊大に応じる――「高速道路一本、交差点一つを調査して性急な結論を出したところで、建設的な意見とはなりません」。この革命には内側と外側の二つの立場しかないということをわかっていないと困るというわけで、SPUR幹部エドワード・ウォンはこう言い渡される――「ウォンさんはじめグループのどなたであれ、数ある公共開発プロジェクトという大事業に参加したいとお考えなら、それを妨げるものは何もありません。必要な資格があり、公益事業委員会を通して政府あるいは住宅開発庁事業に参加申請するのに必要な条件を満たしていればよいのです……」。

SPURが提起する、歴史、全体状況、コミュニティといったテーマは、近代化のプロセスから逸れ、その純度を落とし、進行を遅らせることにしかならないデリケートな事柄なのだが、タイとリムはこう主張する――「われわれは創造的段階にある。創造的イメージを生み出すには、計算尺や数式やコンピュータを操るテクノクラートや専門家を超えた存在が必要である。それは詩人や未来空想家だ。詩的な現実、これこそがすべてに通じるのだ」。

アドレナリン漬けの政府が島全体の新陳代謝《メタボリズム》を加速させる一方、SPURは時間をかけて熟考すべしと主張する。「われわれは岐路に差しかかっている。ここで立ち止まり、これまでの量重視の取り組みから、環境全体での質の獲得という、いまだ曖昧な領域に跳び移るために、ひと息入れる必要がある」。一九六六年、彼らはシンガポールのために独自の案を打ち出す。「『アジア都市の未来』のなかで……わがグループは、都市開発に向けた「都市の理想」をいくつか説明した」[*42]。

一見、そのスケッチは当時のメガストラクチャー的ファンタジーのあれこれを奔放に継ぎ合わせたように見える。「住宅が空に向かって伸び、その下にある商店、官庁、教育センター、劇場、オープンスペース、娯楽施設などでは人々が生き生きと活動している、そんな都市を想像してみてほしい……。そこでは生活の営みのためのさまざまな施設がつながり合っている……。夜には都心部の娯楽施設や文化施設の明かりが輝く……。大勢の行商人や屋台が一切ないすっきりした公園や道路、ゴミが散乱していない側溝を想像してほしい。これこそが、われわれのアジアの都市の未来なのだ」。

アジア的なものがないのは驚きだが、まさにそこがポイントだ。彼らの論旨――「アジアで人口爆発が起きていることを考えれば、この惑星のこの地域で人間の住処が将来どうなるのか、われわれ一人ひとりが問わずにすますわけにはいかない」――に従えば、「アジア的なるもの」は、SPURにとってさえ感傷的なお遊びにすぎない。「都市は、進化の結果生まれる。われわれは土地の特徴と独自性は保ちたいとは思うのだが、現代生活に必要なものと産業発展のプロセスを見失ってはならない」。同じ人口動態を考えるにしても、避けて通れないのが密度である。「都会らしさというものを少しでも評価している人ならば、真の都市は混雑した都市だということに同意するだろう。この場合の混雑とは、車の混雑ではなく、無数の活動が互いに関わり合うなかに引き寄せられた人々で混み合っている状態のことだ……。高層建築はもはや例外ではなく、標準となる」[*43]。この「新しい」密度は高層建築というかたちで爆発し、住宅開発庁の住棟はその手始めに過ぎなかったのだが、これこそは、アジア的なものの象徴となるのである。

この一点では、SPURと政府の意見は完全に一致する。リー・クアンユーがSPURの未来空想家たちに同調することとすらあり、SPURの代案構想を並べた展示会ではこう述べた――「一九六三年に住居問題が山を越すと、われわれの達成目標もおのずと高くなりました……」[*44]。

六〇年代後半、排除されつづけてきたSPURはフラストレーションを募らせる。傍観者の立場におとしめられている彼らは、これと同時期、「ワッツ、アムステルダム、パリ」で起きた暴動を、反体制勢力が世界中で気炎を上げようとする徴候ととらえる。

リムは『迫り来る都市の危機』のなかで「農民の反乱、市民戦争、革命」について書いているが、そこでは、シンガポールで暴動が起こらなかったことが不思議でならないという気持ちと苛立ち、第三世界が蜂起すると思われていたのにそれが我が家の裏庭で牧歌的風景と化してしまったことに対する動揺を隠しきれない。

この読み誤りは、酷な逆説を浮かび上がらせる。最も進歩的な建築家たちには未開発状態のままにしておきたいという感情的な動機がある一方、それに劣らず、失敗するにちがいない、魅力がない、と過小評価していた政策が成功したことに対する苦々しさもあるのだ。市民は抵抗する、堕落しない、と過大評価していた彼らは、どう見ても市民に順応性があることを目の当たりにして、呆然とするばかりだった。

SPURned（はねつけられて）

非常に穏やかならぬ真実、それは、政治家たちがひとたびある解決策を思いついて実行に移せば、建築家が修正案を出そうが、失敗を予測しようが、だれも気に留めないということだ。削り取られてできたシンガポール島の平面は、新陳代謝する広大な地所となり、政府の遊び場となった。三〇年を経て振り返ってみると、気が触れたかのような高密度状態のなかにあるプロジェクトには、前衛的、メタボリスト的輝きを放つものもある。

政府は八〇年代終わりになってようやく手をゆるめたが——仕事を成し遂げたということだろう——そのときやっとリムとタイは、保存に関しては遅ればせながら政府に勝利したと自らを慰める。『第三世界の都心部における高層ビルへの異議申し立て』の著者にして予言能力のないリムは、政府が手をゆるめたのは自分の声がようやく届いたからだと思ったが、ブルドーザーで均《なら》す場所がほとんど残っていなかったのもまた真実なのだ。

ビーチ・ロードのメタボリズム

時は一九六七年。六〇年代も終わりに近づいた。「住宅問題」は山を越し、シンガポール市再建の準備が整う。政府は、都市再開発庁（URA）——前身の都市更新局ほど露骨な名称ではない——を通して、「用地販売」政策を開始する。シンガポール市を丸ごと一新する機が熟し、民間企業が息を吹き返す。国連トロイカ《三人組》の助言——「デベロッパーのイニシアチブや設計者の創造意欲を抑え込むことなく……すべてのシンガポール人に快適な環境を確保する」——に従い、都心のビジネス街区では広い用地が指定・収用され（そのほとんどは長方形で一〇、〇〇〇平方メートル程度、まわりの状況には何の特異性もなし）、最高額入札者に売却される。「経済的にもイデオロギー的にも、民間企業セクターに商業開発をゆだねることが必要だった……[*45]」。これで、がまんを重ねてきた商業的利益と建築的利益の双方が出会えることになる。後背地を脱して、シンガポール市をゼロから築き上げてゆくのだ。

最初の年には一三件の用地が、次の二年間にはさらに三二件の用地が売却される。この一回目の売却で少なくとも一〇のプロジェクトが立ち上げられ、それだけでシンガポールは、六〇年代の建築理論を形にして陳列した、この上なく見事なショールーム、都市サイズの美術館となった。海に面したビーチ・ロードのゴールデン・マイル[*46]と、ユー・トン・セン・ストリート（チャイナタウンを貫いてニュー・ブリッジ・ロードと平行して走る）の二か所に——というか二つの目抜き通り全体に伸びるかのように——新生マスターフォームと見なされるべき実験的建築・都市計画の「傑作」が、またたく間に姿を現す。すなわち、切れ目のない都市開発を行うことにより、マスタープランの厳格さからはみ出したところにさまざまな都市プログラムを集積し、より柔軟で新しい都市の様態を生み出したのだ。

　このビーチ・ロードとピープルズ・パークに、タイとリムの共同設計事務所「デザイン・パートナーシップ」は、新しい「シティコリドー」のプロトタイプを導入する。それはメタボリストの「シティルーム」を形にしたものであり、アジア的近代性を都市に適用した最初の実例でもある。二人はロンドンのAAスクールではチームXの理論に、ハーバード大学では槇に触れている。ハーバードでリムはまた、「土地利用、開発、地域経済学……キャッシュフロー、市場調査、販売・リース戦略、需要供給分析に関する……理論的知識——つまり開発経済学の一式」を学んでいる。

見たところ粗野《ブルータル》[10]な基壇の上に粗野な板状《スラブ》のビルが乗っている「ピープルズ・パーク・

ピープルズ・パーク・コンプレックス（Photo by Daniel Caster）

コンプレックス」は、つまるところ中国風繁華街の凝縮版、中国流ショッピングの細胞マトリックスを基盤にした三次元の市場《いちば》、近代運動式のチャイナタウンだ。そこにくり抜かれているのは、連結された二つの空洞《ヴォイド》である。リムの説明によると、「二つのアトリウムを連結するというのは……当時、斬新で大胆なコンセプトだった……。われわれがシティルームと呼んだ主要アトリウムは、日本のメタボリスト・グループのアイデアから着想を得た」。槇本人が建設中に現場を訪れている——「ぼくたちが理論を立て、あなたたちが現実に建てているというわけだね……」[*47]。

この成功には別の意味もないわけではない。教養ある建築家たちは、いまやシンガポールの過激な都市更新に参加している。彼らのプロジェクトによって、かつてピープルズ・パーク〔人民公園〕であったチャイナタウンの一部が取り払われた。このプロジェクトを正当化するために、古くからあったものが貶《おとし》められる——「にわかづくりの露店がひしめき合う市場が一ヘクタールも広がっていた。市場は大変人気があったが、混み合い、雨のときは不快だった」と政府は苦しい言い訳をする。新しい建物は「三一階建てで、かつての市場にあったにぎわい、活力、雰囲気をうまく再現している……。全二六四戸の住居が二五層の板状ブロックに収まっている。六層の基壇には、三〇〇軒以上の店舗、オフィス、食堂、喫茶店、六三三台収容の駐車場が入っている……」[*48]。

この複合施設のイデオロギー的な性格は、「つなぎ手《リンケージ》」の起点によって強化されている。

同じく「第一回売却分」の一部である同じ通りに、「ピープルズ・パーク・センター」がン・チー・センによって建てられた。四層の基壇は二五、〇〇〇平方メートルのショッピングスペースを有し、さらに二〇層分のアパート、一〇、〇〇〇平方メートルのオフィススペースが乗る。「ピープルズ・パーク・コンプレックス」同様、このセンターにもシティルームがあり、両者のあいだにあるフードセンターと結ばれ、そこが「結節点《ノード》」の一部になっている。あらゆる方向にブリッジが伸びていて、どこにでもさえぎられずに歩いてゆける。こうしてすべてが一体となって、マスターフォームの起点、槇流シティコリドーの起点を形づくっている。

建築的に見れば、これらの複合状態は洗練されているとは言いがたい。マレーヴィチのアーキテクトンの熱帯版といった趣きで、むき出しのコンクリートの角柱が適当に集められているような印象だ。しかし、一九七二年の時点では、ユー・トン・セン・ストリートは世界的にもイデオロギー色の強い街区の一つになっていた。そこにはアジア的価値観が歴然とあって、どんな方向にでも延びたり繋がったりする体勢を整えている。

ビーチ・ロードの海岸線に平行して、もう一本、似たような「メタボリスト・マイル」が伸びる。「ザ・プラザ」（デザイン・メタボリスツ・アーキテクツ）と、二二層の「ゴールデン・マイル・タワー」（ゴー・ホック・スアン設計チーム）。後者は「これまたランドマークで……内部空間の形状とボリュームを反映しながら、形態と量塊を複雑に組み合わせている。中身同様仕上げも打放しコンクリートだが、建物の縁や角に丸みをもたせ、金属製の窓枠やレールにもディテールをほどこして、柔らかく見せている」。なかには座席数一、八九六の映画館、二〇〇軒の店舗、一六層のオフィスタワー、五三九台収容の駐車場が入っている。

いちばん端にあるのが、イデオロギー的にも建築的にも最先端を行く「ウォー・ハップ(のちにゴールデン・マイルと改称)・コンプレックス」だ。ここでは各パーツが分離独立しておらず、一六層が一体となって、斜めに流れる多目的複合体のなかに吸収されている。「ビルは階段状のテラスで、シンガポールでこのデザインが採用されたのはこれが初めてである。このデザインによって、オフィスからは空と海がまるごと見渡せ、テラスは陽当たりのよい小さな庭としてちょうどいい。北西側では各フロアが階段状になっているため、上の階が下の階を日中の暑い日射しから守ってくれる」[*49]。ここには三七〇軒の店舗、五〇〇台収容の駐車場、オフィスが入っている。

「ゴールデン・マイル・コンプレックス」は、アジアで初めて実現されたメガストラクチャーだ。この夢は、一九二八年、ヴァルター・グロピウスがその謎の作品「ヴォーンベルク《住宅の丘》計画」で思い描き、一九六〇年代、丹下が(まずMITの学生と行なったボストン湾計画で、続いて「東京計画1960」で)再発見した。ボリュームを割ると内部に堂々たる身廊ができる。そのことを、平凡で直交するばかりの板状ビル《スラブ》群に抵抗する、取り組みがいのあるテーマにしたときのことだ(その後、この夢はポートマンのアトランタ・マリオットのアトリウムにも反響したし、また、それよりは劣るにせよ、最近ではドミニク・ペローのマルヌ・ラ・ヴァレにあるESIEE(高等電子技術学校)ビルにも飛び火している)。

メガストラクチャーの登場は、近代主義《モダニズム》の汚れなきボリュームが終わったことを告げる。戦前の初期の容れ物としては一枚岩的で得体が知れず、ニュートラルなままでありながら、ほとんど無限に多様性を取り込める、というものだったが、いまではヒューマニズムの名の下に、シンボリックなアクセス性、理解しやすさ、知覚しやすさ、開放性を持つべしという圧力が強まっている。まるで巨大なバールを使うようにしてパーツをこじあけ、スラブを二つに割り、両方とも堂々たるA字型フレームの上に据え、タワーをねじる。そうやって新しい集合体を外に向け、外からよく見えるようにするのだ。

建築は「分かる」ものになる(失望もここから始まる?)。

熱帯では、このこじあけるという行為は、良い気候が運ぶそよ風を隠れた内部に呼び込みたいという、ごく自然な、エコロジカルな願望に近いものと見なすこともできる。内部は隔離されない。内と外とが互いにさらし合う状態、都市的な浸透性が最大限となった状態をつくるのだ。

これらのプロジェクトにおいて、シンガポール中心部は、近代アジアのメトロポリスの原型として考えられている——都市の部屋を相互に連結したシステムとしての都市。気候が路上の営みを制約するため、都会的な出会いの場となる特権領域は屋内となる。この理想化された環境におけるショッピングは、「ここで」まさにそうなった通り、ステータスを誇示したいという衝動であるにとどまらず、ときに微細だが際限なく多様な機能の集まりが合成されたものでもあり、そこでは店舗の一つひとつが、都市生活を構成する全体的プログラムのモザイクの「ファンクトイド」[11]となっている。

六〇年代後半、シンガポールの建築家たちは、ル・コルビュジエやチームXのスミッソン夫妻の影響、槇を源流とするアジア的自我を意識した考察、アジア人としての新たな自覚や自信といったものをざっくり混ぜ合わせながら、巨大な近代的基壇の壮大なる見本の中身を固め、明確に説明し、完成させた。基壇には昔ながらのアジア的な路上の営みが満ちあふれ、そこから広範囲にわたって多数のリンクが張られ、全体を近代的な各種インフラ基盤やバベルの塔風の立体駐車場が支え、そこをアトリウムの原型が貫き、多目的タワーを支えている。これらは都市の多様性の容れ物であり、建築のなかに都市生活を堂々と取り込み、強化させたものである。本当は建築にとって当たり前のことになっていいし、またそうあるべきなのだが実際は滅多にそうならないことを現実に示した稀有な例であり、どんどん豊かになっていくなかで「われわれ」が有効でないとして捨て去った「多層都市」と「メガストラクチャー」をめぐる神話に、ただならぬ信憑性があることを示してもいる。

プロメテウスの二日酔い――次のラウンド

シンガポールは、人であふれ返る一《いち》チャイナタウンから、チャイナタウンのある都市に変わった。それは完成したかに見える。

しかし、（かつての）タブラ・ラサの劇場たるシンガポールにはいま、静止画像のはかない気配がある。その静止状態はいまにも再び動き出し、またしても別の形態を目指しそうだ。次また次といつまでも姿を変えつづける都市なのだ。

タブラ・ラサの呪いとは、タブラ・ラサがいったん実行されると、それまでそこにあったものが消されてもかまわないものだったことが証明されるばかりか、今後もそこにどんなものが来ようが、やはり仮のものでしかあり得ない、どこまで行っても一時的なものでしかあり得ないとあらかじめ分かってしまうことである。つまり、これが最終形だとは言えなくなる。だがどんなに凡庸な建築もこの「最終形」という幻想を前提としているわけだから、「建築」そのものが不可能になるのだ。

シンガポールの現実はただでさえ不安定だが、幾何学的な安定性がないせいで、その状態はいっそう亢進する。抹消する勇気はあるものの、そこからは新たな概念的枠組み――指針？――も、島の状態についての確たる見通しも、マンハッタン・グリッドのような、中身とは無関係の自律的なアイデンティティも生まれていない。増殖していくシンガポールの幾何学的形状は、島の建造物の大半が当てはまる直交一点張りの平均的モダニティの巨大ブロック同士をすべて共存させなくてはならないというときには、いわば張力の限界を超えてしまう。シンガポールの「計画」——と言っても実在するものの総和に過ぎないが——には決まった形がなく、バティック模様のようだ。どこからともなく突如現れたかと思えば、いきなり中止されたり消されたりする。この都市は不完全なコラージュだ。前景ばかりで背景がない。

明確な形がないというのは、アジア特有のことかもしれない。その不滅の見本が東京だ。だがそれは、ほぼ全世界的な現在の状況とどういうつながりがあるのだろうか。パリを取り囲んでいるのはアジア的なリングなのだろうか。ピラネージの古代ローマ都市の公共広場《フォーラム》は中国的なのだろうか。「他者」の文化、「他者」の基準が不完全であることに対してわれわれが寛容なのは、ポルトコロニアル的な見下した態度をカモフラージュしているからなのだろうか。

寄り集まった建物が全体的な調和を育むことに抵抗する場合、アジアであるなしにかかわらず、ある一つの状況が生まれる。それは「都市性をつくる古典的領域」たる外部空間が、余剰空間、残余空間に見えるという状況であり、そこには密閉された内部から放出された商業活動、大量の瑣末な注意事項、パブリックアート、熱帯を再現したランドスケー

現在のシンガポール――はかない静止画像
（Photo by Ian Lloyd/R. Ian Lloyd Productions）

プが氾濫している。

数量のマニフェストたるシンガポールは、残酷な矛盾を浮かび上がらせる——物質が大量に増えると、全体的にどんどん非現実化していくのだ。窓が陰湿な感じ——黒いガラス、ときに紫色のガラス——なので、鉄道模型のなかの風景のように一段と抽象性が高まり、建物のなかが空っぽなのか、それとも移植された儒教生活で満たされているのか、まるで見当がつかない……。

物質的な量は圧倒的なのに、シンガポールはポチョムキン・メトロポリスとして存続する運命にある。

これは一地域の問題ではない。われわれは物をつくることができても、それをリアルなものにできるとは限らない。シンガポールは新しい物の量が古い物の量を圧倒するという一点を示しているのであり、大きくなりすぎたために古い物で活気を出すことができず、独自の活力を見出すにも至っていない。数字的には、三千年紀はこのように魂が抜けた状態で実験を行うことになるだろう(われわれが三〇年間に及ぶ自己嫌悪の眠りから目を覚まさないかぎりは)。

歴史的偉業を成し遂げたいま、シンガポールはプロメテウスの二日酔いに苦しんでいる。拍子抜けした感があるのは否めない。「完成した」バルト的国家は、その豪勢な中身を上書きするにふさわしい、新しいテーマ、新しいメタファー、新しい記号を模索している。

外敵から内なる悪魔へと関心は移り、これまでのところ内なる悪魔に対する懐疑はいつになく強い。

リーは一九九〇年に辞任したが、陰の実力者として堂々とその影響力を発揮しつづけている。後継者ゴー・チョクトンは、超高性能の軍事国家から、都市国家スパルタのリラックス版への移行を成し遂げなくてはならない。

いまは、移行、修正、微調整、「新しい方向性」が必要とされる時期だ。都市化の次に来るのは「余暇化」。「シンガポール人の関心はいま、生活の質を高めるもの、芸術、文化、スポーツに向かっている……[*50]」。

それを示すのが、先頃の情報芸術省の発足だ。同省のヨー大臣は指摘する――「奇妙に聞こえるかもしれないが、二一世紀も競争力を維持するためには、「楽しむ」というテーマを真剣に追求しなくてはならないのだ……」と。

シンガポールは特性のない都市だ[12](それが究極の脱構築、ひいては究極の自由の形態かもしれない)。だが、その進化、その歌の道《ソングライン》は続く。戦後国連から派遣された三人の賢者に始まり、時代遅れのCIAMの理想を初めて表現し、メタボリズム的メトロポリスに過熱し、いまは一種の儒教的ポストモダニズムに支配されている。初期の粗野な板状ビル《スラブ》の集合住宅は再生され、均整の取れた装飾がほどこされている。

八〇年代、消費の狂躁が世界的に広がると、シンガポールのイメージはおぞましいカリカチュアにねじ曲げられた。まるで都市全体がショッピングセンターであるかのように見られ、ユーラシア的俗悪さ全開の馬鹿騒ぎ、信頼性も品位も完全に剝ぎ取られた街のように扱われる。しかし、ニー・アン・シティのような末端プロジェクトにも、かつてのイデオロギー的生活の痕跡はある。それはけばけばしいポストモダニティの光沢（御影石、真鍮、レンガ）の下に潜んでいて、新しいレトリックによると、そのポストモダニティは、アジア的生活のみならず、たとえば万里の長城、パゴダ、紫禁城等々に見られるアジア的美意識を復活させてベースにしているという。だがそれでも、形態や装飾の下に隠れているのは見事な都市機械である。一階には広大な立体駐車場があり、さまざまなアトリウムがあり、デパートの細分化された売り場は驚くほど豊かで、ナイキとシャネル、ティンバーランドとタイ・フードが混じり合う。ターボ・メタボリズム。

歴史、それも植民地時代の歴史が復活再生されはじめている理由は、逆説的な話だが、唯一それが歴史として認識できるものだからだ。ラッフルズ・ホテルは、正面は苦労して丹念に修復し、裏側は復元して、もとの容積をはるかに超えるショッピングセンターを収容している。

ポール・ルドルフ(13)が忘却の淵から甦る。この都市のどこかに、彼がアメリカで構想したプロトタイプ——それは六〇年代、スチールの骨組みに可動住宅を積み上げるというコンセプトで始まった——が、コンクリートで建てられている。

一九八一年、彼はおそらくそれとは知らずにビーチ・ロードの実験に加わっていた。このアメリカ人は、あるデベロッパーの依頼で、シンガポール人の同業者たちとは接触せずにメタボリズム的プロジェクトを設計する。それはいびつにふくらんだ基壇の横に、平面を縦方向に回転させたコンクリート・タワーが立つというもので、独立したアトリウムを持つ例としては初期のものだ。これも一三年後に建設されたが、素材はアルミ、タワーの回転はぎざぎざの形状に変わり、金属製トウモロコシの穂軸といった風情で、その「アメリカ風アトリウム」はアジアのそれよりも中身の空洞が大きい。

シンガポールの都心部は超高密度になるだろう。都市計画局の最上階に展示されている都市模型には、ディテールのないのっぺらぼうの箱が大挙して侵入し、ひしめき合っている。新しい埋め立て地には、最後の目玉として、ボッタ風、スターリング遺作風といったコンテクスチュアリズムの傑作が据えられているところだ。だが、環境そのものがないのに、建築がどうやって環境と親和的になれるのだろうか。

さまざまな懸念（抑え込まれた？　持ち込まれた？）が、じわじわ浮上してくる。なかでも最も油断ならないのが、歴史の消滅に対する懸念だ。「われわれの豊かな文化遺産を保存し、探究する必要がある……」。

ゴーは、自分の統治を（「ビジョン1999」に取って代わる）「次のラウンド《Next Lap》」と位置づけた。一九九〇年一一月の宣誓就任式でこう宣言する——「シンガポールが繁栄するには、善良な国民のみなさんに助け合う心構えができていることが不可欠です。私はそういう人々を結集し、国のために力を尽くしてもらおうと思います。人々が自ら進み出なければ、私たちの未来はどうなるのでしょうか。ですから私は国民のみなさんに参加を呼びかけたい、ともに次のラウンドを走ろうではないかと……」[*51]。

だが、彼の名前そのものに、トラックをまわりつづけるマラソンのような疲労感が漂う。ゴーの「次のラウンド」は、ともにランニングマシンを走ろうという呼びかけのように聞こえる。

「次のラウンド」が主として意味するところは、シンガポールのアイデンティティのさらなる強化だ。「われわれが思い描くのは……ビーチ、マリーナ、リゾートがもっとあり、できれば遊園地も増え、魅力的な海岸線へのアクセスがいっそう便利になって、「島らしさ」がもっと実感できる島であり、渚を島の遺産として、より身近に感じられるような都市であります。シンガポールは緑に覆われるでしょう。人間が手入れする緑もあれば、自然の植生地帯として保護され、水域が自然景観に溶け込んだ緑地帯もあるでしょう」[*52]。総じてシンガポールは、「優れた熱帯都市を目指す」発展途上にあるわけだ。

真剣に考えるほどではないにしても、ちょっと振り返ってみようというこの気運のなかで、自然そのものが、ときには過去にさかのぼって再生すべき対象の筆頭にあげられる。「われわれは、開発と自然のバランスを取ることに全力を傾けたい……。世界のほかの場所でも見られることだが、時としてわれわれも過剰な開発に走りがちだった。そのような開発を行なった場所のなかには、時間を巻き戻し、建物を撤去し、昔あった草木をよみがえらせるべきケースもある」。まるで自然が次の開発プロジェクトになるかのようで、不気味ですらある。あろうことかタブラ・ラサの力学をバックギアに入れるわけだ。開発が終わったら、次はエデンの園。

リー・クアンユーは、すでに一九六三年の時点で「個人的な植樹キャンペーンを始め」ていた。始動が決まっていた都市更新計画に対する、予防的な償いである。「すべての道路、空き地、新しい開発用地で、積極的に植樹が行われた」。

都市更新が活発化していくのと平行して、一九六七年には「田園都市」キャンペーンが開始された。「共和国に緑色の外套を着せ、自然の色でまばゆく輝かせようという美化計画[*53]……」だ。

国家による「公園ネットワーク」の完成が間近に迫っている。「公園連結システム」によって張りめぐらされたこの野心的なクモの巣が、シンガポールを「全面的な遊び場」に変えることになっている。

世界的に見ても、ランドスケープはイデオロギーの新しい表現手段となりつつある。建築よりも親しまれ、融通が利き、つくりやすい。建築と同じ意味を表すにしても、より微妙なニュアンスを、より潜在意識《サブリミナル》に働きかけることができる。立体的というよりは平面的なので、より経済的で、より柔軟性があり、意図するところをはるかに書き込みやすい。

シンガポールの気候のアイロニーは、あらゆるものが屋内の、一般化された、特徴のない、冷房をきかせた快適さのなかに逃げ込んでいいということへの完璧なアリバイになるのが熱帯の暑さと湿気であると同時に、この地に唯一残る本物の要素であって唯一シンガポールを熱帯たらしめているものもまた、その暑さと湿気だということである。屋内がショッピング版エデンの園になれば、屋外はポチョムキンの自然となる。そこでは熱帯を象徴するヤシや灌木の植林地が、熱帯性気候であるからこその装飾となる。

「熱帯の美質」と言うときの「熱帯」は罠であり、比喩と字義どおりの意味が格闘して互角となる、概念上の拮抗状態だ。シンガポールの建築物が一つ残らず暑さから逃走する一方で、建築物と暑熱のアンサンブルが、シンガポールの白眉であると考えられている。

残された唯一の熱帯らしさは、いわば加速する腐食、コンラッド的腐敗である。まさにその熱帯性に抵抗するところが、シンガポールの堅物たる所以《ゆえん》なのだ。「それは、ジャングルに呑み込まれてしまうのではないかという深い根源的な恐怖とつながっている。そのような運命を避けるには、より完璧を期し、より努力を重ね、常にベストでありつづけるしかない[*54]……」。

この島はとうとうアイロニーも及ばないところへと向かい、全周にビーチを整備しているところだ。「x年までには、埋め立てと再計画によりアクセス可能な海岸線がほぼ倍増し、その分アクセスできないエリアが減る。われわれには、ビーチ、プロムナード、マリーナ、リゾート等々を新たにつくる機会が豊富にある」。

シンガポールはいまや意図された田園風景となった。「六八年の五月革命のようにね」と、かつて都市計画責任者だったリュー・タイ・カーが私に耳打ちする。それは微妙な修正だ。「舗石の下は砂浜[14]」ならぬ、「舗石の後に砂浜」。

後記——転移

現状では、シンガポール・モデル——それはこれまで見てきたように一連の計画的な全質変化[15]の総和であり、それゆえ事実上あらゆる都市的状況のなかで最もイデオロギー性の強いものとなる——は、アジア各地に転移されようとしている。シンガポールにおける輝かしき組織力、強制収用の華々しき成功、人間の変容・過去の洗浄・自国文化の改竄《かいざん》の成功は、さらに多くの数知れぬ人々のために新しい都市を構想する（そして建設する）任務に迫られている人々にとっては、きわめて魅力的なモデルなのだ。シンガポールはますます声を大にして自らを「中国の実験室」だと言い、中国の現在の近寄りがたさを取り除く役目を担おうとしている。

数字は容赦ない。都市再開発庁の元長官でいまは民間の事務所にいるリュー・タイ・カーは言う——「中国の人口の八〇パーセントはまだ地方に住んでいる。その四分の一が今後二〇年間に都市部へ移動しただけで——ちょっと低すぎる見積もりには思えるが——都市のあらゆる物量が倍になる計算だ」。

こうした状況下では、脱構築主義のモデルも、その他現代のいかなる立派な理論も（そもそも一体それは何だろう？）、さしたる魅力を持ちそうにない。シンガポールとはすなわち、人心に訴えるのに必要な、正確な量の「権威、有効性、ビジョン」を意味する。シンガポールには名前を聞いたこともない建築設計事務所が山ほどあるが、中国の未来はそこで準備されている。そうして生まれる数え切れないほどの新都市に唯一生き残るタイポロジーは、超高層ビルだ。共産主義が打破されて生じるのは、第二のもっと効率のよいラッツダイト主義であり、[16] 中国人はこれに助けられて、「望ましい国」、つまり、西洋の退廃、民主主義、混乱、無秩序、冷酷さが抜き取られた市場経済へと向かう。

非対称の震源地シンガポールが外に向かって投影されるかのように、大陸本土の至るところに新シンガポールが生まれるだろう。そのモデルが、中国近代化の象徴となるだろう。二〇億人が間違うということはあり得ない。

出口

シンガポールの呪文——帰りの便の予約確認を忘れないように。

付記

貴重な時間と洞察を与えてくださった、ウィリアム・S・W・リム、タイ・ケン・スーン、チュア・ベン・ファット、リュー・タイ・カー各氏に感謝の意を表する。ただし、この論文で述べた考えや意見は筆者個人のものである。

（一九九五年）

原注

*1 William Gibson（ウィリアム・ギブソン）, "Disneyland with the Death Penalty," *Wired* (Sept-Oct 1993).

*2 Deyan Sudjic（ディヤン・スジッチ）, "Virtual City," *Blueprint* (February 1994).

*3 公式スローガン。

*4 リー・クアンユー。

*5 Lim Chee Then, "The Confucian Tradition and Its Future in Singapore: Historical, Cultural, and Educational Perspectives" (in Yong Mun Cheong, *Asian Traditions and Modernization* (Times Academic Press, 1992), p. 214) からの引用。

*6 Richard Nixon（リチャード・ニクソン）, *Leaders*（邦訳『指導者とは』）(New York: Warner Books, 1982). p. 311.

*7 Rodolphe de Koninck, *Singapour/re: An Atlas of the Revolution of Territory* (Montpellier: Reclus, 1992) に引用された Jean Louis Margolin の一九八九年の発言。

＊8 Chua Beng-Huat（チュア・ベン・ファット）, "Not Depoliticized But Ideologically Successful: The Public Housing Programme in Singapore," *International Journal of Urban and Regional Research* 15, no. 1 (1991), p. 27.

＊9 この論考を執筆している時点で、シンガポールはロッテルダムを抜いて世界最大の港湾都市になろうとしている。機能性ではすでに世界一である。

＊10 *First Decade in Public Housing* (Syngapore: Housing and Development Board, 1969), p. 18.

＊11 Aline K. Wong and Stephen H. K. Yeh, eds., *Housing a Nation: 25 Years of Public Housing in Singapore*（Singapore: Housing and Development Board/Maruzen Asia, 1985）.

＊12 前掲書 *First Decade in Public Housing*, p. 26.

＊13 Wong and Yeh, 前掲書 *Housing a Nation*, p. 95.

＊14 Charles Abrams, Susumu Kobe, and Otto Koenigsberger, "Growth and Urban Renewal in Singapore"（国連への報告書）, pp. 7, 109.

＊15 Abrams, Kobe, and Koenigsberger, 前掲書 pp. 121-122.

＊16 Abrams, Kobe, and Koenigsberger, 前掲書 pp. 9, 10. 一九九四年のシンガポールの人口は二七〇万人。

＊17 Abrams, Kobe, and Koenigsberger, 前掲書 pp. 10, 11, 45. その一章 "The Silent Assumption of British Planning" の論調は驚くほど反植民地主義的、反イギリス的だ。

＊18 人民行動党のもとでの政治的名称。

＊19 Abrams, Kobe, and Koenigsberger, 前掲書 pp. 59, 16, 12, 61.

＊20 “Growth and Urban Renewal in Singapore”に記されているように、リング・シティという用語は、Jacobus P. Thijsso（ヤコブス・P・タイッソ）教授がその論文“Metropolitan Planning in the Netherlands”（Conurbation Holland, UN, 1959）で用いた彼自身の造語である。オランダでは「中央に広がる田園地帯」はグリーン・ハートと呼ばれている。Abrams, Kobe,and Koenigsberger, 前掲書 pp. 63.
＊21 チュア、前掲“Not Depoliticized But Ideologically Successful,” p. 29.
＊22 デ・コニンク、前掲書 *Singapour/re*, pp. 84, 37.
＊23 「一九六〇年頃、ジュロン地区にはまだ……高さ三〇〜四〇メートルの丘が連なっていた……。八〇年代初めには、丘のほとんどはならされていた」。デ・コニンク、前掲書四四頁。
＊24 デ・コニンク、前掲書八八頁。
＊25 世界保健機構。Donald Canty（ドナルド・キャンティ）, “Architecture and the Urban Emergency,” *Architectural Forum*, Aug.-Sept. 1964, p. 173.
＊26 リンドン・ジョンソン大統領。D・キャンティ、前掲論文より。
＊27 槇文彦 *Investigations in Collective Form*（セントルイス：ワシントン大学建築学部、一九六四年）三四頁。
＊28 チュア、前掲“Not Depoliticized But Ideologically Successful,” p. 26.
＊29 Confucius, *The Analects*（孔子『論語』）, VIII/9（D. C. Lau 訳）。リム“Confucian Tradition”より。
＊30 チュア、前掲“Not Depoliticized But Ideologically Successful,” pp. 35-36.
＊31 Confucius, *The Analects*, VI/30. リム、前掲書より。

＊32 リー・クアンユーの言葉。Ian Buruma（イアン・ブルマ）, "Singapore" (*New York Times Magazine*, June 12, 1988, p58）より。

＊33 「これまで使われてきた多くの中国語の教科書は、生徒たちのこの言語の習熟度が低いために使えない」。リム、前掲 "Confucian Tradition," p. 215.

＊34 槇、前掲書三頁。

＊35 Christopher Alexander（クリストファー・アレグザンダー）, "A City Is Not a Tree," *Architectural Forum*, April 1965.

＊36 ピーター・ブレイクは "Notes on the Synthesis of Form" の序文で、アレグザンダーが「インドに数か月滞在して小村の開発計画にたずさわったのだが、それを一本の木として組織してしまったと、本人はいまになって認めている」と記している。

＊37 槇、前掲書三・三四・四・五・六・八―一一頁。

＊38 槇文彦 "The Theory of Group Form," *Japan Architect*, 一九七〇年二月号三九―四〇頁。

＊39 槇、前掲書一一・二七―三五頁。

＊40 槇、前掲論文四〇頁。

＊41 槇、前掲書八二・八四・八五・一三・一二頁。

＊42 *SPUR* 65-67, pp. 1-2, 29, 34, 38, 52.

＊43 "The Future of Asian Cities," *Asia Magazine*, May 1966, pp. 5, 7, 8.

＊44 リー・クアンユーの講演。*SPUR* 65-67, p. 58.

＊45 チュア、前掲 "Not Depoliticized But Ideologically Successful," p. 30.

＊46　その後さらに埋め立てられたため、海岸からの距離は遠くなった。
＊47　William Lim（ウィリアム・リム）, *Cities for People* (Syngapore: Select Books, 1990), p. 8.
＊48　Urban Redevelopment Authority, *Chronicle of Sale Sites*, 1967, p. 25.
＊49　Urban Redevelopment Authority, 前掲書 p. 30.
＊50　*The Next Lap* (Singapore: Times International Press, 1991) p. 101.
＊51　前掲書 *The Next Lap*, p. 3.
＊52　Urban Redevelopment Authority（都市再開発庁）, *Living the Next Lap: Towards a Tropical City of Excellence*, 1991.
＊53　Lee Sing Keng and Chua Sian Eng, *More Than a Garden City* (Singapore: Parks and Recreation Department, 1992), p. 8.
＊54　ブルマ "Singapore." 室内環境が浸透しているため、反転が起きる場合もある。板ガラスを通してショーウィンドウのディスプレイを眺めるようなもので、外部環境がめずらしいものであるかのように見えるのだ。

訳注

(1)　ソングライン（歌の道）とは、オーストラリア大陸に広がる、アボリジニの人々の受け継いできた道。地図にはないこの道は、ブルース・チャトウィン著『ソングライン』によれば、オーストラリアの先住民アボリジニの人々の先祖が、木や土や水に宿る精霊に導かれて広大な土地を移動した結果、その旅の軌跡が、いつしかソングラインと呼ばれるようになったのだという。歌には水のある場所や薬草となる植物の生える場所など、実際の生活に必要なことが織り込まれており、それがアボリジニの人々の世界を創りあげていったのだという。

建国から三〇年しか経っていないシンガポールのソングラインを繙くというのはパラドクスにも見えるが、西欧の類型を超えたこの都市国家のありようはアボリジニ社会同様に謎に満ちており、まさにソングラインを辿っていくような方法でその成り立ちに迫ろうとした、ということだと思う。

(2)「まさかの林檎」訳注(5)参照。

(3) シンガポール政府のために書いた国連の共著が最も知られるところだが、一九七〇年前後に国連から東京やアフリカ西部の都市計画と都市交通に関する論文も発表している。急成長する大都市の都市交通が専門だったらしい。

(4) 二つ以上の容器の底を管で連結し、液体などが自由に流通できるようにしたもの。U字管もその一種。一種類の液体が平衡状態にあるときは、各容器の太さ・形状にかかわらず液面は同一の水平面となる。

(5) 永久に仕事をし続けることができるという、仮想の動力機関または装置。実現は不可能であることがわかっている。

(6)「白紙状態」を意味する「クリーン・スレート」をもじった表現。「クリーン・スレートの原則」とは、植民支配から独立した国は、その地域において生じていた条約などの義務から一切解放された状態で始まるという、国際法上の原則。過去を清算して「白紙」で出直す、つまりここでは「ロラン・バルト風に出直す」ことを意味する。

(7)「ベルリン——建築家のノート」訳注(6)参照。

(8)「ベルリン──建築家のノート」訳注(5)参照。
(9)都市計画や都市開発で、全体の構成や特徴を示す基本的なプランのこと。立地条件や都市建設実施のための課題や条件を整理し、具体的な対応策や費用等を示し、具体的な設計の指針とする。
(10)ポディアムとも。建物を上に建てるために基部に築いた石造や土造の壇。
(11)コンピュータのデータ処理で使う拡張機能で、アミダのような相関図をつくり出す。
(12)ロベルト・ムージルの小説で未完の大作『特性のない男』にひっかけている。「基準階平面」訳注(2)も参照。
(13)「グローバリゼーション」訳注(1)参照。
(14)「無を思い描く」訳注(1)参照。
(15)カトリックの神学用語。聖餐のパンとぶどう酒がキリストの肉と血に変わること。
(16)技術革新反対主義。一八一〇年代、イギリス産業革命期に、機械の導入によって失業と共同体の解体の脅威にさらされた手工業者・労働者の起こした機械破壊運動「ラッダイト運動」から。

CADENZA

カデンツァ

ジャンクスペース

「ローガン空港――ワールドクラス・アップグレードで二一世紀へ」

（二〇世紀末の広告掲示板）

ウサギが新手《あらて》の牛肉……。僕たちは実質本位を忌み嫌ったために、一生勝手気ままな世界に浸って過ごす羽目に自らを追い込んだわけだ……。LAX[1]=歓迎モード――チェックインカウンターには、肉食かもしれない蘭の花……。「アイデンティティ」は、土地を奪われた者にとっては新しいジャンクフード、公民権を奪われた者にとってはグローバリゼーションがくれるエサだ……。宇宙ごみ《スペースジャンク》が宇宙を汚す人間のゴミだとすれば、がらくた空間《ジャンクスペース》は人類が地球に撒き散らすカスである。近代化が生みだす建物（詳細はあとで）は近代建築じゃない、ジャンクスペースだ。ジャンクスペースとは、近代化がコースを完走した後に残ったもの、いや、もっと正確には近代化の途中で凝固したもの、近代化が発生させた放射性降下物だ。近代化には筋の通った計画があった——科学の恩恵を地球全体で分かち合うという計画が。ジャンクスペースはその頂点をなすものなのか、あるいはメルトダウンなのか……。一つ一つの部分は輝かしき発明の産物だし、人間の知性をもって聡明に仕組まれ、無限のコンピュータ計算で補強されているのだが、すべてを合わせるとこれは啓蒙主義の終わりを意味し、その復活は滑稽であり、ちょっとした苦行にしかならない……。ジャンクスペースは僕たちがいまの時点で成し遂げたことの総和だ。なにしろ僕たちはこれまでの全世代が建ててきたすべてを足したよりもっと多くを建てた。なのになぜだろう、それほどのスケールは感じられない。僕たちはピラミッドは残していかないわけだし。醜さについて講釈した最近の本によれば、二一世紀に入って建設中のジャンクスペースの量は、二〇世紀に生き残ったものの量をすでに超えたらしい……。二〇世紀のために近代建築を創出したのは間違いだったんだ。建築は二〇世紀に姿を消した。だから僕たちは顕微鏡を覗き込むようにしてずっと脚注を追い、それが小説にならないかと期待していたんだが、大衆《マス》に気を取られて「人民の建築」の誕生日に気付かなかった。ジャンクスペースは本筋から外れたものに見えるが、実はそれこそが本筋、主役なんだ……。それはエスカレーターとエアコンが出会って生を受け、石膏ボードという孵化器で産まれた（この三つとも歴史の本から抜け落ちている）。連続性がジャンクスペースの核心だ。だから、ジャンクスペースは拡大を可能にしてくれる発明なら何でも利用するし、エスカレーター、エアコン、スプリンクラー、防火シャッター、エアカーテンといったインフラを継ぎ目なく整備する……。ジャンクスペースは屋内空間と決まっているが、あまりに広いのでその際《きわ》にお目にかかることは滅多になく、なかではあらゆる手口(鏡、光沢、反響音)で方向感覚を狂わせる……。ジャンクスペースは密閉されていて、それを一つにまとめているのは構造体ではなく、シャボン玉みたいな薄い膜だ。時の始まり以来、ずっと同じ力による抵抗を受けてきた重力は不変のままだが、エアコンという、目に見えないがゆえに認識されない媒体が建築に真の革命をもたらした。エアコンによって数かぎりない建物が生まれた。建物を分けるのが建築なら、建物をひとまとめにするのがエアコンだ。エアコンがものの組織化と共存の仕組みを突然変異させたために、建築は一人取り残された。いまのショッピングセンターは中世と同じで、空間プランナー、修理工、施工者たちの何世代にもわたる仕事でできている。このわれらの大聖堂をエアコンが維持してくれる。(そのうち建築家全員が、それと知らずに同じ建物を設計していたという日が来るかもしれない。いまは別々でも、隠れた受容体《レセプター》[2]の働きでいずれ建物が一体化する可能性もある。)空調《コンディション》された空間はコストがかかるし、もはやタダじゃないから、条件付き《コンディショナル》の空間とならざるを得ない。そして早晩、条件付き空間はみなジャンクスペースになる……。空間について考えるとき、僕たちは容れ物にばかり目を向けてきた。空間自体は目に見えないとでもいうように、空間づくりに関するあらゆる理論は、空間の対極である物質とモノ、つまり建築への強迫観念的なこだわりをベースにしてきた。結局、建築家には空間というものの説明ができなかったわけで、だからジャンクスペースは、建築家がことをうやむやにしたことに対する僕たちからの罰、というわけだ。OK、じゃあ、空間について語ろう。空港の美しさについて。特にアップグレード後の美しさについて。改装後の光沢について。ショッピングセンターの巧妙さについて。公共空間を探求し、カジノを体験し、テーマパークで過ごそう……。ジャンクスペースは空間の代役であり、ダメージを受けたビジョン、限定された期待、抑えられた熱心さが占める領域だ。ジャンクスペースはコンセプトが寄り集まるバミューダ・トライアングル[3]、途中で投げだされたシャーレだ。それは差異を解消し、決定を土台から崩し、意図と実現を取り違える。ヒエラルキーを集積に、構成《コンポジション》を単なる追加作業に替える。もっともっと、もっとがもっと《モア・イズ・モア》になる。ジャンクスペースは熟れすぎていて栄養不足。地球をいたわって締め付ける、巨大な精神安定毛布[4]……。ジャンクスペースはジャクージに何百万もの親友といっしょに一生入れられるようなもの……。このファジーなぼかしの帝国は、ハイとロウを、公と私を、直線と曲線を、肥満と栄養失調をミックスし、永久に噛み合わないもの同士を継ぎ目のないパッチワークに仕立ててみせる。一見、最高に見えるし、空間としては華麗だが、その豊かさがもたらすのは末期的な空虚感であり、建てることへの信頼を着々と、ことによっては永久に蝕《むしば》んでしまう「熱意」の意地悪なパロディだ……。以前、空間はモノの上にモノを重ね、接着して固め、しっかりした一つの統一体を形成してつくられていた。ジャンクスペースのほうは、モノを層状かつ軽量な方法で次々と足していく。パーツは明快に分けられることなく、ひたすら細分化され、屠畜体をばらすように分断されていく——塊《かたまり》ごとに全体から取り外されるのだ。壁はなく、あるのはパーティションとかチラチラ光る薄い膜だけで、鏡や金色に覆われていることが多い。構造体が装飾の下で人知れずうめき声をあげ、ひどいときはそれ自体が装飾的になっていたりする。キラキラした小さな骨組《スペースフレーム》みがゼロに等しい荷重を支えているとか、巨大な梁《はり》が途方もない荷重を思いもよらない方向に預けているとか……。アーチはかつて構造体の大事な担い手だったが、いまは「コミュニティ」とやらの使い古されたシンボルと化し、無限に広がるヴァーチャル集団を、実在しない「あそこ」へと迎え入れている。アーチがもともとない場所では、単に設置される。だいたいは漆喰《しっくい》でできていて、大急ぎで建て込まれた屋内区画の上に、後から思いついた装飾として取り付けられている。図像学的に言うと、ジャンクスペースの一三パーセントが古代ローマ、八パーセントがバウハウス、七パーセントがディズニーでこの二つは抜きつ抜かれつ、三パーセントがアールヌーボー、わずかの差でマヤ文明……。どんな形にも凝結する物質みたいに、ジャンクスペースも、シミュレーションされた見せかけの秩序が支配する領域であり、モーフィング(5)の王国である。その具体的な形状は雪の結晶同様、偶然の産物だ。パターンというのは反復ないし解読され得る法則を前提とするわけだが、ジャンクスペースには尺度も決まりも関係ない……。捉えどころがないから覚えられない。派手なのに記憶に残らないところはスクリーンセーバーのようだ。フリーズを防ぐために、瞬時に記憶喪失にかかる。ジャンクスペースは完璧な状態を目指すふりはしない、ひたすら興味をかきたてようとするのみだ。その外形は想像できないが、つくってしまえる。それだけだ。それはまったく建築的じゃないのに、円蓋《えんがい》、ドームになりがちだ。完全に沈滞を決めこんでいるみたいな一画もあれば、つねに喧騒状態の一画もある。この上なく死んでいるところと、この上なくヒステリックなところが隣り合わせになっていたりする。パンテオンほどもある大屋内空間に、いろんなテーマが発達障害という暗い影を投げかけ、すみずみに死産の赤ん坊を産み落とす。様式はビザンチンだ。ゴージャスで暗く、何千ものカケラに粉砕されていて、そのすべてが一度に目に入る。擬似円形監獄《パノプティコン》の世界のなかで、中身全部が一瞬にして自己再編し、見る者の目をクラクラさせる。かつては壁画が偶像を見せていた。ジャンクスペースのモジュール⑥はブランド品を扱う寸法になっている。神話は共有可能。ブランドがフォーカスグループ⑦の手のひらの上でオーラを大事に育てている。ジャンクスペースにおけるブランドは、宇宙のブラックホールと同じ役割を果たしている。そこが核心でありながら、そこから意味が消えていくのだ……。人類史上最も光沢のある表面が映しだすのは、最もカジュアルな状態の人間だ。僕たちは宮殿っぽい場所にいればいるほど、服装もくだけていくらしい。短パン、スニーカー、サンダル、トレーニングウェア、フリース、ジーンズ、パーカ、バックパック――ジャンクスペースへの出入りは厳しいドレスコードで管理されている――エチケット最後の痙攣だろうか？　まるで人民が突如、独裁者の屋敷に踏み込んだときのように、革命後のボーッとしている状態がジャンクスペースのいちばんの楽しみどきだ。二つの極は合併したのであり、荒涼と熱狂のあいだにはもう何も残っていない。ネオンは昔といまの両方を表象し、屋内は石器時代と宇宙時代を同時に想わせる。予防接種の不活性ワクチンと同じで、近代建築は依然として必要不可欠、ただしハイテクという（たった一〇年前はあれほど終わったように見えたのに！）いちばん不毛な姿でしか存在しないが。ジャンクスペースはこれまでどの世代もずっと隠してきたことを表に出す――マットレスからスプリングが飛び出すようにいろんな構造が飛び出し、非常階段が説教がましく空中ブランコのようにぶらぶら揺れ、探査針のようなものが空中に飛び出して実際どこにでもあるタダの空気を苦労して送り届け、クモの巣状のケーブルから何エーカーにもわたってガラスが垂れ下がり、ゆるい、どうでもいいものをピンと張りつめた薄い膜で包み込む。透明なところがあっても、なかに入って参加できないものしかそこからは見えない。真夜中の音を合図にすべては台湾ゴシックに戻るかも知れないし、三年後にはナイジェリアの六〇年代スタイルとか、ノルウェーの山小屋風とか、初期設定だったキリスト教スタイルとかにすんなり移行しているかもしれない。地球人はいま、幼稚園グロテスクの中で暮らしている……。ジャンクスペースはデザインで繁栄するが、デザインはジャンクスペースのなかで死ぬ。そこには形態はなく、増殖だけがある……。逆流が新手の創造性だ。僕たちが大事にし、信奉するのは創作ではなく巧妙な操作だ……。スーパーストリング系[8]グラフィック、移植されたフランチャイズのロゴ、照明・LED・ビデオなど光彩を放つインフラ設備が、だれからクレームを受けることもなく作者不在の世界を描きだすが、それはつねにユニークで、まったく予想もつかないのに、強烈に見慣れた感じがする。ジャンクスペースは暑い（か、急に北極になる）。溶け出したステンドグラスみたいに折り重なった蛍光色の壁が熱を発し、ジャンクスペースの温度を蘭が栽培できるほど上昇させる。歴史をそこここで騙《かた》るジャンクスペースの中身はダイナミックかつ硬直していて、それがさらにクローン技術のように再生ないし増殖されていく。空いた殻を探すヤドカリのように、形態は機能をさがし求めるというわけだ……。ジャンクスペースは爬虫類が皮を脱ぎ捨てるかのごとく建築から脱皮し、毎週月曜の朝に生まれ変わる。以前なら、建築の材質はその最終的な状態で決まり、それを変えるには部分的に壊さなくてはならなかった。だが僕たちの文化は抑圧的だからといって反復と規則性を放棄し、まさにそのときに、建築材料がどんどんモジュラー化し、ユニット化し、標準化するようになった。いまどきの物質はデジタル化されて届く……。モジュールは小さくなればなるほど、隠れピクセル[9]みたいになる。予算、議論、交渉、変形といった多大な困難を経て、不規則性と独自性がまったく同じ材料を使って建てられる。カオスから秩序を力ずくで取り出そうとするんじゃなく、いまは均質化されたもののなかから目に心地よい光景《ピクチャレスク》を力ずくで取り出し、標準化されたもののなかから唯一無二のものを解放しているのだ……。建築家たちが最初にジャンクスペースを考えたわけだが、彼らはそれをメガストラクチャーと名付けた。それが、彼らに立ちはだかった巨大な難局を乗り越える最終手段だった。バベルの塔が何本もいっしょに建っているかのような、永遠に存続する巨大な骨組み《スーパーストラクチャー》に、一定期間用のサブシステム群が付属し、それが建築家のコントロールを超えて時とともに変化していくのだ。ジャンクスペースの登場で、形勢は覆された。そこにはサブシステムしかない。構造体はなく、行き場のなくなった分子たちが枠組みやパターンを探し求める。あらゆるものは暫定的にその形を取っているに過ぎない——カットする、曲げる、裂く、コーティングする——洋服を仕立てるような、新しい柔らかさが建設工事の世界に生まれた……。継ぎ目はもう問題じゃなくなった。知的テーマでもない。どんどん変化していく場所はホッチキス留めとテープ留めで拵《こしら》えられ、表面は壊れていないという幻想が茶色いシワシワのテープでギリギリ保たれる。こうして建築史の辞書にはなかった、かつては考えられなかった動詞が必要不可欠になった——締金《クランプ》で固定する、貼り付ける、折り重ねる、ドサッと落とす、接着剤で付ける、打ち込む[10]、ダブルにする、融合させる。各要素が調整済みの孤立状態のなかで持ち場の役目を果たす。かつてディテールとは、バラバラの素材が、ときには永遠に、すっきりまとまった納まりのことを指していたが、いまは一時的なカップリングを指し、いずれバラされ、ネジが外されることが想定されている。離れ離れになる確率の高い、一時的な抱擁。もはや差異の出会いと統合ではなく、システムの突然の終了と膠着《こうちゃく》なのである。目の不自由な人だけが指先で断層線をなぞり、ジャンクスペースの変遷を理解するだろう……。これまで何千年ものあいだ、永久性、軸線性、関係性、プロポーションをよしとしてやってきたのに、ジャンクスペースの行動目標はエスカレートすることなのだ。そこではものの発展ではなく、エントロピーが提供されている。ジャンクスペースには際限がないから、いつもどこかで漏れが生じている。最悪の場合、巨大な灰皿がポタポタ落ちる雫《しずく》を受けて灰色の水を貯めていたりする……。時間はいつ前進を止め、四方八方にスピンするようになったんだろう?　まるで壊れてクルクル空回りするテープリールみたいに。リアルタイム™[11]が登場したときか?　「変化」は「改善」という概念から切り離された。もう進化は起こらないだろう。LSDをやったカニみたいに、文化も脇へ脇へとヨタヨタ歩いていくだけだ……。現代の平均的ランチボックスはジャンクスペースの小宇宙だ。スライスした茄子にゴートチーズをたっぷりとトッピング——健康という思いやりの詰まった意味論も、底に敷かれたジャンボクッキーでみごとに帳消しに……。ジャンクスペースはいつも水漏れし、その見返りにそれ自体は水切りされている。ジャンクスペースのいたるところ腰を下ろせるようになっていて、モジュール椅子が並び、ソファまである。まるで消費者にとってはジャンクスペースにいるのが過去のセンセーシヨナルな空間のどれよりも疲れると言わんばかりだ。いちばん人気《ひとけ》のないあたりにビュッフェが並んでいる。実用本位のテーブルに白か黒の布が掛けられ、カフェインと、カッテージチーズ、マフィン、熟してないブドウなど各種カロリーが適当に集められている。メリハリも豊富さもない、観念的に表象された「豊富さ」。どのジャンクスペースも早晩、生理現象に結びつく——ステンレスの間仕切り《パーティション》のあいだに挟まれるようにして、古代ローマ人たちが一列に並んでうめき声を上げている。デニム製のトーガ[12]は足元のデカいスニーカーのまわりにぐしゃぐしゃ重なって……。消耗が激しいジャンクスペースは、メンテナンスも狂信的に行われる。日中のシフト中に生じたダメージを夜のシフトで消去するという、賽《さい》の河原。君がジャンクスペースから回復する時間、ジャンクスペースも君から回復するわけだ。午前二時から五時まで、こんどはぶっきらぼうで身軽な、明らかにもっと色の濃い別の集団がモップをかけ、動き回り、掃き、拭き、補充する……。ジャンクスペースは掃除人たちに忠誠心を煽りはしない……。瞬時の満足感を旨とするジャンクスペースは、すぐに完璧になる種を蒔いていく。既製の幸福感の表面には一面、お詫びの言葉が織り込まれている。「見苦しさをお詫びします」のサインや「申し訳ありません」の黄色いミニサインが、次々と濡れたエリアをマークしていき、すぐにピカピカになるのでちょっとのあいだご不便をおかけしますと断り、改善をアピールしていく。ときどき、作業員たちがひざまずいて剝げ落ちた部分を修理していたり——祈りのときみたいに——天井の隙間《ヴォイド》に上半身を隠し、原因不明の不具合を直そうとしていたりする——懺悔《ざんげ》のときみたいに。どの表面も考古学的であり、異なる「時代」の積み重ね《スーパーポジション》であって（壁から壁まで敷き詰めるタイプのカーペットが流行った時代は何て言ったっけ？）、それは綻《ほころ》んで初めて気づかれる……。伝統的に、タイポロジーというのは境界設定を前提とし、ほかのありようを除外した特定のモデルを意味していた。ジャンクスペースのほうは累積していくアバウトなアイデンティティを指す逆タイポロジーなのであり、そこでは種類よりも量がものを言う。とはいえ、形がないのも形のうち、フォームレスとて一つのタイポロジーなのだが……。ゴミ捨て場を想像してみよう。トラックが次々とやって来ては積んだものを捨てていき、山ができる。その中身は雑多だし、これこそ根本的に形はないのだが、全体性はある。あるいは、なかにどんな立体物が入っても自由に形を変える天幕にも一体性はある。あるいは、伸縮自在の新世代のパンツ。ジャンクスペースは完全なるカオスでもあり得るが、怖いくらい潔癖でもあり得る——ベストセラーと同じで、決まりすぎているが漠然としてもいるわけだ。大宴会場にはちょっと変なところがある。たとえば、広大な荒地だったところが、究極の融通性を確保するために無柱空間のままにされている。君はそういう類のイベントに招待されたことがないから、実際に使われているところを見たことがない、見たことがあるのは身震いするほど精確に設営されている場面だけだろう。丸テーブルがグリッド状にえんえんと並べられ、遠い地平線に届くかのようだ。テーブルの間隔は話が弾むよう設定され、演壇は独裁国家の最高機関が使ってもおかしくない大きさで、舞台脇の空間は想像のつかないサプライズがあることを告げている——やがて酔っ払い、崩れ、乱れることになる場を持ちこたえるよう、何エーカーにもわたって準備がなされている。あるいはモーターショー……。ジャンクスペースはよくフローの空間だと説明されるが、その言い方は正しくない。フローというのは規則正しい動き、ひとまとまりになる身体を前提としている。ジャンクスペースはクモのいないクモの巣だ。それは大衆のための建築なのだが、大衆一人ひとりの動線はどれ一つとして同じではない。その無法状態は、僕たちが身体で味わえる最後の自由だ。それは衝突の空間であり、原子の入った容器であって、なかでは原子が密ではないが忙しく動き回っている……。ジャンクスペースでの動き方、というものがある。これといったお目当てはないのに目的のはっきりした動き方だ。それは経験を積んで獲得された一つの文化である。ジャンクスペースの特色の一つに、無関心な人間の横暴がある。一構成員が外れたことをしたばかりに、ジャンクスペース全体がバラバラになることがある。異文化圏から来た一市民——難民、母親——が、田舎者の行為と引き換えに、ジャンクスペース全体を混乱に陥れたりする。彼／彼女が自分の通った跡に、何か目に見えない障害物をえんえんと置いていったのだ。規制解除に等しいその行為はやがていちばん遠くの人にも伝わっていく。エスカレーターのなか、出口付近やパーキングメーターやATM付近など、動きが同期《シンクロ》する場所でジャンクスペースは固まってしまう。ときには人々が一つの流れ《フロー》のなかに強制的にまとめられ、一箇所のドアから押し出されたり、二つの移動障害物（ピーピー鳴らしながら走る身障者用の車とクリスマスツリー）のあいだを通り抜けなくてはならなくなったりする。こうした狭窄はしっかりと恨みを買い、フローの考え方をあざ笑う。ジャンクスペースでのフローは大惨事につながる。セール開始直後のデパート、競技中に暴徒と化したサッカーファンの殺到、ディスコの閉まった非常ドアの前で累々と積み重なる屍体。ジャンクスペースの入口と、旧世界の目盛りの狭さが合っていない証拠だ。ジャンクスペースが大人たちを永久に封じ込めているダンテ的小細工／容れ物を、若者たちは本能的に避ける。メタ遊び場とも言えるジャンクスペースのなかに、小さな遊び場がある。子供用ジャンクスペースだ（たいてい眉を顰《ひそ》めるほど狭い）。突如ミニチュア化した一画――階段の下が多く、つねにその先は行き止まり――が現れ、滑り台、シーソー、ブランコといった小型のプラスチック製の置物が集まっているが、本来使ってほしい子供たちには見向きもされないので、老人、迷い人、忘れられた人、気のふれた人たちのジャンクニッチと化している……ヒューマニズム最後のしゃっくり……。空域から地下鉄まで、交通網もジャンクスペース、高速道路網もジャンクスペースだ。それらが利用者たちの群がる広大なユートピア予備軍であることは、休暇シーズンになって彼らがようやくいなくなってはっきりする……。放射性廃棄物同様、ジャンクスペースにおいても半減期が進行する。ジャンクスペースでは経年劣化というものは存在しないか破滅的かのどちらかだ。ときにはデパート、ナイトクラブ、男の部屋《バチェラー・パッド》[13]といったジャンクスペースが、なんの前触れもなく一夜にしてまるごとスラム化することもある。いつの間にかワット数が落ち、表示板から文字が抜け落ち、エアコンから雫が滴れはじめ、まるで記録されなかった地震があったかのようにヒビ割れが生じている。腐って死にかけた部位は、壊疽《えそ》にかかった回路を介して本体の肉と繋がったままだ。建築を評価するとき、これまでは静止した状態を想定していたが、いまの建築はどれも相対立する状態を同時に抱えている。古くて新しく、常設かつ仮設、賑わっているのに危機的状況……。アップグレードされる一画があると同時に、アルツハイマー化する一画がある。ジャンクスペースには際限がないから、閉まることもない……。君のいないあいだに行われたのは改修と修復だったが、いまは君がその工事の証人であり、気の進まない参加者だ……。模様替え中のジャンクスペースを見るのは、ベッドメーキングされていない他人のベッドを点検するようなもの。空港にもっとスペースが必要になったとしよう。以前は多少なりともその時代の特徴を備えた新しい空港ターミナルが増築され、古いターミナルは記録媒体ないし進化のあかしとして残されていた。さて、搭乗客はどこまでも順応性があることが証明されたので、即、改修するという考え方も通用するようになった。動く歩道は反対向きにされ、表示板はテープで隠され、鉢植えのヤシ（とか、とても大きな死骸）は遺体袋で覆われる。濡れた石膏ボードをテープで貼り合わせた仕切り板で、人々は二つの人種に分けられる。

人種と乾いた人種、カッチリした人種とダラリとした人種、冷たい人種と熱すぎの人種だ。一方の人種が新しい空間をつくり出し、もう一方のもっと裕福な人種が古い空間を使用する。地獄のような肉体労働に供するため、コンコースは突如、カスバに変身。即席のロッカールーム、コーヒーブレーク、喫煙、おっと、本物のキャンプファイヤーまで……。天井はアルプス山脈みたいな、表面がクシャクシャなプレートだ。グラグラする碁盤のタイルと、モノグラム(14)が乗った黒いプラスチック製シートが交互に現れ、ときどきまさかのクリスタル製シャンデリアのグリッドが登場する……。金属ダクトは通気性の高いテキスタイルに替わる。口を大きく開けた継ぎ目から広大な天井裏の隙間と(以前はアスベストの谷だった?)、梁、排気ファン、ロープ、ケーブル、断熱材、防火材、ヒモが覗いている。いろんなものの絡み合いが突如、白日のもとに晒される。不純で、無理にねじられた、複雑なそれらは、計画的に考えられたことがないからそこにあるわけだ。床はパッチワーク状態。硬い、フサフサした、ずっしりした、ピカピカした、プラスチックの、金属の、泥っぽい——いろんなテクスチャーが、まるで各々、別々の種の持ち場であるかのようにランダムに代わる代わる現れる……。地面はもうない。生《ナマ》なニーズが多すぎて、たった一つの面じゃ足りないのだ。完全な水平面も無理。透明性は姿を消し、キオスク、ショッピングカート、ベビーカー、ヤシの木、噴水、棒、ソファ、台車といった一時的な占有物でぎっしり埋まった硬い殻ができている……。通路はもう単にA地点とB地点を結ぶだけでなく、それ自体が「スポット」になっている。通路のテナントの寿命はたいてい短い。ひどくどんよりしたウィンドウ、ひどくパッとしない洋服、ひどく嘘っぽい花が並んでいる。（消滅しかけている、と言われつづけている）熱帯雨林のなかのように、遠近法の見通しは完全に消滅した。これまで直線だったものはぐるぐる巻きにされ、どんどん複雑な形状にされていく。チェックイン（紛らわしい名前だ）からエプロン[15]に至る、現代の標準的空港の典型的コースで起こる紆余曲折、上昇下降、突然の折り返しをちゃんと説明できるのは、モダニストの変人振付師くらいだろう。こうした強制的な漂流《デリーヴ》[16]のバカバカしさを僕たちが再構築しようとも問い直そうともしないから、自分たち自身もこのグロテスクな射程をおとなしくフォローしなくちゃならない。香水、亡命希望者、建設現場、下着、牡蠣、ポルノ、携帯電話を通過する脳、目、鼻、舌、子宮、睾丸の、壮大なアドベンチャー……。以前、直角と直線をめぐる論争があったが、いまどきの九〇度は数あるオプションの一つに過ぎない。事実、かつての幾何学の残党がいまの大混乱を生み出している張本人であって、それが孤立した抵抗基地となって新しい日和見的流れ《フロー》のなかに不安定な渦巻きをつくり出しているのだ……。その一連の流れをつくったのは自分ですとあえて名乗る者がどこにいるだろう？　かつて、人々の動きを設定するとか、少なくとも予想する職業があったというのは、いまとなっては滑稽どころか考えもつかないわけで、あるのは計算のみ、デザインじゃない。順路は不規則であればあるほど、ループは一筋縄でなければないほど、土台の青写真は見えにくければ見えにくいほど、表に出ているものの効率性は高くなり、そこでの取引はいっそう必然的となる。この戦争においては、グラフィックデザイナーは偉大なる裏切り者だ。かつて表示板は行きたいところに導いてくれたが、いまは気取りだらけの茂みに人を絡めとり、混乱させて、望みもしない大回りをさせ、居場所がわからなくなってからようやく引き戻させる。果てしなく続くディスプレイ前線を破砕し増殖させる、伝染性のポケット《ポシェ》[17]空間でできたゴツゴツしたゾーンを、あらゆる商業活動に欠かせない蠕動《ぜんどう》性のシュリンクラップを、ポストモダニズムは追加する。動線は斜路で始まり、予告なしに水平になり、交差し、下降し、突如広大な吹き抜けの上に張り出したクラクラするバルコニーの上に出る。ファシズムから独裁者を差し引いたもの。堂々たる大理石の階段を降りて突如、行き止まりに出くわした君は、こんどはエスカレーターで目に見えない場所に連れて行かれ、どうでもいいものから着想を得た、漆喰でできた仮設の光景に対峙する。(基準面はない。どこもサンドイッチ状態のなかにある。ジャンクスペースの「空間」は、冷凍庫に長く置きすぎてドボドボになったアイスクリームをすくいとるみたいにしてつくられる。その形は円柱、円錐、どちらかといえば球体、まあ何でもありだが……。)トイレ群はディズニーストアに変異したかと思うと瞑想センターに形を変える。そうやって次々変貌していくところに「平面図」というのもおかしな言葉だ。平面図とは、酔っ払い的自由落下中の個人個人が、いつまでか分からないが脈を打ちつづける様子を映し出すレーダー画面になった……。反復するものと必然的なものが互角に支配しあうこの状態のなかで、平面図の存在は実のところ事態を悪化させるだけであり、人を一気に絶望に追い込む。せいぜい耐えられるのは簡単なスケッチくらいまでだ。形状に対する忠誠心ゼロ、忍耐力もゼロ。「もとの」状態もなし。建築は「永久に続く進化」を映すコマ撮り映像[18]のシークエンスと化した……。確実なものといえば継続的な改修のみで、まれにそれが「修復」に繋がることもあるが、その修復という工程では、どんな歴史的な一画が新たに加わろうが、みなジャンクスペースの延長とみなされる。歴史は崩壊する。絶対的な歴史は絶対的に崩壊する。こうした血の通わない接ぎ木の操作において、色とか目立つものとかは除外される——当たり障りのないものが、古いものと新しいものの唯一の交点となるのだ……。当たり障りのないものは増幅可能だろうか？　特徴のないものの誇張は可能か？　高さによって？　奥行きで？　長さで？　バリエーションで？　反復によって？　ときには詰め込みすぎではなくその反対、ディテールの絶対的不在が、ジャンクスペースを生むこともある。恐ろしいほど疎《まば》らな空無状態は、こんなにちょっぴりのものでこんなにたくさんのものが構成できるという、ショッキングな証明だ。スター建築家たちが、正統であろうがなかろうが、歴史的存在に遠慮して取る距離とか、敬意を抱くがゆえの一時的容認には、滑稽な虚しさが満ち満ちている。最初の決定はきまって「元の状態は変えない」というものだ。前の段階で残ったものが新たな真髄とされ、割り込み先とされる。最初のステップとして、維持保存するものは商売用・ケータリング用の厚いパックで梱包される――気が乗らないスキーヤーがゲレンデのキーパーに押し出されるみたいに。敬意を表してシンメトリーは保たれ、しかたなしに誇張される。古代建築の技術を復活させ、砥石をかけて的外れの光沢を出すとか、採石場を再開して「同じ」石を掘り出し、無分別にも寄贈者たちの名前をいちばんおとなしい字体で堂々と掘るとか。ジャンクスペースの「残りの」エリア（使われなくなったギャラリー、ディスプレー・スラム、ジュラシック・コンセプト……）とも連続性を保つために、中庭をみごとな「透かし細工」の構造体――断固、まわりを邪魔しないようにつくられている――で覆うとか。調整が行われる――フィルターを通過した太陽光が、どっしりとした寡黙さに包まれた無菌空間を浮かび上がらせ、コンピュータグラフィクスの絵みたいに力強く生き返らせる……。公共空間の呪い――表示板に、スツールに、いたわりのなかに安全に隠蔽された、目に見えないファシズム……。ジャンクスペースはポスト実存主義的だ。そこで人は自分がどこにいるのか分からなくなり、どこに行きたいのかはっきりしなくなり、どこにいたとしてもどうでもよくなるようにする。一体自分をだれだと思っているんだ？　どんな人間になりたいんだ？（建築家たちへ。ジャンクスペースは取り合わなくていい、そこに行くならこっそり行けばいい、上から目線で軽蔑していい、他人事として楽しめばいい……そう思っていたんだろうが、それは君たちがジャンクスペースを理解できなかったからなんだ、鍵を放り出してしまったからなんだよ……。でも君たちの建築ももう感染してしまっているぞ。ジャンクスペース同様、スムーズで、なんでも揃っていて、連続的で、ワープしていて、混雑していて、アトリウムだらけじゃないか……。）ジャンク作家性《シグネチャー》TM[19]が新手の建築だ。それはこの職業のかつての誇大妄想を扱いやすいサイズに縮小したもので、ジャンクスペースからせっかくの下品さを差し引いたものだ。リムジン、車のボディ、飛行機――長いものはみな、もとのコンセプトを踏みにじってジャンクスペースと化す。修復する《restore》、再編成する《rearrange》、再構成する《reassemble》、改造する《revamp》、改修する《renovate》、改訂する《revise》、回復する《recover》、リデザインする、戻す《return》――パルテノン宮殿の大理石に――やり直す《redo》、重んずる《respect》、賃貸する《rent》。「re」で始まる動詞がジャンクスペースをつくり出す……。ジャンクスペースが僕たちの墓場となるだろう。人類の半分は汚染しつつ生産し、あとの半分は汚染しつつ消費する。第三世界の自動車、オートバイ、トラック、バス、搾取工場が吐き出す汚染を全部足しても、ジャンクスペースが生みだす熱量に比べれば取るに足らない。ジャンクスペースは政治的だ。快適さと楽しさの名の下に批判分子を根本的に排除することを前提としている。政治はフォトショップでつくるマニフェストになった。実態の不透明なNGOが仲裁して、相互排他的な者同士を継ぎ目なくつないだ青写真に。快適さが新手の正義だ。いまの小国家はみなジャンクスペースを政策として採用し、方向感覚を失わせるよう計算された体制を築き、組織的な混乱を招くような政治をスタートさせる。「なんでもあり」というわけではなく、事実、ジャンクスペースの秘儀は支離滅裂かつ抑圧的であることにある。形のないものが繁茂すれば形のあるものが衰え、同時にあらゆる規則や規制が揺り戻される……。バベルの塔はいままで誤解されていた。言語が問題なんじゃない、言語はジャンクスペースの新しい開拓地に過ぎないのだ。永遠のジレンマに、決着しそうにない議論の袋小路に引き裂かれた人類は、危なっかしいデザイナーズ歩道橋みたいに、繋ぎようのないもの同士をサッと跨《また》いでみせる新しい言語を打ち立て……新しい軸性を先取りする波を起こし、これまでの非両立性を保留に持ち込んだ。ライフ／スタイル、リアリティ／TV[20]、ワールド／ミュージック、ミュージアム／ストア、フード／コート、ヘルス／ケア、ウェイティング／ラウンジ。ネーミングが階級闘争に取って代わり、ステータスと高尚概念と歴史が格調高き融合を遂げる。頭文字を組み合わせ、意外なところから意外なものを取り込み、文字をはしょり、あり得ない複数形をつくって生み出される新語は、新しいゆとり感覚がたっぷり広がるよう、意味を放とうとする……。ジャンクスペースは君の感情を、君の欲望を知り尽くしている。それはビッグ・ブラザー[21]の腹のなかだ。それは人々の感動を先取りする。それはサウンドトラック、匂い、解説文《キャプション》つきだ。それはこう読んでほしいと図々しく主張する――芳醇、圧倒的、クール、巨大、抽象的、「ミニマル」、歴史的。それは次の出費に悪い予感を覚えて思い悩む消費者集団に、「贅沢三昧の千年支配[22]」に囚われた不応期[23]の集団に、繁栄が引き起こす発作に金を出す。患者はクレジットの涅槃《ねはん》にアクセスできる代わりにプライバシーを奪われる。君は買い物をするたびに残す指紋を調べる側の共犯者でもあるのだ。彼らは君が本当は何者なのか以外は、君のすべてを知っている。かつては立ち入ることのできなかったベッドルームのプライバシーにまで、ジャンクスペースの密偵たちは君を追いかけてくる。ミニバー、専用ファクス機、中途半端なポルノを見せる有料テレビ、トイレの便座の未使用のビニールカバー、無料コンドーム——小型の各プロフィットセンター[24]がベッドサイドの聖書といっしょになっているわけだ。ジャンクスペースは人を団結させるように見えるが、実は分裂させる。それは共通利益や自発的な連帯ではなく、統計データの一致や人口動態が示す予測によってコミュニティを形成する。既得権益をご都合主義で編んでいくのだ。男性、女性、子供の一人一人が個別に標的にされ、追跡され、他人から引き離される……。断片がいっしょになるのは「警備室」でだけだ。縦横に並ぶビデオモニターが、せっかくの画像をすべて凡庸で実用本位のキュビズムに再編成し、ろくに訓練もされていない警備員が淡々と見つめる先に、ジャンクスペース全体に問題がない様子を映しだす。動物モードのビデオ民俗学。ジャンクスペースは安定していないから、実際の所有権も同様に固定せず、果てしなく譲渡されていく。ジャンクスペースは企業の繁栄——無介入の市場の働き——によって自然発生するか、あるいは三次元空間としての慈善事業を長年手がけてきた当座の「権力者《ツァー》」たちと、どんなに損をしても将来どこかで含み損を吸収できるデベロッパーや不動産王に広大なウォーターフロントや古いスタジアムや軍事基地や使わなくなった飛行場を楽天的に払い下げる役人たち（たいていは元左翼）の行動がセットになって生じるか、はたまた「初期設定の歴史保存™」（だれが望んでいるわけでもないが時代の気分《ツァイトガイスト》が神聖かつ犯すべからずと断じた歴史的複合施設の維持管理）によって生まれる。ジャンクスペースの規模が急拡大し、人口のサイズとも競《せ》ってついに追い抜く過程で、ジャンクスペースの経済も謎に包まれていく。運営資金は、計画的な煙霧状態、状況をうやむやにする不透明な取引、疑わしい税額控除、変則的インセンティブ、課税控除、綱渡りの合法性、空中権の譲渡、地所の接合、特例区域、官民の癒着によって調達される。資金形態としては保証金、宝くじ、助成金、寄付金、補助金で、乱高下する円・ユーロ・ドル（¥€$）のフローが、ジャンクスペースの中身と同じくらいに脆い財源の封筒をつくり出す。構造的赤字、根本的資金不足、潜在的破産を抱えているために、一インチ角たりとも、内密ないし公然の支援、値引き、埋め合わせ、募金に依存した、貪欲で貧しい表面となることを免れない。文化には「寄贈者の名前を彫った煉瓦ブロック」を、それ以外には現金、レンタル料、リース料、フランチャイズ料、ブランドのバックアップを。ジャンクスペースは経済とともに拡大するが、面積は縮小できない……。要らなくなれば、中身が細るだけだ。ジャンクスペースは生命力が弱いから、生き延びるためにプログラムをどんどん取り入れなくてはならない。じき、僕たちがどこで何をしてもいい日が来るだろう。僕たちが場所を征服する日が。ジャンクスペースの際《きわ》は「ユニバーサル」か？　ジヤンクスペースを介して古いオーラに新しい光沢がもたらされ、突如、商業的価値が生まれる。バルセロナとオリンピックが、ビルバオとグッゲンハイムが、四二番街とディズニーが融合する。神は死んだ、作者も死んだ、歴史も死んだ、建築家だけが取り残され、ぽつんと佇んでいる……。失礼な進化論的ジョークだ……。巨匠《マスター》が不足しても傑作《マスターピース》の急増は止まらない。「傑作」かどうかが決定的な認可基準となり、「傑作」のみが意味作用をもつ空間となった。実体がなんだろうが批判を免れ、クオリティが検証されることもなく、性能がテストされることもなく、作った動機が問われることもない、そんな意味作用空間だ。傑作はもはや言葉では表現できない紛れ当たりでもなければ、賽《さい》の一振りでもない。それは、確固たる一つのタイポロジーである。その役目は人を威圧することであり、外壁はたいてい曲線を描いていて、床面積のかなりのパーセンテージが機能不全、遠心的な数々の構成要素はアトリウムの力で求心力を発揮しているとは言いがたく、法廷での説明責任の到来におびえている……。都市が不確定であればあるほど、ジャンクスペースは具体的になる。ジャンクスペースの原型はすべて都会のものだ――古代ローマの広場とか「メトロポリス」とか。それらが同時に膨張し、かつ収縮するという負の相乗効果が生じたときだけ、それは郊外となる。ジャンクスペースは都会のものを都会的なものに格下げする。そこにはパブリックライフ（社会生活）ではなく「パブリックスペース」™がある。それは予測不可能なものが除去された後に残る、都市の残りもの空間だ……。「名誉を讃える」「共有する」「いたわる」「悲しむ」「癒す」ための空間……髭飾りの文字《セリフ》[25]の過剰使用によって公徳心が強制されている……。三千年紀、ジャンクスペースは快楽と宗教、公表と秘匿、社会生活と私生活の双方に責任を負っているだろう。当然ながら、神の死（そして作者の死）によって孤児たる空間が生まれた。ジャンクスペースには作者がいないのに、驚くほど独裁的だ……。人類はかつてない自由解放を手にした時点で、かつてないほど独裁的な脚本に委ねられてもいる。ウェイターの押し付けがましい演説に始まって、電話の向こうから応答する強制収容所の看守の声、飛行機での安全指示、強烈さを増すばかりの香水に至るまで、人類はかつてないほど過酷に設計された筋書きに屈するよう、威嚇されている……。選りすぐりの誇大妄想狂劇――ザ・独裁――はもはや政治ではなくエンターテインメントだ。エンターテインメントはジャンクスペースを介して、究極の排除と集中を司る密室体制を敷く――集中ギャンブル、集中ゴルフ、集中会議、集中映画、集中文化、集中休暇。エンターテインメントとは、熱かった惑星が冷えていくのをじっと眺めるようなもので、そこでのおもな発明はとうの昔になされたものだ――動画、ローラーコースター、音声、アニメーション、道化師、一輪車、恐竜、ニュース、戦争。有名人《セレブ》（著しく不足しているが）以外に、僕たちが新たに追加したものは何もない。僕たちは単に形を変えただけだ。コーポテインメント[26]は収縮中の銀河だ。非情なるコペルニクスの法則に従って運動していかざるを得ない。企業美学の極意は排除力、効率性の称揚、過剰なものの根絶にあった。つまりカモフラージュのために抽象化することであり、「企業の崇高性」を追求することだった。組織美(27)は人気と需要が高まると温かく、ヒューマンで、寛容で、気まで、詩的になり、脅迫的ではなくなった。水は細い細い穴に通されて圧をかけられ、外に押し出されて正確な輪を描く。まっすぐなヤシの木はグロテスクなポーズに曲げられ、空気には酸素がむやみに足される――まるで可変性の物質をこれでもかと激しく歪曲することでのみ管理体制が維持でき、予測不能なことを排除したいという衝動を満足させられるかのようだ。(28)録音笑いならぬ、既製の幸福感……。ノイズが生じないよう、色彩は消滅した。色が使われるのは行動開始の合図を出すときだけだ。リラックスして、楽しんで、お元気で。僕たちは鎮静のなかに統合される……。なぜ僕たちはもっと強いセンセーションに堪えられないんだろう? 不調和に? 不自然さに? 天才に? 無秩序に?……。ジャンクスペースは癒す。いや、少なくともそれが多くの病院が想定するところだ。僕たちは病院が特別な場所だと思っていた――においでわかる世界だと。でも、世界共通の環境に馴れたいまは、それが単なる一つのプロトタイプにすぎなかったことが分かる。あらゆるジャンクスペースはにおいで識別されるのだから。その多くは堂々たる大きさで、近代主義の壮大なインスピレーションが最後に放ったアドレナリンで構想されていて、僕たちはそれらをヒューマンにつくった(つくりすぎた)。いまや生死の決定は、色褪せた花束と、空のコーヒーカップと、昨日の新聞が散乱する、どこまでもフレンドリーな空間で行われている。かつて死はしかるべき部屋のなかで迎えるものだったが、いまは近親者がアトリウムに集められる。どの垂直面にも太い水準線が引かれ、病院を二分している——上の方は「色」、最愛の人々、子供たちが描く夕日、表示、アートなどがえんえんと続いてヒューマニスティックな絵巻をなし……下の方は摩滅と消毒の実務ゾーンとして、モノがぶつかる、ひっかき傷ができる、モノがこぼれる、シミが付くことを想定している……。ジャンクスペースは休暇としての空間だ。かつて余暇と労働には関係があって、聖書の命によって一週間が二分され、社会生活が統括されていた。いま僕たちはもっと働き、終わりなきカジュアルな金曜日に閉じ込められている……。オフィスがジャンクスペースの次なるフロンティアだ。家で仕事ができるようになったので、オフィスも家庭らしさを目指すようになった。人間としての時間もまだ必要だから、それが都市を刺戟する。ジャンクスペースが特色とするオフィスは都会的な家庭、会議室兼寝室だ。デスクは置物になり、オフィスフロアは親密さを高めるダウンライトで照明される。家庭内広場にはデカいパーティション、キオスク、ミニ・スターバックスが。ポストイットの小宇宙。「チームの思い出」とか「持続性のある情報を」とか。記憶できないことを世界が一斉に忘れることへの無駄な抵抗、自己矛盾した行動理念だ。企業のアジ宣伝を見るといい——そこではCEOの執務室は世界中の同じようなジャンクスペース（リアルと想像上の両方）とネットで繋がれ、「指導者連合体」ができている。Espace《エスパス》[29]がe－スペースになるわけだ。二一世紀にはインテリジェントなジャンクスペースが登場するだろう。大きなデジタルダッシュボードには売上高とかCNNYSENASDAQC-SPAN(30)とか、良好と不良のあいだで上下するものすべてが、自動車教習コースについてくる自動車理論の授業みたいにリアルタイムで表示されているだろう……。グローバリゼーションは言語をジャンクスペースに変える。僕たちは話し言葉のスランプに陥っている。英語がどこでも通じるようになったというのは引き合わない労苦だった。いまはだれもがそれを話すから、だれも使い方を覚えていない。みなで英語の質を落としたことが、僕たちの最も輝かしい功績だ。僕たちは無知と、訛《なま》りと、スラングと、専門用語《ジャーゴン》と、観光と、外注《アウトソーシング》と、マルチタスクで、その背骨を打ち砕い《ブロークン》たのだ……。僕たちはおしゃべり人形のように、英語で好きなことをなんでも言わせることができる……。言語に部品を継ぎ足していったために、的確な言葉はもうほとんど残っていないから、僕たちの最高にクリエイティブな推論が立てられることはもう決してないし、発見はされないままだし、コンセプトは打ち出されず、思想は消え、ニュアンスは伝わらなくなる……。僕たちは華美な書き割り《ポチョムキン》の郊外に住んで、曖昧な言葉だけを交わしている。異常な言語エコロジーが、正当性を主張するヴァーチャルな主語を支え、その存続を助ける……。言葉は探求し、定義し、表現し、対決するためにではなく、はぐらかし、ぼかし、当惑させ、謝罪し、慰めるために使われるようになった……。言葉は権利を主張し、だれかを犠牲者に仕立て、議論に火をつけ、罪を認め、コンセンサスを促す。すべての組織と職業（あるいはそのどちらか）が言語地獄への落下を強要している。言葉の地獄に投げ込まれた者たちは、嘆願する、嘘をつく、駆け引きする、押し潰す……といった行為がつくり出す負のスパイラルのなかで言葉と格闘し、悪魔的に操作された無意味さと悪戦苦闘しなくてはならない……。ジャンクスペースはもともと屋内として生まれたものだが、まるごと都市をあっさり呑み込んでしまえもする。まずそれは容れ物から抜け出し――温室保護が必要だった、意味としての蘭が、温室の外に驚くほど逞しい姿で現れる――続いて、屋外自体が改装される。道路はもっと贅沢に舗装され、屋根の覆いがあちこちに増えるが、そこに書かれたメッセージはどんどん独裁色を増し、道路は静かになり、犯罪は排除される。するとジャンクスペースがLA《ロサンゼルス》の山火事みたいにぱっと広がる……。ジャンクスペースが地球全体で進化した状態が、「明白なる使命《マニフェスト・デスティニー》」[31]の最終地点だ。公共空間としての「全世界《ザ・ワールド》」……。かつて公《パブリック》だったものから復活したシンボルと、勢いを盛り返したその残り火には、新しい牧草地が必要だ。新手の植栽がテーマ別に効率よく囲い込まれる。ジャンクスペースが外に出ていったことにより、モノの性質を変えることが一つの職業になった。それはスロットマシンの森のなか、アルマーニの近く、ねじり曲げられたバロック樹木の隙間に絶滅危惧種のシベリアトラを配置する、恵み深いエコファシズムだ……。屋外では、カジノとカジノのあいだにある噴水が瞬間射出し、スターリン様式建築をまるごと液体で描き出すが、それはしばし宙に漂ったかと思うとお得意の健忘症に陥ってひっこむ……。空気、水、木——このすべてがハイパーエコロジー™、『ウォールデン』(32)〔森の生活〕の世界、新しい熱帯雨林をつくり出すために改良される。ランドスケープはジャンクスペースになった。枝葉《フォリエッジ》ができそこない《スポイレッジ》になったというわけで、木は無理に曲げられ、芝は人間の小細工をカバーして分厚い毛皮、いやカツラさえ思わせ、スプリンクラーは数学のダイアグラム的な予定表どおりに放水する……。ジャンクスペースの対極に思えるゴルフコースも、実はその概念的な替え玉なのだ。空っぽで、静寂で、商業的ながらくたがない。ゴルフコースをもっと空にするにはそれと反比例してジャンクスペースを満たせばいい。二者はデザインの仕方も実現化の仕方も似ている——消去、白紙状態《タブラ・ラサ》、再構成。ジャンクスペースはバイオジャンクに、エコロジーはエコスペースに変容する。エコロジーとエコノミー(33)〔経済〕がジャンクスペースで合体してエコロミーに。エコノミー〔経済〕はファウスト的になった。過剰開発は人工的な未開発状態に依存している。地球規模の巨大官僚主義が、コスタリカにステロイド熱帯雨林(34)を育てるという義務を引き受ける代わりに土地を略奪する権利を手に入れ、途方もなくでかい陰陽関係のなかでジャンクスペースとゴルフの、削り取られた《scraped》山と捏造された《scaped》景観(35)のバランスをいままさに取ろうとしているところだ。これからの環境汚染に備えた、未記入小切手としての酸素バンク、葉緑素のフォートノックス(36)的貯蔵庫、エコ備蓄。ジャンクスペースは黙示録を書き換え中であり、僕たちは酸素中毒で死ぬかもしれない……。かつては、ジャンクスペースが複雑であっても、そこに付属するインフラ基盤がまるっきり無垢の状態であることで釣り合いが取れていた。まさに近代主義が最初に目指していた圧倒的純粋性を日常的に体現している駐車用ガレージ、ガソリンスタンド、配送センター。いまはインフラ基盤にも叙情《リリシズム》が大量投与されていて、おかげでインフラは、かつてはデザインや嗜好性や市場とは無縁な領域だったのに、ジャンクスペースの世界に加われるようになったし、逆にジャンクスペースも青空の下でのびのびと身体を伸ばせるようになった。鉄道駅は蝶々のように鉄の羽根を広げ、空港は巨大な露《つゆ》の雫《しずく》のようにきらきら輝き、橋はグロテスクな大きさに膨らんだハープのような姿で、たいていはどうでもいいような土手同士を繋いでいる。どの小川にもそれぞれカラトラヴァ(37)を、というわけだ(強風の折は、この新世代の楽器はまるで巨人が、いやひょっとして神が奏でているかのように揺れ、人類は身震いするばかり……)。ジャンクスペースは空気感染することもあり、マラリアをサセックス州に運んだりする。理論的には半径三マイル〔約五キロ〕の範囲で八〜二〇人の地元住民を感染させる力をもつハマダラ蚊が、CDG(38)やGTW(39)に毎日三〇〇匹やって来る。しかも、突如、場違いな自主性っぽいものを発揮して、平均的搭乗者は観光先の行き止まりにタッチして帰る機内でシートベルトを締めたら最後、消毒なんてする気はないから事態は悪化する。他所《よそ》へ行く人々を一時的に収容し、いずれ散り散りになるだけの集まりをさばく空港は消費の強制収容所と化し、全地球上に民主主義的に分配されて、なかに入るチャンスを各市民に平等に与えている……。MXP[40]はまるで東ドイツ再建——共産主義による剝奪を帳消しにするものは何でも再建の対象になった——の後に余ったものすべてが、なんとなく長方形らしき青写真に沿って大急ぎでブルドーザーでならされ、形の歪んだ場違いな空間がちぐはぐに並んでいるといった風情なのだが、それは明らかにヨーロッパの現支配者たちが仕向けたことであり、彼らはこの共同体〔EU〕の地域ファンドから大量のユーロをほしいままにゆすり取った挙句、いまは納税者への返済を無期限に先延ばししている。ただし、当の間抜けな納税者たちは携帯電話に忙しくて気がつかないのだが。DFW[41]はたった三つの要素でできていて、それぞれが無限に繰り返されるのみだ。つまり一種類の梁材、一種類のレンガ、一種類のタイルでできていて、どれも同じ色でコーティングされている——青緑色と言うんだろうか？　錆色？　タバコ色？　そのシンメトリーの広がりは際限がなく、ターミナルでは曲線がえんえんと続くために、搭乗ゲートを探す利用客は相対性理論の実践を強いられている。手荷物チェックインの場所は問題なさそうだが、そこから始まる行程はピザハットやデイリークイーンの賑わいを越えて、紛うかたなき空無の核心へと向かう……。盆地文化[42]はジャンクスペースに対して最も抵抗力があると思われていた。GVZ[43]では規則、秩序、ヒエラルキー、几帳面さ、調和の支配する世界が内部破裂する寸前の、落ち着いた状態をまだ見ることができるが、ZRH[44]では巨大な「時計作品」が屋内の滝の手前に宙づりされ、「地方ジャンク」の一篇のエッセイを綴っている。免税店はジヤンクスペースであり、ジャンクスペースは免税空間である。文化が希薄だったところからダメになっていくのだろうか？　空っぽなのはローカルな問題だろうか？　広々として開放的な空間は、広々として開放的なジャンクスペースを必要とするのだろうか？　太陽地帯《サンベルト》[45]——もともと何もなかったのにいまは巨大な人口をもつ場所。PHX[46]——どのターミナルにも出陣化粧[47]が施され、カーペット、壁紙、ナプキンなど、あらゆる表面に描かれたいまは亡きアメリカンインディアンの姿が、自動車のタイヤに轢かれたカエルを思わせる。LAXではターミナルじゅうにパブリックアートが置かれている。僕たちの川から姿を消した魚が、パブリックアートになってコンコースに戻ってきたというわけだ。死せる者のみ、蘇ることができる。記憶自体、もうジャンクスペースになっているのかもしれない。殺された者だけが人々の記憶に残る……。喪失は過剰と不足のどちらによっても起こるが、ジャンクスペースではその両方が（しばしば同時に）起こる。ミニマム〔最小〕は究極の装飾であり、独善的な犯罪であり、現代のバロックだ。それは美しさではなく罪を意味する。それが示す真剣さは、キャンプ[48]とキッチュ[49]が大歓迎して広げる両腕のなかに、すべての文明を送り込む。一見、絶え間ない感覚攻撃から解放してくれるように見えるが、じつはミニマムは倒錯的に変装したマクシマム〔最大〕なのであり、人目を盗んで豪華さを消す。線引きが厳しければ厳しいほど、誘惑は抗いがたいものになる。それがやってのけるのは崇高さに近づくことではなく、消費することの後ろめたさを最小限に抑え、きまり悪さを水に流し、高所にあるものを引きずり下ろすことだ。いまのミニマムは過剰摂取に寄生し、共依存[50]して生きている——持つことと持たざること、欲望することと所有することがついに決壊して一つの記号表現《シニフィアン》[51]になったのだ……。美術館は神聖な場所のふりをしたジャンクスペースだ。神聖さ以上に頑丈なオーラはない。美術館は自らが与《あずか》り知らないところで惹き付けた改宗者たちを受け入れるために、「悪い」空間をどっさり「良い」空間に変える。オークの建材は手入れされていなければいないほど、利益も大きい。デパートの大きさにまで膨らまされた修道院。そこでは拡大が三千年紀のエントロピーであり、薄まるか死ぬかだ。おおむね死者を敬《うやま》うのが目的の場所なのに、いま都合がいいからといって、これほど気楽に屍体を並び換えてしまえる墓場がどこにあるだろう。キュレーターたちはショップなみの腕前を発揮して、寄贈者名プレートの並ぶ迷路のなかで何を壁に掛け、意外な組み合わせをどうつくり出すかを考える。こうしてランジェリーは「裸体、行動、身体」に、化粧品は「歴史、記憶、社会」となる。黒いグリッドをベースに描かれた絵画がすべて白い一室に集められる。巨大サイズに変身したクモが群衆に興奮状態をもたらす……。時のはじまり以来、人間が点と点を結び、空白を埋めるのを可能にしてきた、物語を司る反射神経はいま、人間に反旗を翻している。僕たちは気づかずにいられない——馬鹿馬鹿しすぎる、どうでもよすぎる、無意味すぎる、無礼すぎる「話の展開」[52]というものはない……古代から進化してきた人間の能力、抑制のできない注意持続時間の働きで、僕たちはしかたなく脳にものを刻み、洞察を試み、意味を絞り出し、意図を読み取ってしまう。こうして、まったく意味のないものにも理屈を通さずにはいられない……。コンテンツプロバイダーとして凱旋中のアートは、拡大する一方の美術館のはるか向こうに広がっている。外界の、現実の世界では、「アートプランナー」が空いている壁に目をつけてすでに消滅した神話作品の製作を発注し、空いている空間に三次元の作品を企画して、ジャンクスペースの本質的な支離滅裂ぶりを撒き散らしていく。本物を探し歩く彼らの手によって「現実にあったもの」の運命が決まり、ジャンクスペースに編入される。画廊は束になって「先端的な《エッジー》」場所に押し寄せ、何もない空間をホワイトキューブ(53)に改造していく……。唯一、正当な理屈は喪失であって、アートは自らの病状に正比例してジャンクスペースを補充していくのである。かつて僕たちはモノを使い果たせば新たに補給していたが、いまは消滅したものを復活させようとしている……。外では、建築家の手による歩道橋が、殺到した熱狂的歩行者たちによって倒壊寸前まで揺さぶられる。デザイナーが打ち出した大胆な表現も、いまは技術者がダンパーを取り付けてくれるのを待っている。ジャンクスペースは「見て! 両手とも付いてないよ!(54)」的世界なのだ……。嘘っぽく見えないかどうかがジャンクスペースの常なる不安だが、その心配は石油化学製品やプラスチックやビニールやゴムではもう消せなくなった。合成製品だと安っぽくなる。ジャンクスペースは本物への権利を大袈裟に主張しなくてはならないわけだから。ジャンクスペースは果てしない量の「リアル」——石、木、商品、太陽光、人々——を「架空」のものに変換する子宮みたいなものだ。山全体がバラバラに解体されて、これでもかという量の「本物」が生み出され、それらは不安定なキャンチレバー[55]で支えられ、磨かれて目もくらむほどの閃光を放ち、当初の真剣な意図を一瞬にして見えなくしてしまう。そうやってできる石は薄黄色、肌色、強烈なベージュ、石鹸っぽいグリーン、一九五〇年代の共産圏製プラスチックの色のどれかしかない。森林は伐採され、そこから届く材木には生気がない——ジャンクスペースの起源《オリジン》は「幼稚園」なのかも……(「オリジンズ」は肛門のあたりがヒリヒリするミントシャンプー)。現実世界の色はどんどん非現実的で褪《あ》せて見えてきた。仮想空間の色は輝いているから魅力的だ。リアリティ番組の氾濫によって、僕たちはみなジャンク宇宙を監視するアマチュア監視員になった……。クラシックバイオリン奏者の潑剌とした胸に始まって、「ビッグ・ブラザー[56]」の追放者が生やしたデザイナーズ無精髭、元革命運動家の時と場合によって現われる小児性愛、スターたちのお決まりの麻薬中毒、伝道師のメーキャップの崩れ、指揮者のロボットっぽいボディランゲージ、募金マラソンなる胡散臭い慈善事業、政治家の空々しい説明に至るまで、ブームから吊るされたテレビカメラ——嘴《くちばし》もツメもなく、胃袋としての目だけがついたワシ[57]——がさっと急降下してそれらの被写体や告白を、まるでゴミ袋みたいに無差別に呑み込んでいき、電脳《サイバー》嘔吐物として空中に撒き散らす。ケバケバしくて大仰なテレビスタジオのセットは、僕たちが知る遠近法空間の最高の出来栄えであると同時にその終わりを告げてもいる。四角い過去の遺物がキラキラ輝く無限の宇宙を侵蝕している。仮想空間で伝播しやすいように編集された現実空間は、いまいましいフィードバックループ[58]の重要なかなめだ……広大なジャンクスペースはビッグバンの端まで伸びている。僕たちはずっと屋内で生活しているから――動物園の動物みたいだ――天気に執着する。全テレビ局の四〇パーセントに、吹きさらしの建て込みの前でしかたなくジェスチャーしながら喋る、見栄えのちょっと劣るプレゼンターがいて、そこで視聴者は自分がこれから行く場所ないし現在位置の天気を知る、こともある。観念的に言えば、テレビ画面の一つ一つが窓代わりになっているわけで、現実の生活はその内側にあり、サイバースペースが偉大なる屋外となっているのだ……。人類はつねに建築についてあれこれ言っている。もし空間が人類を眺めるようになったとしたら？ジャンクスペースは身体に侵入してくるのだろうか？ 携帯電話の振動を通して？ もうそうなっていたりして？ ボトックス注射もそうか？ コラーゲン？ シリコン注入？脂肪吸引？ 陰茎増大手術？ 遺伝子治療はジャンクスペースに合わせた全身改造を予言しているのだろうか？ 僕たち一人一人がミニ建設現場？ 人類とは、三〇～五〇億人分のアップグレードの総和か？ それは新しい種《しゅ》を自家製ジャンク圏に送りこむのを助ける、再編成のレパートリーの一つだろうか？ きれいな表面《コスメティック》が新手の宇宙《コスミック》……。（二〇〇一年）

訳注

(1) ロサンゼルス国際空港の航空業界コード（IATAコード）。旅慣れた航空旅客はこのコードネームで空港を認識する。

(2) 生物が外界や体内から何らかの刺激を受け取り、情報として利用できるように変換する仕組みを持った構造を指す生物学用語。

(3) フロリダ半島の先端、バミューダ諸島、プエルトリコを結んだ三角形の海域で、これまで数多くの船舶や飛行機が原因不明で消息を断った「魔の三角地帯」と呼ばれる。ただし実際には根拠はなく、この表現は伝説として生きつづけている。

(4) 不安をなくすために子供が肌身離さず持っている毛布。スヌーピーの友だちライナスの毛布もこれ。

(5) ある形状が別の形状へとスムーズに変化していく様子を見せるCGの手法。映画やアニメーションに使われる。

(6) 設計をする上で基準となる寸法をさす。ル・コルビュジエや丹下健三は自らの哲学によって人間環境の基準サイズを細かく決めていたが、ジャンクスペースでは既製部品や商業的な要因などによって決まる。

(7) マーケティングリサーチのために企業に呼ばれ、求めに応じてインタビューに答えたり、議論に参加したりして、特定の情報を供給する人々の集まり。

(8) スーパーストリング理論（超弦理論）は先端物理学の仮説理論で、素粒子やクォークよりももっと小さな単位のものの世界が宇宙誕生のメカニズムを解き明かす鍵を握るだろうとする論だが、ここではCGが描きだす三次元的で宇宙的なグラフィクスを指す。

(9) ピクセルで描いた絵のなかに別の絵や文字を隠してある。あまりに小さく、あまりに目に見えないことを指している。
(10) タッカーの針を打ち込むなど。タッカーはメッシュや布地を針で固定する工具。
(11) コンピュータ用語で、決められた時間内に特定の処理を終えなければならないなど、現実の時間によって定義される制約が存在すること。コールハースは「リアルタイム／同時」という概念が、市場原理で有効なツールであると示唆しつつ、この概念が特定の企業が特権的に使う商品名、つまり市場経済の特権領域にもなっていることを、「TM」をつけて示している。
(12) 古代ローマの成人男子がまとっていた、ゆったりした布地。
(13) 独身男性居住用の住宅やマンションで、ジェームズ・ボンドや「プレイボーイ」などで理想的に描かれている。
(14) 名前の頭文字などをデザインしてロゴ化したもの。ルイ・ヴィトンのLV、シャネルのCを使ったものなどが有名。
(15) 旅客機の脇で荷物や乗客の積み下ろしをする屋外のエリア。
(16) 都市風景のなかをあてもなくさまようというシュルレアリスムの手法で、五〇年代にはシチュアシオニストの理論家ギ・ドゥボールが次のように定義した。「都市社会のありように結びついた実験的な行為の一つで、変化に富む環境のなかをすばやく通過する技術」。
(17) 「ポシェ」とはフランス語で、外壁と内周面とのあいだにできる隙間の空間のこと。その存在が建築の内側と外側の不一致、不純な構造をつくる口実となる。
(18) 微速度撮影。時間あたりのコマ数を少なくして撮影する技法。

(19) シグネチャーとは、有名人が自ら書き記す、作品の正統性のあかし。

(20) リアリティ番組。素人たちが現実のなかで困難な状況や予測不可能な状況に立ち向かうさまをカメラが追いかける、ドキュメンタリードラマ番組。一九九〇年代に世界的に広まった。

(21) ジョージ・オーウェルの小説『一九八四年』(一九四九年)に登場する独裁者。第三次世界大戦後に現われた大国「オセアニア」を支配するビッグ・ブラザーは、現代の監視カメラに通じるテレスクリーンなどで日々、住民を厳しく監視している。

(22) キリストが地上で千年支配し、千年の至福が続くというキリスト教の考え方。それが終わるとサタンとの戦争の末、最後の審判となる。ここでは「至福」を「贅沢三昧」に置き換えた。

(23) 神経細胞などにおいて、ある刺激によって活動電位が一度発生すると、二回目の刺激では反応性が低下して興奮しない。この時期をいう生物学用語。

(24) 企業内で各自、利益を生みだすよう努力する責任単位。各事業部。

(25) 装飾としてのハネが端々についた書体をセリフという。

(26) 企業が社員、取引先、株主などのために主催するイベント。

(27) 組織犯罪の「組織」のニュアンスをかけている。

(28) テレビやラジオで使う、あらかじめ録音してある笑い。ラフトラック。

(29) 「スペース」を意味するフランス語。

(30) CNN　NYSE　NASDAQ　C-SPAN。CNN放送のニューヨーク証券取引所ナスダック市場を伝えるアメリカの有線・衛星放送C-SPAN。

(31) アメリカ合衆国の西部開拓を正当化していた標語。

(32) ヘンリー・デイヴィッド・ソローが自然に囲まれた生活を著した、自らの体験記（一八五四年）。

(33) ゲーテの『ファウスト』の主人公のように、欲しいものを手に入れることの引き換えに、魂を奪われること。

(34) ステロイドの一種はドーピング薬物と言われ、筋肉を短期間で劇的に増強させる効果をもつ。

(35) コールハースは一九九七年、ハーバード大学院の学生たちとともに中国・珠江デルタ地域の都市研究を行ったが、そこで認められた新しい都市化の現象の一つを scaped（スケープされた状態）と名付けた。ランドスケープ（風景）やシティスケープ（都市景観）が人工的かつインスタントにつくられた状態を指す。

(36) ケンタッキー州フォートノックスの陸軍基地内にアメリカ政府の金塊が貯蔵されている。

(37) サンティアゴ・カラトラヴァ（一九五一年〜）は構造体を主役にして彫刻的なフォルムの建築や橋を多数手がけた、スペインの構造デザイナー。

(38) パリ・シャルル・ド・ゴール空港のIATAコード。

(39) ロンドン・ガトウィック空港。

(40) ミラノ・マルペンサ空港。

(41) ダラス・フォートワース空港。

(42) GVZ（ゴンザレスチャベス）もZRH（チューリッヒ）も盆地で、独自の伝統文化を守っている。

(43) アルゼンチンのゴンザレスチャベス空港。ブエノスアイレス市にある小さな空港。

(44) スイス・チューリッヒ空港。

(45) アメリカ南部の、東西に広がる温暖地帯。

(46) アリゾナ州フェニックス国際空港。
(47) 戦いの前、アメリカンインディアンが顔と身体にペンキで描いた装飾画。
(48) 映画・音楽・文学・視覚芸術などのカルチャーにおいて、悪趣味さや皮肉な価値ゆえに魅力がある、という美学。「スウィッシュ（男性がいかにも女性的な）」と「ドラァグ（女装した男性、女性らしさを誇張してまねること）」が主な要素。
(49) ドイツ語で「俗悪なもの」「まがいもの」のこと。価値観の変化のなかで、従来価値が低いとされてきた大衆芸術・芸能における独自の価値を指すようになった。
(50) 二人の人間が過剰に依存しあい、その関係に囚われていることに満足感を得ている状態を指す。
(51) 抽象的な概念であり、本来見えない言葉を伝達手段にするもの、つまり音声や文字を指す。
(52) 自分の興味や関心のあるものに対して注意を向ける機能が持続する時間。
(53) 現代アートの理想的展示空間とされる、何の装飾もない、全面的に白い空間。
(54) 「ヨーロッパ＋アメリカの前衛」訳注（3）参照。
(55) 腕木、腕金など、片持ち状の支持具。
(56) 一九九九年にオランダで放送開始されて世界中に広まったリアリティ番組。十数人の男女が完全に外部から隔離された家で三か月共同生活し、権力者の座をめぐって起こすさまざまなドラマが、家の各所に取り付けられたカメラで捉えられる。定期的に何人かが追放され、戦いに勝ったものが賞金を得る仕組み。タイトルは訳注（21）のオーウェルの小説から取られた。
(57) カメラを長いロッドの先端から吊るし、その位置を空中で操作する装置。
(58) 視聴者の苦情や意見を局に送るコミュニケーション回路。

訳者あとがき

太田佳代子

巨巻から文庫本へ

S,M,L,XL が世の中に登場したとき、本としての異様な佇まいがまず人々の目を奪った。厚さ七二ミリの、まさに「ビッグネス」を地で行く本が、話題をさらった。

一三〇〇ページを超えるこの巨巻の中には、現代の出来事、都市や文化の様相を伝える実にさまざまなものが凝縮されている。それはあたかも、現代都市のすみずみからサンプルされた膨大な量のかけらを、矛盾もそのままに、表表紙と裏表紙のあいだに束ねたかのようで、本の中に入り込んだ読者は、複雑を極める「現代」という地平を一気に駆け抜けていくようなセンセーションを得る。

本書はこの膨大な量のテキストとイメージが錯綜する *S,M,L,XL* から、おもに現代都市に関して書かれたエッセイを集め、さらにこの本（一九九五年）以降に書かれた「ジャンクスペース」などの問題作を加えた、コールハース最新テクスト集の邦訳版である。

イメージはほぼ皆無、文字だけのオーソドックスな本を作るという考えは、巨巻を作った後の反動といえば反動と言えるかもしれない。薄い、軽い、シンプル、読むことに集中できる——原書と真逆の本は、著者とともに企画構成された。それは邦訳版を作る上でも大歓迎の展開だった。

つまり、ここに収められたエッセイはコールハースが都市観察者として書いたものに限られ、ＯＭＡ（Office for Metropolitan Architecture）の建築家として作った都市・建築プロジェクトに関するエッセイは入っていない。フランス新国立図書館、カールスルーエ芸術メディアセンター（ＺＫＭ）、パリ大学ジュシユー図書館、ラ・ヴィレット公園都市計画、ムランセナール都市計画など、その革新的な建築思考でその後の建築界に大きな影響を与えたものも*S,M,L,XL*には少なからず記述されているが、図面や写真なしでは無理があるし、本の性格も曖昧になる。

さらに、重要な都市論として、著者がハーバード大学院ＧＳＤとともに行なった珠江デルタの都市調査で綴った未発表のエッセイがあり、ぜひとも入れたかったのだが、編集に時間がかかる状態のため、泣く泣く諦めた。

というわけで、本書を『S,M,L,XL+』と名付けたが、いろいろと差し引いてもいるので、本当は『S,M,L,XL±』が正確かもしれない。『錯乱のニューヨーク』と同様、これらのエッセイが現代都市のゴーストライターによる短編小説集のように読まれるといいと思う。

S,M,L,XL という事件

最初に、原書であるS,M,L,XLについて簡単に記しておきたい。

『錯乱のニューヨーク』(一九七八年)以来、建築家としての活動に没頭していたコールハースは、このS,M,L,XLで久々に本という媒体に取り組んだ。建築や都市計画の実現で味わった挫折を動機として、現代社会に別の方法で体当たりしたいという欲望が生まれた――というのは筆者の仮説である。驚くべきは、一冊の本であってもそれをタブラサの土地のごとくに見据え、そこで新天地を開拓したことだ。彼は対象が何であれ、そこに新しい可能性《ポテンシャル》を直感すると、自分の全知性を動員してそこに挑んでいく。建築、都市計画、ファッションショー、政治体制のブランディング、雑誌、本――およそ現代社会が潜在的にもつポテンシャルを開拓することで新しい世界が開けるという確信を持つと、たとえ何百回もの実験のやりなおしを必要としても、恐るべき風圧と恐るべき真剣さを維持して突進していくのだ。

この本でコールハースが切り開いた地平、それは端的に言えば、まさに本でしか得られない体験を新たに作り出したことだと思う。その体験は映画を見ている感覚にも近いもので、本全体をとおして何層にも積み重なった相互連関のポテンシャルが、読み手によって縦横無尽に結びついていく快感、と言えばいいだろうか。

本に集積されたさまざまな現代都市の断片は一見、ランダムに集められたかのようにみえるが、じつは周到に配置され、巧みに縫い合わされている。それは小説家が言葉によって世界を描き出すのと同様に、建築家が自らの表現手段や伝達手段を駆使して現代を描き出そうとすることによって可能となる、いわば建築家の描いた「世界」、現代都市という小説だと思う。

ただ、主体が分裂している。書き手の一人は建築家で、自作品の建築と都市計画プロジェクトを語っている。書き手のもう一人は、世界のさまざまな都市を観察し、洞察を綴る。さらに、二〇世紀を象徴する写真や絵画、重要な用語や事件の記録といったコンテクスチュアルな要素が本全体に鏤《ちりば》められていて、そこでの彼は編纂者だ。

こうした「声」の複合性と矛盾やズレが、現代を写し取る媒体の基本構造になっている。複数の役割と声が一つの物語を編むのが文楽なら、この本は一人の声と役割が分裂して現代という物語を不断に開放していく試み、と言ったらいいだろうか。

都市への洞察

本書に収められた現代都市論・建築論は、「二人目の書き手」が世界中を飛び回る日常生活の中で、折々に書いたエッセイないしストーリーである。

まず明確にしておきたいのは、これらが数々の建築家や建築史家がこれまで書いてきた都市「理論」、建築「理論」とは本質的に異なることだ。都市という無限の変異体について、ひとつの系統だった理論が成立するとは彼は思っていないはずだ。むしろ、いま見ているものを克明に観察し、描写し、考察することでしか、つまりジャーナリストの王道を行くような謙虚な姿勢なくしては、都市あるいは現代の社会の実態に迫ることはできないと信じているのだと思う。

原書はサイズ――S・M・L・XL――という異例の分類をしているが、ここではエッセイ集を別の方法で三つの章に分けた。一つ目はヘビーな豪球と言おうか、二〇世紀が経験した都市と建築の本質的な転換を捉えた問題提起的論文である。

二つ目の「ストーリー」は、お伽噺、メモアール、日記風のエッセイ集だ。現実を突き抜けた、幾分シュールな物語はコールハースの得意とするジャンルで、その才は『錯乱のニューヨーク』の最後に登場する「プールの物語」ですでに発揮されていた。このセクションでは、近代建築の生まれたての時代を旅するファンタジー、建築が錯乱のニューヨークで小気味よく変異していく過程、若き建築家の原点となった体験、あるいは極東での異文化体験が題材となっている。ここに示された語り部としての才は、コールハースの建築の組み立て方にも通じるものがある。

三つ目の「都市」は、グローバル化する市場経済体制のなかで、とくに旧大陸／ヨーロッパと異なる近代化の現象を顕著にしめす都市を観察した、長編・短編集だ。アトランタ、ベルリン、シンガポール、東京、ドバイは、世界における都市変容の最前線である。

これらのエッセイが具象画だとすれば、冒頭の長編エッセイ、「ジェネリック・シティ」は抽象画である。さまざまな場所での観察を合成し、現代性を抽出した抽象表現。その意味で、巻末に置いた「ジャンクスペース」は「ジェネリック・シティ」と似た執筆プロセスと気分とリズムを持つものであり、最後に突如暴走する即興演奏のごとく「カデンツァ」と章を名付けた。

問題を提起する

「ジェネリック・シティ」は本書でもとくに問題作を意図した一編である。エッセイの端から端まで、電光掲示板のように文字が淡々と無表情に流れていく。筆者のつぶやきが聞こえてきそうな表記法になっている。

地球全体を包む勢いの市場経済とグローバリゼーションの力が、効率性、利便性の際限ない追求によって、都市のありようを、とくにそのパブリックな空間のなりたちを変質させつつある——この現象にコールハースは着目し、ジェネリック・シティと名付け、克明な描写を通して痛烈な批評を行った。

このジェネリックという名前は、特許権の期限切れによってオリジナル製品と同じものが広く一般に、安価に製造できるようになったジェネリック医薬品のそれとも重なる。商品が大量に再生産されるかのごとくできていく複製都市を表している。

その現象の最たる特徴は均質化である。極端にいえば、いまや住宅やビルのみならず、都市全体が、工場で大量生産されたものに置き換わりつつあると言っていい。マッスを捌く流通システム、交通システム、都市開発の論理が、伝統的な都市計画のビジョンとは異なる次元で都市を変貌させている、あるいは新種の都市をつくりだしている。

一方、都市はグローバル規模の経済競争で生き残らなくてならず、均質化の波に呑まれながらも、個性を特化させていかなくてはならない。アイデンティティをめぐる不思議な現象がパラドクスとして生み出されていく。

コールハースの観察眼の冴えは、都市の「残余空間」に着目したくだりにも現れる。ジェネリック・シティの緑地は従来の都市のような単なる残余地ではない。それはシティ全体をつなぎ合わせる装置であり、「エデンの園風」の「政治とランドスケープの混成状態《ハイブリッド》」というアイデンティティの表象媒体」になっている、という（6－2）。これは中国の新興都市やシンガポールに限らず、日本でもどこでも都市開発された場所にみられる光景で、政権に限らず、大資本の空間の覇権という「政治」が浮き彫りになる瞬間だ。

ジェネリック・シティという「新種の都市」は、従来の建築を変容させたビッグネスの集積によって生まれる――これがジェネリック・シティとビッグネスの関係だと、著者は述べる（「ビッグネス」）。

ビッグネスというのは巨大な建築のことであり、超高層ビルはその代表格だ。エレベーターを代表とする画期的な機械設備の発明によって、土地は何層、何十層にも積み重ねられるようになり、不動産の経済効率は一気に拡大した。そこで発達したのが「基準階平面」という、平面構成のテンプレートだ。さらにカーテンウォールなどの建設工法や構造技術の発達（「まさかの林檎」）が、建物をタテだけでなくヨコにも拡大することを可能にし、それが人々の社会生活に大きな変化をもたらした。つまり、建築専門外での技術革新が、建築の原理そのものの変更を、あるいは無化さえ余儀なくさせているのだ。

「集積」といっても、従来の都市の中心部のような密度をもつわけではない。それ自体都市と化したビッグネスは、実際、どこにでも存在し得る。「まわりの状態《コンテクスト》なんか糞食らえ、と言っている」というわけだ。つまり、このビッグネスが立ち並ぶとしても、それは従来の街並みが形成されるのとは別の動機によって起こるのであり、そこがジェネリック・シティと従来の都市との本質的な違いである。

ビッグネス、基準階平面、ジェネリック・シティ——二〇世紀に進行した一連の変動によって、建築家たちが開拓し、高めてきた建築の美学、構成力、機能性といった職業的な価値の体系は、こうして変容を迫られていて、その事実を直視して警鐘を鳴らすのが、「問題提起」に集めたエッセイだ。

「ジェネリック・シティ」と「ビッグネス」を書いた二一年後、コールハースが注目しているのはスマートシティの世界的浸透が建築に与えるネガティブなインパクトだ。日本でも急速に浸透しつつあるスマートシティが建築に投げかける問題について考察したこの最新エッセイを、本書に滑り込みで入れられたのは幸いだった。

ストーリー――記憶のなかの都市

自らの記憶を綴ったこの章のエッセイは、若き日のコールハースが駆け出しのアーキテクトとして経験したことが、大半のテーマになっている。AAスクール在学中の二八歳のとき、彼はベルリンの壁を都市建築として捉え、観察した。「実地調査の旅」で発揮された、ベルリンの壁に対する独創的な視点と洞察力には圧倒される。「冴えない」物体としての壁をめぐる考察は、その壁が背負わされた政治的、歴史的、文化的、都市環境的意義を横断し、むしろ建築が持ち得る豊かな可能性《ポテンシャル》を引き出してくるから驚きだ。

その考察から三〇年後、ベルリンの壁の近くに建つ在ドイツ・オランダ大使館をコールハースは設計した。たまたま同時期に*Post-Occupancy*（完成以降）という本を出すことになり、そこでベルリンの思い出として書いたのが「ベルリン――建築家のノート」である。彼にとってベルリンは唯一の師、O・M・ウンガースとの思い出が重なっている場所らしい。この都市の未来をめぐる、師の非凡なる才能に魂を撃ち抜かれたコールハース。皮肉にも、やがてそのベルリンで、今度は自分が時計を逆回ししなくてはならなくなるとは……。

「日本語を学ぶ」は一九八七年、東京での個展のために初めて来日したときの体験と、一九八九年、磯崎新氏の推薦によりコールハースが福岡市香椎に集合住宅を設計することなり、そのために来日したときの体験を綴ったものだ。授賞式やパーティのくだりは九二年に日本建築学会賞を受賞したときのものだから、五年分の記憶の断片を繋いだものになる。日本人には決して耳ざわりは良くないけれど、コールハースの洞察力がよくわかる一編だ。全体に短いフレーズで進行するのは、俳句を意識したのだろうか。しかも、本物の（?）俳句を一句、建築の施主（のプロジェクトの総指揮者）に献上している。

各論としての都市

ジェネリック化の兆候を顕著に示す都市を記述した一連のエッセイの中でも、「最前線」「シンガポール・ソングライン」「アトランタ」はコールハースとそのチームによる膨大な量の調査を経て書かれたものだ。建築においても都市計画においても、彼はさまざまな視点からリサーチを行い、そこで知り得た事実を自ら組み立てた上で設計に取りかかる。

リーマンショックが起こる三年前あたりから活気づきはじめたアラビア湾岸都市から設計依頼が舞い込みはじめたOMAは、そのシンクタンクAMOで一連の都市を政治・経済・歴史・文化・教育の背景とともに調査研究するプロジェクトをスタートさせた。その集大成が *Al Manakh*（年鑑）であり、そこに収められた「最前線」はドバイの都市開発の実態への驚異と冷静な考察を書き留めている。

シンガポールの歴史と都市開発の相互インパクトを精密に記録したのが「シンガポール・ソングライン」だが、有志を集めての文字通り自主的なリサーチは、この都市国家に関する希有の歴史アーカイブを作り出しもした。

特筆しておきたいのは、世界の都市史としても重要なこの歴史ドキュメントに、日本が少なからぬ関係を持っていることだ。都市再開発庁の元長官としてシンガポールの今日ある姿の基礎をつくったリュー・タイ・カーが登場するが、その彼にコールハースが初めて会ったのは確か一九八九年、横浜みなとみらいで開かれた国際会議のパネリストとして同席したときだ。このシンポジウムで都市の捉え方が対照的なリューとコールハースの間で議論が白熱し、会議が終わった後に二人は急接近したと記憶している。

もっと重要なのは、日本の建築運動「メタボリズム」がシンガポールに与えた国際的なインパクトについて、日本の歴史学者よりもはるかに早く注目し、分析したことだ。日本のメタボリストと同様、いや、ある意味ではもっと切実に、建国に携わろうとする建築家たちがシンガポールにいた。その彼らが座右の銘としたのが、メタボリズムのメンバーである槇文彦が書いた *Investigation in Collective Form*（集合体の研究）である。コールハースはそのことを一九九一年からのシンガポール調査で知り、興味を持った。この小さな本はハーバード大学とニューヨークSOMを経てワシントン大学で教えていた槇が発表した学術論文で、日本では出版されていない。「シンガポール・ソングライン」では、槇が中近東や南欧での調査研究から導き出した群造形の理論と、「シティルーム」と「シティコリドー」という画期的な都市空間モデルがシンガポールの建築に与えたインパクトについて、五ページにもわたる記述がなされている。

シンガポールを介したメタボリズムへの関心がコールハースの中でさらに発展していったことは周知の通りで、この長編エッセイが書かれた翌々年、彼は東京で「アジアが都市を変える」と題した国際シンポジウムを企画し、日本からは槇文彦と故・黒川紀章（同じくメタボリズムのメンバー）をスピーカーに呼んだ。二〇〇五年にはついにメタボリズムの徹底リサーチを開始し、六年にわたる途方もない量のインタビュー、資料調査、解析を経て *Project Japan: Metabolism Talks* …（邦題『プロジェクト・ジャパン』）を編纂。こうして *S,M,L,XL* の中では日本がさまざまな箇所、さまざまなかたちで伏線をなしている。

ヒップホップ

ジェネリック・シティに住む現代人が多くの時間を過ごす屋内空間は、ジャンクでできている。この現代文明のなれの果てをヒップホップ調に歌ったのが「ジャンクスペース」だ。コールハースはハーバード大学院GSDの都市研究プロジェクトとしてショッピング空間に注目した。そこで教授自らが洞察力と連想力とユーモアを総動員して書いた実験作がこの一編である。ショッピングモールのみならず、美術館や空港など、消費《ショッピング》という現代社会の主たる営みが促進されていく大施設、大空間すべてが描かれている。

思えば、ショッピングも基準階平面もシンガポールもドバイも、ちょっと前まではまともな建築家や歴史家や評論家は相手にしなかったテーマだ。一九八〇年代の初期までは商業施設を語ることさえ、高尚なる建築家は避けていた。抑圧されたテーマをコールハースは現代の建築にとっての最重要課題と位置づけているわけで、いずれにも年単位の時間とエネルギーを調査研究に投じている。それは、限界を承知の上で、事実の収集と体系化を基盤としてこそ、ものごとの革新と創造が可能になるという、現代社会と取り組む真摯な姿勢を示していると言えるだろう。よく言われる「シニカル」というコールハースへの形容は、こう考えるといかにも表層的なものであり、つねに両義性をまといつつも精神の根底は建設的《ポジティブ》であることを見逃している。コールハースが体当たりで書いた切実なドキュメントや奥深い物語が、都市変貌の最前線であるこの日本においてこそ、目に映るものへの人々の洞察を深め、議論を豊かにしてくれることを願う。

謝辞

S,M,L,XL 邦訳書が企画されたのは原書が出版されて間もなくのことだった。実現につに二〇年近くもかかってしまった。

最初はあの巨大な本をまるごと邦訳版にしたいという野望があったのだが、さまざまな事情でそれは出口に押されていった。やがて、テキストだけの本にしたらどうだろう？というコールハース自身の一言があり、ことは一気に進んでいった。

翻訳の同志として渡辺佐智江さんに巡り会えたのは、この本にとっても幸運なことだった。渡辺さんと私とでほぼ半分ずつ翻訳を分担したが、彼女の明晰な読解力と豊かな表現力がこの邦訳本のクオリティを上げているのは間違いない。

ハードカバーの単行本ではなく、最初から文庫本で発表したいというのは、著者の希望である。彼は自著のあらゆる訳本の中でちくま学芸文庫の『錯乱のニューヨーク』がいちばん気に入っているらしい。小さな煉瓦ブロックのような紙の塊のなかに一冊の本が、大量の図版とともにぎっしり詰まっている、その驚きの物質性とデモクラティックな佇まいに惹かれているのだろう。

長年にわたって忍耐強く実現に向けて尽力してくださった、ちくま学芸文庫の町田さおりさんには共訳者として、著者の代理人として、感謝してもしきれないほどである。これほどに知的で賢明な編集者に恵まれたのは訳者のみならずこの本にとっての、もう一つの幸運だった。そして、さまざまな状況を乗り越えて出版を実現された筑摩書房にも、心から敬意と謝意を表したい。

二〇一五年四月

の推敲稿（国際会議「アメリカにおける前衛の起源 1923-1949」1996年2月，ニューヨーク近代美術館）

日本語を学ぶ

Learning Japanese, *S,M,L,XL*.

ユートピアの駅

Utopia Station, *Content*, Taschen, 2004.

実地調査の旅──（最初で最後の……）ＡＡ調査報告

Field Trip:(A) A Memoir, *S,M,L,XL*.

ベルリン──建築家のノート

Berlin: Architect's Notes, *Post-Occupancy*, Editoriale Domus, 2006.

無を思い描く

Imagining Nothingness, *S,M,L,XL*.

二〇世紀の恐ろしき美

The Terrifying Beauty of the Twentieth Century, *S,M,L,XL*.

アトランタ

Atlanta, *S,M,L,XL*.

汚れを背にした白いブリーフ──ニューヨークの凋落

White Briefs against Filth, *Content*.

二つの新しい東京

Two Tokyos, OMA／レム・コールハースのジェネリック・シティ，*TN Probe*, vol.2, June 1996.

ピクセル東京

Pixel Tokyo, *Vogue Nippon*, 2007 年 2 月号 .

最前線

Frontline, *Al Manakh*, *Volume* 特別号，AMO / Moutamarat / Archis, 2007.

シンガポール・ソングライン
──ポチョムキン・メトロポリスの肖像……あるいは白紙状態の三〇年

Singapore Songlines: Thirty Years of Tabula Rasa, *S,M,L,XL*.

ジャンクスペース

Junkspace, *The Harvard Guide to Shopping*, Taschen, 2001.

出典

（日本語タイトル、原タイトル、出典の順に掲出）

本書はちくま学芸文庫のために新たに編集・訳出された

ジェネリック・シティ

The Generic City, *S,M,L,XL*, The Monacelli Press, 1995.

都市計画に何があったのか？

What Ever Happened to Urbanism?, *S,M,L,XL*.

ビッグネス、または大きいことの問題

Bigness, or the problem of Large, *S,M,L,XL*.

まさかの林檎

Last Apples, *S,M,L,XL*.

基準階平面

Typical Plan, *S,M,L,XL*.

グローバリゼーション

Globalization, *S,M,L,XL*.

クロノカオス

Cronocaos, Venice Architecture Biennale, 2010.

スマートな景観

The Smart Landscape, *Artforum*, April 2015.

白いシート（ある夢）

The White Sheet, *S,M,L,XL*.

ソビエト宮殿——ベッドタイム・ストーリー「仮想建築」

Palace of the Soviets, *S,M,L,XL*.

ミースをつくった家

The House That Made Mies, *S,M,L,XL*.

レス・イズ・モア——一九八六年ミラノ・トリエンナーレの展示

Less is More, *S,M,L,XL*.

ヨーロッパ＋アメリカの前衛

Euro-American Avant-garde, 講演「ル・コルビュジェ，ハリソン，国連」

訳者紹介

太田佳代子（おおた・かよこ）
建築キュレーター、編集者。2002年から10年間、レム・コールハースが主宰するOMAのシンクタンクAMOで総合リサーチに基づいた展覧会、書籍、都市マスタープランに携わる。2004–05年*Domus*副編集長。2014年ヴェネチア・ビエンナーレ国際建築展日本館コミッショナー。編書に*Project Japan: Metabolism Talks...*（Taschen），*Post-Occupancy*（Editoriale Domus），*Waist Down*（Prada Arte）ほか。

渡辺佐智江（わたなべ・さちえ）
翻訳家。訳書にリチャード・フラナガン『グールド魚類画帖』（白水社）、アルフレッド・ベスター『ゴーレム100』（国書刊行会）、アーヴィン・ウェルシュ『フィルス』（パルコ出版）、ジム・クレイス『四十日』（インスクリプト）、キャシー・アッカー『血みどろ臓物ハイスクール』（白水社）、ウィリアム・バロウズ『おぼえていないときもある』（ペヨトル工房・共訳）、クリス・バラード『バタフライハンター』（日経BP社）ほか。

デザイン　古平正義（FLAME）

ちくま学芸文庫

S,M,L,XL+（エス・エム・エル・エックスエル・プラス）
現代都市をめぐるエッセイ

二〇一五年五月十日　第一刷発行

著者　レム・コールハース
訳者　太田佳代子（おおた・かよこ）
　　　渡辺佐智江（わたなべ・さちえ）

発行者　熊沢敏之
発行所　株式会社　筑摩書房
　　　　東京都台東区蔵前二―五―三　〒一一一―八七五五
　　　　振替〇〇一六〇―八―四一二三
装幀者　安野光雅
印刷所　明和印刷株式会社
製本所　株式会社積信堂

乱丁・落丁本の場合は、左記宛にご送付下さい。
送料小社負担でお取り替えいたします。
ご注文・お問い合わせも左記へお願いします。
筑摩書房サービスセンター
埼玉県さいたま市北区櫛引町二―六〇四　〒三三一―八五〇七
電話番号　〇四八―六五一―〇〇五三

ISBN978-4-480-09667-8 C0152